历史的帝子

郑云鹏 著

中国出版集团公司
華文出版社

图书在版编目（CIP）数据

历史的帘子 / 郑云鹏著. -- 北京 ：华文出版社，2023.1

ISBN 978-7-5075-5698-8

Ⅰ. ①历… Ⅱ. ①郑… Ⅲ. ①中国历史－通俗读物 Ⅳ. ①K209

中国版本图书馆CIP数据核字(2022)第195875号

历史的帘子

作　　者：郑云鹏
责任编辑：胡慧华
出版发行：华文出版社
地　　址：北京市西城区广安门外大街 305 号 8 区 2 号楼
邮政编码：100055
网　　址：http：//www.hwcbs.cn
电　　话：总 编 室 010－58336239　发 行 部 010－58336212 58336238
责任编辑 010－58336197
经　　销：新华书店
印　　刷：三河市航远印刷有限公司
开　　本：880mm×1230mm　1/32
印　　张：13.375
字　　数：220 千
版　　次：2023 年 1 月第 1 版
印　　次：2023 年 1 月第 1 次印刷
标准书号：ISBN 978-7-5075-5698-8
定　　价：58.00 元

自序

记得小学一年级时，父亲给我买了三本《三国演义》连环画，至今我仍清楚地记得书名：《李郭交兵》《火烧赤壁》《姜维避祸》。书中那精美的画面，惟妙惟肖的人物，威风凛凛的盔甲，让一个7岁的孩子痴迷不已。虽然当时的我还看不懂里面的历史故事，可是幼小的心灵已经对历史有了浓厚的兴趣。我缠着父亲又给我买了很多《三国演义》连环画。看连环画意犹未尽，后来又从姑姑那里借来了《三国演义》小说来读，再后来，干脆买来了文言文辞典，边看三国原著边翻看辞典。就这样，到小学五年级，那本《三国演义》被我翻看了至少五遍。

进入中学，我开始喜欢看各种历史题材的电视剧，还涉猎各种历史读物。在别的孩子都在顽皮追逐打闹时，我却喜欢静静地看书。历史仿佛一个浩瀚的海洋，让我徜徉其中，乐此不疲。也许，旁人并不理解，一个半大孩子，怎么会对那些发黄故纸堆里的故事如此痴迷？历史教会了我很多东西，看古人们的悲喜人生，自己也常常会沉浸其中，跟他们一起快乐，一起悲戚。历史也是一面镜子，照亮了我的人生，让一个少年的性格变得深沉，乐于思考。从小学开始一直到现在，我对历史的执着爱好从未改变。多年下来，家里积累的史书已经成了一座“小山”，自己对古今中外历史不敢说了如指掌，但可以说粗知一二。

有时候，我会思考自己为何会如此喜欢历史。小学时代接触的连环画是一个启蒙。从中学到大学的回忆之中，我脑中常常浮现出三个人的身影：我初中、高中和大学的三位历史老师。他们有一个共同的特点：常常可以把枯燥的历史课本讲述得极其精彩。因为他们绝不局限于历史课本上的那些枯燥的年代、人物、事件。他们会讲述课本之外的历史小故事，他们的课让我如此沉迷，也使我明白了一个道理：历史本来就是很精彩的，就看你怎么去表述。

记得2012年的一个夏天，我跟夫人一起去电影院看电影，当时看的是陆毅主演的《1894甲午大海战》，爱国题材的历史影片。我觉得拍摄场景和故事本身都是很吸引人的。但是让我诧异的是，偌大的放映厅竟然成了我跟夫人的专场，而那些正在放映科幻片、浪漫爱情片的放映厅则人头攒动。我的心中充满感慨，为什么现在的年轻人喜欢历史的那么少？更让我担忧的是，反映中国近代国耻甲午战争的电影，竟然也被冷落！走在街上，随便问几个年轻人，他们可以对各种时尚品牌如数家珍、了如指掌，可是你问起中国历史上有多少朝代，乃至一些著名的历史事件，恐怕能说上来的就寥寥无几了。为什么会这样？我想，很大程度上要归咎于我们表述历史的方式出了问题，本该为广大人民群众喜闻乐见的历史，基本上成为了象牙塔中的枯燥学问。怎么能让更多的人喜欢上历史？我从2014年开始思考这个问题，考察市面上的历史读物，当年明月先生的《明朝那些事儿》掀起了一股民间读史热潮，为什么我不能试着去写一写自己心目中的历史？

刚开始写作的过程是痛苦的，说实话，一开始我并没有什么自信。我2016年5月开始尝试写作，幸运的是遇到了人生中的第一个贵人：胡丹老师。他是研究明史的年轻学者，他对我写下的青涩文字大加鼓励，让我有了信心继续下去。经过一年多的积累，我开始慢慢摸到了门路，找到了自己的方向。

本书收录的文章是我平时读史的一些心得，我想用自己的方式表述我理解的历史。每个人看历史都有自己的理解，我希望用我的笔记录下历史片段，我只是想尽量把历史写得生动，让更多的人喜欢上历史。

本书囊括了从先秦到清朝的部分历史片段。这些只是中国历史的碎片，不过，正是一块块的碎片拼凑成了宏大的中国历史。相信大家通过对这些碎片的阅读，可以对中国历史有一个大概的了解，如果能起到管中窥豹之功效，也是笔者最大的欣慰。

本书所有文章都有史料来源，或正史，或野史。一提到野史，可能很多人会有一个错误观点：野史就是道听途说，不可靠，犹如狗仔队写花边新闻，其实不然。君不见皇皇二十五史，有多少语焉不详，为尊者讳之处。例如，《新唐书》《资治通鉴》为了突出史学的龟鉴作用，竟然把道听途说的武则天亲手杀女之说列入书中。而野史笔记，虽然来源于私人编纂，也不可全盘否定，它们往往敢于言正史所不敢言，避讳很少。历史的魅力就在于你不能完全相信所谓正史的记载，很多细节需要你去不断地考证，这就像一个人在判案，运用自己的分辨能力，再结合各种蛛丝马迹的线索，破解一个个疑难案件，那种满足感和成就感就是一种幸福的收获。

本书的特色就在于此，有推理分析，探幽历史背后的风云，揭开历史的帘子。当然，我不是刻意翻案，我只是想尽最大可能解读真实的历史和人物。这个前提，当然是基于史料分析，而不是主观臆断。

历史不是非黑即白，我最反感的就是脸谱化历史人物。我想，这也是历史的魅力所在吧。

如果您喜欢追影视剧，也可以在这本书中找到共鸣：《美人心计》《武媚娘传奇》《大唐荣耀》《奇皇后》《女医明妃传》《甄嬛传》，这些影视剧背后的历史背景也许会让你惊叹不已。

如果您想收获一份感动，就来看这本书吧。我真挚地歌颂爱情、亲情、友情。汉宣帝与许平君之间的生死之恋，用心守护爱情的钱皇后，让才子唐伯虎魂牵梦萦的沈九娘，让乾隆思念一生的富察皇后……

如果您想更好地为人处世，以史为鉴，也可以看这本书。举凡国家大事、百姓柴米油盐之事，您都可以在我的讲述中，找寻到真善美，以假丑恶为戒。

看历史，学历史，需要有揭开帘子，探寻幕后的勇气和毅力，以此自勉，算是自己对历史的一种感悟吧。

最后借用一句流行语，如果你爱一个人，就让他学历史吧，因为读史知人生，他可以从中收获很多道理。如果你恨一个人，也让他学历史吧，因为历史就是一个永无穷尽的浩瀚海洋，任何人穷其一生，也只是永远在路上，所知所闻永远只是冰山的一角！

2022 年 9 月 3 日书于

南京书山斋

◇◇目录◇◇

辑一　各路皇帝秀一秀

辑二　皇帝的女人，总有一个让你感动

辑三　皇宫里咋就这么热闹?

辑四　文臣武将，尽显风流

辑五　帘子背后的奇葩事

辑六　历史的犄角旮旯

辑一
各路皇帝秀一秀

中国历史向来喜欢将皇帝分门别类，谁谁谁是千古一帝，谁谁谁是暴如桀纣，可是真实的历史上，我们可以这样简单地给帝王贴标签吗？本辑中，你会看到昏君也有英明的一面，而明君也有昏聩的时候。

偏爱丑女的齐国两代君王

说起历史上的四大美女，沉鱼落雁、闭月羞花之类的美妙词语，让人浮想联翩。历史上那些荒淫无道的帝王亡国破家，也往往会被人们跟美女联系在一起。于是又有了红颜祸水之类的说法。我们要说的这父子两位君王，他们的王后非但不是美女，反而是大大的丑女，而且丑得出了名，进入了中国十大丑女的排行榜。

两代君王缘何以丑女为后，说来话长。

这一天，齐国都城临淄王宫外，来了一个女人，她要求见齐宣王。齐宣王此刻正在宫内宴乐。醉醺醺的他右手持酒盏，左手搂抱着一个美貌宫女，眼睛还像钉子一样盯住了一群正在翩翩起舞的舞女，那炽热的眼神仿佛要把舞女们融化了。正在这时，有人禀报齐宣王，说宫外有一个女人要见齐王，而且这个女人的样貌实在是太令人惊讶了。“而且她还说……”报事的一阵停顿。齐宣王眼睛一瞪，他只好说了出来，“那丑女人说要侍奉大王您！”齐宣王听了这话，不怒反乐，心想：反正今天席间也无以为乐，那就见见这个丑女吧，美人我见多了，我倒要看看这个女人丑到了什么程度。

于是宫门外的丑女被带领到了齐宣王面前。齐宣王仰头喝了一口酒，下面报告说人已经带到了。他定睛一看，只见来人大概四十多岁，突出的额头像极了寿星老儿，双眼深深凹陷在了眼眶里面，鼻子塌陷，硕大的脑袋上依稀点缀着几绺头发，颈下还长着男人般的喉结。再往下看，肥壮的腰肢下面是大象般的粗腿，皮肤漆黑。齐宣王看到此女，一口酒还没有下肚，就从嘴里喷了出来。世间竟然有如此丑女，丑得如此“超凡脱俗”也是“空前绝后”了吧？齐宣王想到此女说要侍奉自己，感到一阵恶心，腹中的饭菜差点呕吐了出来。

此女自称来自无盐，名叫钟离春。她见到齐宣王，说的第一句话就是：“危险啊，危险啊！”齐宣王不禁好奇，问道：“当今齐国全盛，有何危险啊？你细细说来，如果说不出要治你杀头之罪。”钟离春不紧不慢地分析道：“现如今大王的国家，西边有强横的秦国，南边有强盛的楚国，外面有这两大强国威胁着社稷安危，这是第一个危险；大王您用万人之力修建渐台享乐，影响了耕种生产，这是第二大危险；贤惠之人都在山林隐居，谄媚的小人却在您左右，这是第三大危险；您不分日夜饮酒作乐，对外不修诸侯礼节，对内不理国家大政，这是第四个危险。”听到了此番振聋发聩的分析，齐宣王如梦初醒。是啊，他继位以来，总以为国家强盛，所以才放纵自己，沉迷酒色、不理朝政，手下的大臣们也时有劝谏，他都听不进去。如今来自乡野的一个丑女也能洞察局势，分析得头头是道，这说明现在的局势真的不容乐观了，是该醒醒了。他赶紧起身给丑女钟离春深施一礼：“如果不是你及时来提醒我，我哪里会认识到自己的过错啊！”

顿悟之后的齐宣王真的让钟离春做了自己的王后。钟离春用满腹才华来辅佐齐宣王治国。齐宣王拆除了渐台，不再歌舞饮宴，从此将一门心思用于治国。他任用田忌、孙膑等人才振兴齐国，使得齐国真正兴盛起来。齐宣王死后，他的儿子齐湣王继位。有一天，齐湣王到临淄郊外出游。

当齐湣王的队伍行进到桑园的时候，在桑园附近劳作的百姓纷纷放下手中的活计，来看这难得的热闹场面。看到齐国子民如此拥护自己，齐湣王有些飘飘然了。人群之中更有那幻想一朝嫁入君王家的平民女子，她们踮起脚尖，展示自己的美丽。坐在车上的齐湣王心里美滋滋的，他咧着大嘴不停地笑。

突然，他看到桑园里面有一个女子，孤零零地在采桑叶。在这热闹的人群之外显得那么突兀，她对这热闹的出巡队伍连看都不看一眼，仿佛这场面不存在似的。

齐湣王觉得奇怪，他下车走到了桑园里面，来到采桑女子身后，问道：“百姓们都在看本王，你怎么无动于衷？你不知道我是大王吗？”那采桑女转身说道：“我奉父母之命采桑，其他不是我应该在意的。”齐湣王端详此女，大吃了一惊，此女颈下有一个鹅蛋大小的肉瘤，据说是自幼生长的肉瘤，故人称其为“宿瘤女”。“宿瘤女”看到齐湣王那惊讶的眼神，缓缓说道：“我正是因为此瘤，所以至今仍旧单身，但是天生恶瘤，非我之过。我在等待重德的君子来迎娶，如果是重貌之人，自然是与我无缘了。”刚才“宿瘤女”对喧嚣热闹的出行场面仿佛置身事外的超然态度已经让齐湣王肃然起敬，现在听到此一番话，齐湣王想到了父亲齐宣王曾经以贤德之钟离春为王后，励精图治，使得齐国大治的故事。他处处以父亲为榜样，如今有贤德如“宿瘤女”，虽然貌丑，但这正是天赐的贤内助，他也要效仿父亲娶得贤女为后。想到这里，他命令手下把“宿瘤女”带回宫中，要立她为后。

不料“宿瘤女”既没有表现出激动之情，又没有谢恩，而是站在原地不动。她平静地说："蒙大王不弃，妾身自然是愿意侍奉左右。但是未曾禀报父母，这就是私奔，如果大王不能以礼相求，妾身宁死不从！"齐湣王心中暗暗称赞，命以吉礼重金礼聘"宿瘤女"回宫为王后。

"宿瘤女"不施粉黛、一身朴素着装来到宫中。众佳丽闪目观瞧，只见此女一副土里土气的模样，脖子下还挂着一个肉瘤，不禁大笑不止。"宿瘤女"面对众人的嘲笑，淡然说道："尧舜重仁义，崇尚俭朴，后宫后妃衣食极其俭朴，为天下之人歌颂。而桀纣崇尚奢华，酒池肉林，穷奢极欲，他们的后宫也极其奢靡，结果身死国灭，为后人耻笑。妇人女子相夫教子，守贞不二，又何必矫揉造作！"此言一出，嘲笑她的人顿时哑口无言。齐湣王以"宿瘤女"为王后，同时下令拆除奢华的建筑，减膳撤乐，后宫之人不得佩珠玉、衣重彩。

他还重贤任能，励精图治，终于使得齐国国力大增。只可惜王后"宿瘤女"因病早逝，使得他失去了事业上的贤内助。

齐宣王、齐湣王父子二人先后以丑女为王后，说明他们看重女子的贤德，两位贤内助先后辅佐两代君王取得了事业上的成功，这比那些单纯看重相貌的君王强多了。

这一对帝后的感情足以让人“泪奔”

常言道：“红颜薄命，帝王薄幸。”帝王有三宫六院，数不清的美女在眼前来回晃悠，帝王中能有几个纯情真情之人？君不见汉武帝“离弃阿娇”、司马炎“羊车召幸”、杨广“扬州寻花”……可凡事总有例外，在数不清的放荡薄幸帝王之中，也总有那么几个与众不同的“另类”。

故事的主人公是汉宣帝刘病已和他的第一任皇后许平君。

当年汉武帝听信小人之言，再加上晚年疑心病作怪，终于酿成了“巫蛊之祸”的惨剧，皇太子刘据一家几乎被杀戮一空，只剩下一个刚出生数月的皇曾孙刘病已。襁褓之中的刘病已就被关进了暗无天日的监狱，多亏了廷尉监邴吉的多方照料，刘病已才得以存活下来。

后来，汉武帝大赦天下，刘病已出狱，汉武帝临终之时又遗诏将刘病已养育在掖庭之中。当时的掖庭令张贺是原来太子刘据的属下小吏，他为了报主人昔日恩情，打算把孙女嫁给已经长大的刘病已。哪想到他把这个想法告诉了弟弟右将军张安世以后，却被弟弟大声斥责："皇曾孙是昔日的罪人之后，他能得以享受平民的衣食就不错了，你别再想着把孙女嫁给他了！"此事只好作罢。

可是张贺总觉得愧对旧主的后人，于是他找来了好朋友许广汉，酒过三巡，对老友说："听说你有女未曾出嫁，可否嫁给皇曾孙？他虽然是罪人之后，毕竟是皇室血脉，将来免不了要封侯的。"许广汉听闻此言，心中欢喜，于是一口答应下来。

这位许广汉的女儿就是许平君，当时只有十四五岁的样子，之前她曾被许配给欧阳氏的儿子为妇，但是未曾出嫁，欧阳氏之子即病死。许平君的母亲心中慌乱，赶紧带女儿去问卜。卜者告诉她，平君是大富大贵之命。婚后小两口恩恩爱爱，虽然刘病已身处逆境，许平君对丈夫却丝毫没有嫌弃，全心全意照顾他，给他温暖的家庭生活。贫贱夫妻相互扶持，共同面对未来，在这艰苦的岁月里，正是许平君的爱给了刘病已莫大的信心和力量。

否极泰来，刘病已的命运终于发生了转机。先是汉昭帝英年早逝，无子，辅政大臣霍光等打算拥立昌邑王刘贺，但是刘贺也是扶不上墙的烂泥，在位不满一个月就被霍光废黜。霍光又拥立刘病已为帝，是为历史上的汉宣帝。

汉宣帝继位之后，立刻封许平君为婕妤。当时因为霍光在朝中权重势大，朝臣们纷纷建议立霍光的小女儿霍成君为皇后，上官太皇太后也是霍光的外孙女，她当然也坚持立霍成君为宣帝皇后。面对如此压力，刘病已首先想到的不是如何讨好他们，保住自己的皇位，他不能忘记在自己最艰难的岁月里，妻子许平君用爱来温暖鼓励自己，他不会辜负平君的爱。于是，他下了一道诏书："朕在贫贱之时，曾经有一把心爱的旧剑，现在朕十分想念它，众位大臣能否帮朕把它找回来呢？"朝臣们根据这个圣旨揣测到了皇帝的意思，他连贫贱时候的一把旧剑都念念不忘，又怎么会辜负与自己共过患难的爱妻呢？于是，大臣们改变主意，纷纷上疏要求立许平君为后。宣帝顺坡下驴，就势给了爱妻皇后之位。由这个故事产生了一个成语"故剑情深"，用来形容结发夫妻不离不弃，感情深厚。

登上皇后之位的许平君一如在民间之时，仍然贤淑节俭。她的服饰、车马都十分简朴，从来没有因为自己是皇后就摆架子。她坚持五日一次，到上官太皇太后的宫中去请安，亲自捧案献食品给太皇太后食用。许平君不仅努力做一个好皇后，也在努力做一个好孙媳。

本始三年（前 71 年），在民间时已经为刘病已生下一子的许平君再度怀孕。可在即将分娩时，不幸病魔来缠，急需医治。霍光的妻子霍显早就想为自己的女儿霍成君谋取皇后之位，之前因为宣帝的坚持而失去了机会。眼见许皇后有病在身，霍显觉得机会来了。她指示女医淳于衍在皇后的滋补药中加入孕妇禁服的生附子，服用此药的许平君病情更加严重，最后抛弃丈夫和儿子，去往了另一个世界。

悲痛不已的汉宣帝把爱妻葬于杜陵南园。他把对霍家的仇恨深深埋藏在内心，为了麻痹霍家，暂时立了仇家的女儿霍成君为后。终于，他熬死了霍光，开始动手收拾霍家，霍显这个罪魁祸首被他斩首，霍成君被罢黜，后又被迫自杀，霍家被灭门。看着昔日仇人的可耻下场，他觉得终于可以告慰爱妻了。汉宣帝和许平君这对帝后的真挚爱情让后人感动不已。

公主暴卒的背后

大唐永徽四年（653 年）年底，王皇后来到最近甚得帝宠的武昭仪寝宫。她此行的目的很简单，看望武昭仪刚满月的小公主。她看着白胖可爱的小公主，内心喜欢得很，就抱起公主，一番逗弄。王皇后看望过小公主后，离开武昭仪寝宫。

武昭仪也就是后来鼎鼎大名的武则天，她觉得此事可以用来做一番文章。她于是自己暗中潜入小公主房间，看着自己刚出生一个月的女儿，她狠狠心，用尽全身力气扼住了女儿的脖颈……

然后，她假装什么事情都没有发生，等待唐高宗的到来。唐高宗心情舒畅，大步流星地来到床榻之前看望自己的女儿。他小心翼翼，充满爱怜地抱起公主，却发出了一声惊叫，小公主已经气绝而亡！高宗大怒，连问左右是怎么回事。左右之人齐声回道："王皇后刚来看望过公主。"武昭仪在旁边放声大哭，高宗怒曰："皇后杀了我的女儿，之前她就跟昭仪过不去，现在竟然做出了这种事情！”武昭仪乘机在旁边添油加醋，高宗更加宠信武氏，于是有了废后的想法。

以上是作为正史的《新唐书》以及《资治通鉴》的记载，情节详细而生动，仿佛史官穿越到了案发的第一现场。此后，各路史家和广大民众对此深信不疑，以至于今天各种影视剧都拿这一故事作为武则天狠毒无情的证据。

武则天亲手掐死了自己女儿，此事真的可信吗？我们掀开历史的帘子后，却发现此事疑点甚多。

首先，武则天杀女说最早来源于《旧唐书》。《则天皇后本纪》的“史臣曰”记载：“武后夺嫡之谋也，振喉绝襁褓之儿，菹醢碎椒涂之骨，其不道也甚矣，亦奸人妒妇之恒态也。”这里说了两件事，第一件，就是说武则天扼杀了自己的女儿，第二件是武则天效仿吕后残忍地处死了王皇后和萧淑妃。武则天杀女如此重要的情节为何不载入《旧唐书》，而只以“史臣曰”的方式记录？其中缘由应该可以归纳为史官对此事并没有确凿证据，只是根据传言用个人评价的方式顺带提了一下，这表现了史官忠于历史真实的职业操守。而到了宋朝时期，两部正史，也就是《新唐书》和《资治通鉴》里面，武则天杀女说突然坐实，并且史官如穿越般进入了案发的第一现场，栩栩如生地记载了整个过程，这不能不让人怀疑。

如果说武则天亲手掐死自己的女儿，就是为了嫁祸于王皇后，从而达到取而代之的目的，可是唐高宗和王皇后的关系在武则天入宫之前就已经恶化。唐高宗宠幸萧淑妃，这才使得王皇后为了争宠，将在感业寺中修行的武则天作为自己的同盟引入宫，一起对付萧淑妃。当发现引荐武则天入宫是引狼入室之后，王皇后为了稳固地位，只好请舅舅柳奭等人出面，在高宗面前请求立李忠为太子。李忠的生母虽然另有其人，无子的王皇后为了自己的地位，只好出此无奈之策。一开始高宗并不同意，直到长孙无忌、褚遂良等朝廷重臣相继出面固请之后，他才勉强答应。由此可见，王皇后在高宗心目中的地位已经是岌岌可危了。随着李弘的出生，武则天在高宗心目中的地位已经是无人可以取代，王皇后和萧淑妃在对战武则天的斗争中，已经明显处于下风。对于一个已经失去皇帝感情的名存实亡的皇后，武则天继续等待就有机会取而代之，她有必要要自己亲生女儿的命吗？永徽五年（654 年）年底，唐高宗将废后之事付诸行动。他来到长孙无忌府邸，以皇后无子为理由打算将其废掉。长孙无忌顾左右而言他，此事无果。永徽六年（655年）六月，唐高宗召开由长孙无忌、褚遂良、于志宁等重臣参加的会议，继续以皇后无子为借口，打算废后。会议之中，唐高宗抓住的只是王皇后无子之事，而小公主之死是永徽四年（653年）年底，距此已经一年半有余，如果真如《新唐书》《资治通鉴》记载的那样，王皇后杀害了小公主，唐高宗为何不以小公主之死作为王皇后的一条罪证？在他的陈述中，并没有提到此事，很明显，如果他认为王皇后就是杀害小公主的凶手，这一点必然会作为理由拿出来说与各重臣，而在讨论废后之时，此事自始至终没有被提及，就是因为唐高宗并不认为王皇后是凶手。

反过来我们推论，如果武则天亲手掐死女儿，就是为了嫁祸王皇后。可是根据历史的记载，真正让唐高宗产生废后想法的并不是此事，唐高宗也从来没有认为王皇后跟小公主之死有关系。这样一来，武则天掐死女儿并嫁祸王皇后之事的真实性就很值得怀疑了。

则天顺圣武皇后光宅元年，即公元684年9月，徐敬业在扬州起兵，以讨伐武则天为号召。才子骆宾王为徐敬业起草了闻名后世的《为徐敬业讨武曌檄》。此檄文中，骆宾王几乎把武则天祖宗八代都骂了一遍，还无中生有地添加了武则天杀害唐高宗和自己的生母等情节。但是整篇文章里面，没有一处提及武则天亲手杀女之事，如果此事哪怕在当时有一点传闻，肯定会被他们拿来作为武则天“灭绝人伦”的一条罪证。可见此事是否存在，真的要打一个大大的问号了。

于此，我们可以做一个合理的推断。武则天的女儿确实是暴卒，但是极有可能死于婴儿猝死症，这在当时的医疗条件下，是极为常见的。武则天并不存在亲手掐死女儿的动机，武则天杀女说明显证据不足。

至于《新唐书》《资治通鉴》为什么如此栩栩如生地刻画武则天杀女的场景以流传后世，原因也很明显：两书都修于宋代，宋代多以唐代历史为鉴。前朝的后宫乱政之祸，一直是宋代统治集团忌惮之事。将《旧唐书》中的传闻加以夸大坐实，也是为了告诫统治集团防范再次出现“牝鸡司晨”之事，而妖魔化武则天更是出于现实政治的需要。于是，武则天杀女之说便这样写进了正史，被人们误传到了现在。

励精图治的他为何还不如亡国之君

唐朝开成四年（839年），唐文宗李昂下朝之后，坐在思政殿休息。他找来当值的学士周墀，问他："你觉得朕是怎么样一个君主？"周墀的回答圆滑中透着奉承："此事不是臣下所敢评论的，不过，天下都纷纷称赞您是尧舜一样的君主啊。"没想到皇上却苦笑了一声，说出了让他震惊不已的一句话："朕的意思是，如果朕跟周赧王、汉献帝相比，是怎样一个君主？"周墀一听这话，吓得连忙跪拜，胆战心惊地说道："陛下的德行，就是周成王、周康王、汉文帝、汉景帝四代贤君都无法相比，怎么跟那两个亡国之君相比呢？"皇帝的回答让人听了不觉心中酸涩："周赧王、汉献帝二君不过是受制于权臣，朕受制于家奴，自以为还远远不能跟他们二位相比呢！"

周墀听后也是痛苦不已。如果说这个话的皇帝是一个平庸或者昏庸的君主也就罢了，偏偏说这话的是中晚唐历史上个人德行和图治之心都不错的唐文宗李昂。

唐文宗到底是怎样励精图治的？自我评价又为何如此之低？让我们一一道来。

唐文宗李昂，原名李涵，唐穆宗第二子，唐敬宗之弟。他本被封为江王，皇位本来与他无缘。但是机缘巧合，被弑的唐敬宗无子，再加上朝中宦官的权力争斗，他被宦官王守澄等所拥立。之前根本没有接受过任何帝王教育的李昂继位之后，他的一系列作为都展现出了典型的明君风范。

首先，他身体力行，提倡节俭。继位之初，就大放宫女，遣散了宫女三千人。他还削减了教坊司的乐工，停止各地贡献奇珍异宝，另外还停废了游猎之事和五坊的鹞鹰等玩物。这跟游戏人生、喜欢夜间抓狐狸的唐敬宗相比，真是一个天上一个地下了。

文宗在生日“庆成节”之时，不许宰杀猪牛羊，带头吃素来庆祝生日；他还特令停止曲江宴，并暂停群臣入宫祝寿。驸马戴贵重的头巾、公主穿的衣裙超过了规定都会遭到严厉的训斥并受到责罚。文宗见有官员穿着粗糙而廉价的桂管布做的衣服，认定此人是忠心清廉的大臣，他自己也用桂管布做了一件同样的衣服。他的这个行为让百官纷纷效仿，以至于桂管布价格飞涨。

文宗常常以自己的节俭自夸。有一次，他对群臣说他的衣服已经洗过三次了还在穿，大臣们纷纷称赞皇上的节俭美德，只有翰林学士柳公权认为皇上应该选贤任能，让天下太平，至于换洗衣服，这只是细枝末节，这其实也是对文宗政治能力提出了一个小小的问号。

其次，文宗任用贤能，欲重振祖宗盛世。李昂闲暇之余喜欢读书。他经常对身边的人讲："如果不能初更亲自处理政事，不能二更观览图书，怎么有资格做君主呢？"他最喜欢读的还是史书，对贞观年间祖上唐太宗的治世，他是羡慕不已。他看了《贞观政要》，仰慕诤臣魏徵，于是他请来魏徵五世孙魏谟为右拾遗，要求他经常为自己提建议。他还宣召柳公权到宫中，跟他谈论文章学术，君臣经常彻夜谈论，不知不觉之间蜡烛都燃尽了。

最后，文宗有志于解决当时朝廷严重的宦官专政现象。当时宦官专权是大唐肌体上的一颗毒瘤。为此文宗任用了郑注和李训等人，准备剪除宦官势力。他们先毒死了大宦官王守澄，然后杖毙陈弘志。

事情进行得很顺利，文宗君臣有些被胜利冲昏了头脑。他们密谋在宦官参加王守澄的葬礼时，将其一网打尽。哪知道李训为了争功，在没有通知郑注的情况下，独自策划了“甘露之变”，欲借助大明宫石榴树上夜降甘露之事，请仇士良等大宦官去观看，埋伏士兵，将他们一举杀死。哪想到事情眼看成功，却因为大将军韩约在关键时刻掉链子，被仇士良看出端倪。宦官们逃出金吾左杖院，立刻带神策军杀死了李训、郑注，以及无辜的朝臣上千人。从此朝中大权尽归于宦官，南衙的宰相们只是“行文书”而已。

事变之后，仇士良冲到文宗面前，指着他的鼻子训斥道：“我等自幼侍奉在你身边，哪点对不住你，竟然如此行事，要把我等全部杀死，你真是忘恩负义、良心丧尽啊！”被一个宦官如此训斥，内心已经愤怒到极点的李昂却也只能压抑住自己的情绪，低头不语。他知道禁军已经被仇士良控制，自己只能忍……

只有在无人之时，唐文宗李昂才能尽抒胸中郁闷之气。他常常自言自语：“必须杀掉那些作恶的宦官，他们令我君臣间隔不得相见。”他还写了一首诗表达自己的压抑情绪：

辇路生春草，上林花发时。

凭高何限意，无复侍臣知。

开成五年（840 年）正月初四，怀着无尽的遗憾，唐文宗李昂终于走完了他三十二岁的短暂一生，病逝于大明宫太和殿。他有决心有行动，要中兴大唐，却因为用人不当，导致了甘露之变的失败，也导致了他人生最后的悲剧，唐朝也失去了一次中兴的机会，只是徒留历史的遗憾供后人凭吊了。

多少皇帝有赵匡胤这样的真性情

历代帝王的画像几乎是清一色正襟端坐的标准像，或故作威严，或喜怒不形于色。怎么说，皇帝这活儿还真不是一般人能做的，生生把个性多样的人逼成了庙里的泥胎塑像，让天下人高高供起来去膜拜。作秀，明里一套，背后一套，翻脸不认人，这些都是所谓的帝王常态。

当然凡事没有绝对，在中国端坐龙庭的四百多位帝王中，还真有性情中人，典型的就是那位黑脸大汉赵匡胤。看看宋太祖的帝王像，一脸横肉的武夫相，哪有点帝王之相，笔者却要为给赵匡胤画像的画师点一个赞了，这才是真实的宋太祖，如果画成一幅富贵天成的标准像，那画师才没有职业道德呢。

赵匡胤本是武将家庭出身，青年时代放荡不羁，赌博、打架、江湖结拜……样样在行。有一次驯一匹烈马，他骑上那马以后，烈马如风一般的速度飞奔，结果“嘣”的一声，骑马过城门的赵匡胤，头生生撞在了城门楣上。一般人估计早就脑袋开瓢了，这位未来的皇帝，揉揉发红的额头，没事人一样。于是旁边的小伙伴们都惊呆了。这个传奇经历也让赵匡胤人气爆棚，多了很多的追随者。

后来，随着赵匡义的出生，再加上五代乱世的影响，赵匡胤一家的生活真的开始窘迫了。于是，成婚不久的青年赵匡胤背上行囊，来了一场说走就走的旅行。赵匡胤的旅途是坎坷的，没有钱玩不转啊。有一次，他实在饿极了，于是在人家和尚的菜地里，掘出个莴苣就狼吞虎咽地吃起来。这等穷困潦倒的经历，让人不禁想起孟子曰：天将降大任于是人也……

落难青年赵匡胤无奈之下想到了投靠亲友。他想到了父亲的老友王彦超当时在做官，就去找王彦超求收留。没想到，王彦超给了他一些钱，像打发叫花子一样把他打发走了。后来，赵匡胤当了皇帝，有一次他跟王彦超喝酒，突然想起来这段往事，质问王彦超："朕当时窘迫投奔你，为何不纳？"王彦超说："俺只是一勺子水，怎么能容下您这条真龙？再说当时如果收留了您，以后您怎么能当上皇帝呢？"赵匡胤一想是这么个道理，君臣把酒言欢。

后来，赵匡胤混到了后周的禁军将领。每次作战之后，别的将领抢钱抢女人，他先收集的是书。别人问他为何，他说弟弟匡义爱看书，这些书给他看的。当然，他对弟弟的好非止一端，匡义生病了，要用艾草熏治。他怕弟弟疼，拿着艾草在自己身上试验。皇帝对兄弟好的有，唐朝李隆基兄弟五个好得睡觉同床同被，可即使是这样，只要牵涉权力，李隆基还是毫不马虎，对兄弟各种防范。“模范好哥哥”赵匡胤几乎是无原则地满足弟弟的一切要求。母亲杜太后临终之时说：“前代因为主少国疑，几个小朝代幼主继位导致王朝短命，你要善待兄弟。”他就记在心里，把弟弟提拔到了开封府尹的重要位置。要知道，按照五代的惯例，这个位置上的人可多是下一任的皇帝人选。

赵匡胤夺了人家周世宗柴荣留下的孤儿寡母的江山，这点有些不地道。但是赵匡胤曾经留下一个誓碑，新皇帝登基时都要去小暗室看看这三条遗训。其中一条就是善待柴氏子孙，如果他们有谋反大罪只能赐死狱中，而不能市曹公开斩首。这样善待前朝皇帝的还真不多。要不怎么《水浒传》里那位小旋风柴进屡屡凭借自己的特殊地位收留江湖好汉呢。

李煜在宋屡屡找碴儿侵犯之时，让使者到开封质问：“我们唐对你宋称臣纳贡，你宋为何还苦苦相逼？”赵匡胤的回答也是直接：“俺老赵枕头边上怎么能容忍其他人酣睡！”南唐国破家亡，李煜仓皇辞庙，做了宋的阶下囚。对比后来宋太宗赵炅，赵匡胤对待李煜还算仁义得多，赵炅登基送给李煜的礼物牵机药直接让李煜痛苦地缩成了大虾状，受尽折磨而亡。

赵匡胤登基不久，一次出行，有刺客朝他射暗箭，却只是射中了伞盖。他接下来的行为出人意料，他撕开自己上衣，露出长满胸毛的胸膛大喊道："有种的朝这里射过来！"活脱脱江湖老大的做派。赵匡胤当了皇帝后依然不改江湖习气。一次，他跟武将们郊游，到了一处无人地带，他把佩剑一解，告诉武将们："你们如果也想做天子，现在就可以杀了我，来吧，动手。"这句话吓得手下人跪倒一片，只喊"臣下不敢，臣下不敢"。

赵匡胤早年就喜欢弹雀。他做了皇帝以后，有一次闲极无聊在御花园拿弹弓打麻雀。一个大臣给他奏事，都是些无关紧要的小事，赵匡胤火了，认为打扰了自己玩耍，用玉斧打落了那人两颗门牙。那人却不紧不慢地把门牙放进怀中。他一看马上说："怎么着，你要告我吗？"臣下说："我哪里敢告陛下，自有史官来记录今天的事情。"一句话说得赵匡胤面红耳赤，急忙跟臣下道歉。

赵匡胤是个好哥哥、好上司，他的真性情感染了很多人。

都是权力这个怪兽扭曲了人间的亲情，弟弟终于动手了。这天夜间天降大雪，赵匡胤兄弟两人在宫中饮酒，随后赵匡胤就离奇死亡了。接下来，赵光义登基，再后来赵匡胤的儿子赵德昭、赵德芳先后神秘离世。烛影斧声遂成千古谜案。

立志革新的他，为何死于非命

经过一天的忙碌，他已经沉沉睡下。

突然帐外一阵喧嚣，接着是打斗的声音，他从沉睡中被惊醒。“谁？给朕来人啊！”只见众人簇拥之下，一个满脸杀气腾腾的人来到皇帝面前。“原来是你？朕真后悔没有杀了你！”“晚了！”那人冷笑一声，“没有想到吧，你也有今日？来人，杀了他！”众人一拥而上，乱刀齐下，这位年仅21岁的皇帝血溅当场。被杀的正是本文的主角——元英宗硕德八剌。

相信很多朋友觉得元朝的历史比较神秘，各种影视文学作品确实对这个王朝着墨不多。但是这个王朝切切实实统治了中国近百年，并给中国近古以来的历史留下了深远的影响。元朝中期接连出现了两个贤明的君主，他们是父子两代皇帝——元仁宗爱育黎拔力八达和元英宗硕德八剌。

拥有黄金家族血脉的元英宗，是元朝不多的以嫡子继位的皇帝。初登政治舞台的英宗是以孝子面目示人的。父亲仁宗皇帝病重，他忧形于色，日夜哭泣，夜晚常常焚香祷告："父皇以仁治天下，四海升平。如今天降灾祸于父皇，上天不如把灾祸降到我身上，让父皇能永为天下万民之主！"仁宗驾崩，硕德八剌痛不欲生，哭累了就素服就地而寝，每天只吃一碗粥。他继位为帝，改年号为"至治"，新年号也昭示了新皇帝将会有一番作为。

新皇登基之初面临的形势并不乐观，内有祖母答己的压制，外有权臣铁木迭儿的嚣张跋扈。小皇帝最初以退为进，故意示弱，加封铁木迭儿为开府仪同三司、上柱国、太师，权力之大无以复加。他下旨严禁众人非议铁木迭儿，尊答己太后为太皇太后。另一方面，为了对付他们，英宗封开国功臣木华黎的后裔拜住为左丞相与他们相抗衡。

小皇帝使用铁腕手段，借口阴谋废立事件除掉了阿散、哈律、脱忒脱、失列门等人，沉重打击了答己和铁木迭儿一派的势力。至治二年（1322 年），太皇太后和铁木迭儿相继病亡，属于小皇帝硕德八剌的掌权时代终于到来。怎么样，很熟悉的一幕吧，当年的小皇帝硕德八剌对付政敌的手段，怎么看也不比后世的小康熙智除鳌拜差多少。

在拜住、张圭、吴元圭、王约、吴澄等人的辅佐下，硕德八剌开展了轰轰烈烈的改革运动。在经济上，他规定民田百亩抽三，实行了助役法；在法律上，他颁布了《大元通制》，加强法制；同时起用汉族儒臣，裁撤冗官，减免赋税，赈济灾民。这次改革在历史上被称作“至治改革”。

硕德八剌头脑保持了难得的清醒。有人通过他身边的近臣给他进献七宝带。他严词拒绝说：“朕初登大宝，你等不推荐贤才给朕，而进宝带，是用利来诱惑君主，宝带还回去吧！”元夕时候，英宗想在宫廷里面张灯庆祝一下，汉臣张养浩上疏劝说，英宗立刻停止张灯，并说：“有这样的大臣，朕没有什么可担忧的了。自今以后，如果朕有过错，人人都可以劝谏。”事后，他赏赐了张养浩两匹帛以示鼓励。由于元朝的惯例，对于贵族和番僧的赏赐往往惊人，于是中书省的大臣劝说皇帝减少赏赐以节约民力。英宗说：“朕也常常思考，朝廷支出几倍于收入，在出纳用钱时，诸位可要慎重，朕也会节约用度。”为了表示对农事的关心，英宗在鹿顶殿的墙壁上画了一幅《蚕麦图》，时时观瞻，以提醒自己不忘农事之艰难。

宣慰院的大臣上奏说，世祖忽必烈时给予番僧某某两千头羊，到了成宗时增为三千头，现在请增为五千头。英宗不许，他说：“天下的百姓都是朕的子民，他们有需要的时候，朕要赈济他们。如果加以重赋，百姓必然穷困，这对国家有什么好处？”于是最后裁定按照世祖时候定的两千头标准给予。

英宗还时刻不忘祖宗创业的艰难，并经常反省自己的治理效果。他曾经去大安阁，看见太祖铁木真、世祖忽必烈遗留下来的衣服，都用缣素木棉制造，并且上面缝缝补补。他感叹了好久，然后对群臣说：“祖宗创业艰难，穿着服饰也是这么节俭，朕哪里敢有一刻忘记祖宗创业的艰难啊？”英宗在柳林巡游的时候，跟丞相拜住说：“最近地震频发，风雨不调，是不是朕继位以来做的事情有不对的地方？”拜住回答说：“地震自古都有，陛下自责是对的，但是都是臣等失职，才引起上天降下灾祸。”英宗说：“朕在位三年了，怎么可能没有做错的地方？你等赶紧和百官商议，如果有便民的措施，朕会马上实行。”还有一次，奉元行宫正殿和上都用监库发生火灾，英宗命令扑灭。他跟群臣说：“世祖开始建宫室，一直存在。朕继承皇位，就烧毁了，这是朕不能图治的缘故。”

英宗执法非常严厉。他曾经劝诫群臣说：“卿等居高位，食国家厚禄，应当全力图报。如果有贫乏的情况，朕毫不吝惜帮助你们；如果有不法，则朕必定刑罚不赦。”八思吉思下狱，英宗对左右说：“律法，是祖宗所制定，非朕所能行私。八思吉思虽跟着朕很久了，现在有罪，也应该论罪如法。”

说了这么多英宗的事迹，相信各位能得出这样一个结论：元英宗硕德八剌是一代英主。但是如此一代英主为何却被臣下所弑杀，导致了改革大业的半途而废？我们继续揭开历史的帘子，来寻找真相。

首先，英宗总体对臣下是比较严苛的。他临朝之际，神态非常威严，大臣们都吓得瑟瑟发抖，仿佛是面对着一尊凶神。大臣动辄因为小事被处罚，这与他父亲仁宗执政时候的宽仁政治形成了鲜明对比。在这种情况下，习惯了先朝宽纵政治的老臣，内心肯定也对新皇帝产生了深深的怨恨。

其次，前面讲过英宗有虚心纳谏的一面，但是他也有拒谏嗜杀的一面。监察御史观音保、锁咬儿哈的迷失、成珪、李谦亨曾经劝谏英宗造寿安山佛寺，结果其中的观音保、锁咬儿哈的迷失被杀，成珪、李谦亨被杖责，并被流放到荒凉的奴儿干地，史称“四御史之狱”。再说一个例子，艺人史骡儿被英宗恩宠，英宗又常常喝酒发脾气，没有敢劝谏的。一日，英宗在紫檀殿饮酒，命史骡儿鼓弦而歌。史骡儿说《殿前欢》的曲子应该有“酒神仙”之句。英宗以为他在讥讽自己好酒，暴怒之下，就让人杀了他。事后酒醒，英宗问史骡儿在不在，才知道已经被自己所杀。他十分后悔："史骡儿是在良言劝谏朕。"那么英宗这种拒谏嗜杀跟前面我们讲的善于纳谏的表现，完全判若两人。答案在哪里？《元史·英宗本纪》有这样一段记载："……太医进药曰打里牙，给钞十五万贯。"打里牙是波斯语音，翻译过来就是"鸦片"！那么我们所有的怀疑都可以指向英宗极有可能是服用了大量的鸦片。而长期大量服用鸦片也导致了他的性情大变，残忍刻毒！最后，英宗清除铁木迭儿余党的行动让以铁失为首的守旧派蒙古贵族发动了政变。按理说英宗要清除答己和铁木迭儿余党，就应该除恶务尽，而不是留下最大的隐患——御史大夫铁失。铁木迭儿的儿子知院旺丹被罢黜，又是打草惊蛇，最终铁失一伙利用英宗所得罪的一大批贵族，发动了这次"南坡之变"，并最终弑君成功。

一代英主元英宗硕德八剌无愧于他谥号中的这个"英"字，却最终没有成为元朝的康熙，历史真的很无奈。让我们设想一下，元英宗的改革大业如果可以坚持下去，元朝是否可以成功转型为一个国祚长久的王朝呢？

朱元璋诛杀功臣新解

说起明朝开国皇帝明太祖朱元璋，呈现在多数人脑中的印象无非是残忍多疑、滥杀功臣。很多人还会绘声绘色地说起评书小说中的段子“炮打功臣楼”，以及那句天下闻名的花鼓词：“说凤阳，道凤阳，凤阳本是个好地方，自从出了朱皇帝，十年倒有九年荒。”

朱元璋到底有没有滥杀功臣？他杀功臣是出于多疑猜忌，还是为了朱氏江山千秋万代，抑或迫于无奈，惩治不法和贪腐行为？

让我们回到洪武十三年（1380 年）九月初三日。南京明皇宫内，一脸怒气的明太祖朱元璋气得浑身发抖，大声命令武士们用力鞭打台阶下跪着的两个人。只见这两人被五花大绑，上身衣服已经剥光，武士们领会了皇帝的意思，用尽全身力气把鞭子无情地抽向两人，鞭子落处，一道道血痕出现在他们脊背上。一开始，两个犯人还在哀号，到后来，声息渐渐减弱，最后，两人已经躺在地上没有了气息。而这时候，朱元璋怒气未消，依然命令武士们用力抽打。原来台阶下被活活打死的两人正是永嘉侯朱亮祖和他的儿子朱暹。

说起朱亮祖，他资历可是够深了。自从至正十七年（1357年）他被朱元璋在宁国收降以后，就鞍前马后跟随朱元璋南征北战，立下了赫赫战功。从鄱阳湖到浙江，从两广到四川，可以说大明的“军功章”上铭刻了朱亮祖的汗马功劳。洪武十二年（1379 年），朱元璋命他出镇广东。没有想到朱亮祖到了广东后，早将朱元璋之前对功臣们的告诫抛到脑后，他勾结地方豪强，欺压良善、肆行不法，闹得广东民怨沸腾。番禺知县道同决定揭发他的罪行。哪里想到朱亮祖恶人先告状，他弹劾道同心怀不轨，煽动百姓闹事。不明真相的朱元璋被蒙骗，赐死了道同。等道同死后，他弹劾朱亮祖父子的奏疏才呈到了朱元璋面前。读完奏疏，朱元璋才明白自己被朱亮祖所欺，误杀了清官道同。盛怒之下的他，立即传唤朱亮祖父子进京，然后宣读了他们的罪状，命令武士们将他们鞭打至死。这是洪武年间朱元璋杀戮功臣的一个案例。细细分析，很多功臣确实像朱亮祖一样所为不法，才被朱元璋所杀。

早在打天下的时候，朱元璋所部就以治军严明著称。至正二十四年（1364年），听说有功臣的家童仗势欺人，他连忙把徐达、常遇春等功臣喊来，告诫他们："尔等从我，起身艰难，成此功勋，匪朝夕所致。闻尔等所畜家童，乃有恃势骄恣，逾越礼法。小人无忌，不早惩戒之，他日或生衅隙，宁不为其所累！此辈宜速去之。"严明的军纪，对将领们的约束，都成为后来朱元璋能扫平天下群雄，一举驱逐蒙古人、推翻元朝的重要保障。

明太祖朱元璋治国的基调就是"宽以待百姓，严以治官吏"，用各种严刑酷法惩治一切敢于违法贪污的官吏，其打击贪污力度之大，也是历朝之最了。明朝立国后，之前基本能遵守规制的功臣们，也渐渐出现了骄横跋扈、肆行不法的情况。洪武三年（1370年），明太祖大封功臣，一次性封了10名公爵、28名侯爵，并颁发给他们铁券丹书。而获得了免死特权的功臣们误会了皇帝的本意，变得更加有恃无恐。如颍国公傅友德本有良田数千顷，贪得无厌的他依然请求皇帝赐给他怀远的千亩田地。有的功臣则私自役使官军，逃避差徭，伐木修建城楼或者私营居室。功臣们的胡作非为已经激化了社会矛盾，出于稳定江山的需要，朱元璋制定了针对功臣们的特殊法律——铁榜。铁榜规定公侯家人如有倚势凌人、侵夺田户财产和私托门下、影蔽差徭等罪都要处以死刑。铁榜中规定功臣“初犯、再犯免死附过”或“免死附过”，就是对初犯和再犯的功臣们加以宽宥，但需要在功臣的铁券诰词中记录其恶行。例如，对汤和当年在驻守常州时的一些过错，朱元璋仍然牢记于心，镌刻在了颁给他的铁券之上。开国功臣薛显屡次作恶，朱元璋当面数落他的罪过，夺取他的爵位，将他谪居海南。朱元璋就是要通过这样的办法，告诫功臣们恪守朝廷法度，不得侵害百姓，否则作为护身符的铁券丹书就会失去作用。

朱元璋虽然文化程度不高，但是天资过人。他在戎马倥偬之时，刻苦自学，也熟知历朝史事。他羡慕唐太宗李世民、宋太祖赵匡胤能跟功臣和睦相处。他一开始确实没有想过大规模地对功臣开刀，而是一次次苦口婆心地告诫功臣们要遵守法度，不要欺压百姓，不要妄行不法。与此同时，他颁布《大明律》《大诰三编》《稽古定制》等法令条文。史载：“太祖以功臣之家不循礼，往往奢侈自纵，以致覆亡，虽屡加戒饬，终莫之省。乃命翰林儒臣取唐宋旧制及国初以来所定礼仪，参酌损益，编类成书……命曰‘稽古定制，颁功臣之家，俾遵行之’。”

朱元璋如此苦口婆心地教诲和告诫，很多功臣仍然我行我素。例如，淮安侯华云龙，在镇守北平期间，霸占元丞相脱脱府邸，并私自夺取元宫廷珍宝；延安侯唐胜宗在广西龙州敲诈当地番人；吉安侯陆仲亨在临清巧取豪夺，私占民田；定远侯王弼侵占国家税收；武定侯郭英擅杀男女五人；凉国公蓝玉夺取东昌民田并打跑了来查案的御史，之后更有玷污宫人和夜毁边关的劣行……

面对着有恃无恐的功臣们，朱元璋握紧了拳头，为了朱氏江山的稳定，他不得不有所行动了。

洪武七年（1374 年），华云龙因为擅自占住脱脱府邸等“违制”罪行被召回京城，在半路病死；洪武八年（1375 年），德庆侯廖永忠因僭用龙凤等事被赐死；洪武十三年（1380 年）的胡惟庸案，牵涉进去的功臣很多，费聚、陆仲亨、唐胜宗、赵庸、李善长等人被杀。被杀的这些功臣其实多有劣迹，陆、唐二人前文已经说过，他们在地方巧取豪夺、欺压良善；而费聚因为被朱元璋训斥而心生怨恨，加入了胡党；赵庸在应昌时私自召奴婢；李善长以谋反被杀确实冤枉，但其暗中嘱托汤和调动士兵为他修府邸之事也是违制，另外他跟胡惟庸也多有来往。至于胡惟庸被杀，结党专横是一方面，另一方面胡惟庸本身就是最大的贪官，他的贪腐集团已经成为帝国肌体上的一颗不得不除去的毒瘤。为了朱氏江山的稳固，同时也为了借助此案，正好把那些飞扬跋扈、不遵法度的功臣一网打尽，朱元璋才不得不举起了屠刀。

洪武二十六年（1393年），蓝玉因为飞扬跋扈、骄横无礼被杀，也是咎由自取。至于王弼、冯胜等牵涉入案的十三侯、二伯多是平时有违法行径之人，在太子朱标死后，年迈的朱元璋已经担心自己的身后事了。朱元璋觉得，面对这帮骄横彪悍的武夫，文弱的孙子朱允炆能否控制局势，确实难说。自己健在时，这些开国功臣就如此无法无天。他下定决心，要将这些人一网打尽，于是蓝玉案成为整个洪武朝最后一个大规模杀戮功臣的大案。

让我们回头梳理一下，洪武朝大概有三十多个公侯级别的开国功臣。七个公爵里面只有冯胜因为蓝玉案被杀、李善长因为胡惟庸案被杀，其他五人徐达、李文忠、汤和、常茂、邓愈都是善终。二十七个侯爵中，也有一半人是善终，长兴侯耿炳文、武定侯郭英更是活到了朱元璋逝世之后。而那些被杀的公侯等功臣，我们前面也分析过，多数是因为自身骄横不法、贪腐欺民或者结党为恶，才逼得朱元璋不得不举起屠刀。因此，滥杀一说并不能安全成立。

至于民间野史传说的徐达被明太祖赐食鹅肉而死、刘伯温和李文忠被毒死，更是无稽之谈。从史料和医学史的角度都可以得到论证，他们三人是自然死亡。至于为什么会出现这种传言，这更多可以从朱元璋一朝以猛治国和打压官吏、文人士大夫的角度来分析。这样一个铁腕皇帝不被文人所喜，于是，各种黑他的小段子就出现了，添油加醋，各种传说接踵而来，朱元璋就被彻底黑成了一个残忍暴君。屠杀功臣正是极好的一个罪状，于是也就产生了明太祖滥杀功臣的说法。

很明显，洪武一朝屠戮功臣之事有之，具体分析，很多功臣被杀是咎由自取。当然也有一些功臣被杀是“欲加之罪，何患无辞”，是朱元璋为了给儿孙继位扫平道路，巩固皇权而刻意为之。

这就需要我们看这段历史时，具体问题具体分析了。

皇帝神秘失踪事件

明正德十五年（1520年）七月初三日，南京南郊牛首山。

此刻天空晴朗，万里无云。遥望山顶，南北双峰恰似一对牛角伸向前方，威风凛凛，令人惊叹。山下，一支盔甲鲜明、旌旗招展的队伍正在围猎。战马嘶鸣声、将士们的呼喊声连成一片，在空旷的山谷中久久回荡。队伍之中，一名身着金盔金甲的青年将领尤其惹人注目。只见他脸形瘦长，眼神中略显忧郁，面庞并不英俊，却给人一种威严的感觉。他就是已经在位十五年的明武宗朱厚照。

得到宁王叛乱的消息后，他下令南征，在途中接到王阳明的捷报，他依然不管不顾，继续南下。他早就想去祖宗的龙兴之地——留都南京看一看了。之前，为了谏阻南巡，众多官员死于廷杖。这一次，借助镇压叛乱的机会，他无论如何都要实现自己心中的夙愿。在朱厚照心中，开国皇帝明太祖朱元璋就是神一般的存在。祖先白手起家，经历无数大小血战打下了一片锦绣江山，南京作为大明的最初定都之地，有太多王朝童年的美好记忆。这一次，朱厚照就是要继续自己的寻梦之旅，体验祖先的辉煌和赫赫武功。从正德十四年（1519年）十二月到达南京至今，他已经在祖先的龙兴之地驻跸半年之久了。北京留守的文武百官对他已经是翘首以盼，他却丝毫没有回京之意。

这一天，兴致高昂的朱厚照又带领了几千名士兵来到了南郊牛首山围猎。牛首山风景名胜众多，南宋著名将领岳飞曾经在此抗击金军，明朝著名航海家郑和的衣冠冢也在这里，另外山上有著名的宝刹弘觉寺。这一切，对崇尚武功、痴迷佛教的朱厚照都充满了吸引力。

围猎进行了整整一天，满身疲倦的朱厚照看到天色已晚，决定驻跸牛首山上的弘觉寺。众人忙碌了一天，已经非常劳累了，大家不久就沉沉睡去。鼾声混合在山上起伏不断的蛙声、蝉声之中，恰似一曲美妙的夏夜之音，在皎洁的月光和星星点点的萤光下，显得那么和谐美好。突然，一声巨大的怪叫声响起，熟睡中的将士们被惊醒。不知谁大喊了一声："皇帝不见了！"接下来，几千名将士乱作一团，灯笼火把亮起，大家慌忙去寻找圣驾。山上山下，将士们恨不能掘地三尺。经过一整夜的忙碌，依然无果。天色放亮，垂头丧气的将士们回到山上，却发现皇帝已经自己回来了！

这真是诡异啊，皇帝消失一夜，竟然自己又回来了。不久此事就在南京城传得满城风雨。有人绘声绘色地说：“皇帝在牛首山夜宿，随行的将领江彬欲行不轨，多亏牛首山的山神一声怒吼，惊动了三军将士，也阻止了江彬的阴谋。”至于皇帝为什么消失了一夜，众人却无法解释。于是不久，又有了一种传言，说皇帝被江彬劫持了一夜，后来又被放回云云。

江彬何许人也，竟然在众人传言中有如此神通？此人本是边关一个骁勇的将士，在平定刘六、刘七民变过程中立下战功。他的腮帮子就是在那次战斗中被一箭射穿的。崇尚武功的朱厚照得知大明有如此勇士，非常欣喜，亲自接见了江彬。看到江彬脸颊上的伤痕，朱厚照感慨不已。从此以后，江彬得宠，朱厚照南巡北征都要带他在身边，他日渐成为豹房新宠，和钱宁一起成了皇帝面前红得发紫的人物。

本来就对江彬不满的文官和百姓们，就有了各种猜测。大家把怀疑的目光盯在了他的身上。于是，山神怒吼、江彬劫驾等各种传言便不胫而走。此事在嘉靖年间也被堂而皇之记载到了《明武宗实录》上，还算审慎的史官写下了这样几个字：

"传者或谓江彬将为逆云。"

事情就是这样以讹传讹，一直流传了多年。直到此事发生八十多年后，也就是万历中叶，一个人寻根溯源，终于揭开了事件的谜底。此人叫周晖。他自幼也听说过这个流传已久的诡异事件，但是对于传言，他一直怀疑其真实性。因此，每当他有机会去南京牛首山游玩，便会找到年纪大的僧人，煮上一壶香茗，跟他们畅谈因果及牛首山的故事。

皇天不负有心人。终于有一次在牛首山舍利塔下，周晖遇到了一个老僧，法号万延。他已经在弘觉寺出家六十多年了。谈到这件事情，万延娓娓道来，揭开了当年事件的谜底：正德皇帝那一夜驻跸在牛首山西峰祠堂中。当时从驾之人有上千之多，他们把寺庙有限的僧房都住满了。僧人们只好露宿在室外。万延的师兄明智，当年还是个小和尚，他也露宿在塔殿台基上。睡梦之中，他一个翻身，结果掉落台基下，于是发出了一声大叫。就是这一声大喊，在静静的夜晚显得声音特别大，惊动了三军将士。将士们一夜之间传呼不息。江彬将住持和明智锁拿进入南京城，要治以惊驾之罪。进入南京城后，南京兵部尚书乔宇为了救二人，托辞说是牛首山山神震吼，导致惊动了军心，江彬遂释放师徒二人回寺中。这就是当年事情的真相。

一起小和尚引发的惊驾事件，经过众人悠悠之口，却变成了一个灵异事件。多亏有当事人留下解释，才没有使得此事成为千古之谜。周晖这种对真相孜孜以求的精神也着实令人钦佩。

英明的“昏君”

大明正德九年（1514年），北京紫禁城。

乾清宫内火光冲天，一个二十多岁的年轻人身着龙袍，站在豹房，正在朝火光处远远眺望。火光映红了一张并不英俊的脸庞，到底是兴奋抑或紧张，谁也读不懂。突然他大喊一声：“好一棚大烟火！”历史记录下了他这句话，常常被人拿来作为证明他是昏君的一大罪状。可没有人细细读他的实录，就在这句话后面记录的是他部署的救火工作和紧接下来的罪己诏。他没有儿子，他的皇位被堂弟继承，他只是一个皇权政治下的可怜祭品。他太多的行为不被文官集团认可，他是皇帝中的异数。

世人只知道他游龙戏凤，却不知道他无论到哪里，重要奏疏都是加紧送到行在，亲自批阅。世人只知道他游戏人生，却不知道他内心的苦闷，他浪荡不羁的外表下是一颗苦闷的心……但是他当政期间却也尽力在履行一个皇帝的职责，他并不是完全成功的，但是他努力了，他就是明武宗朱厚照，中国历史上被误读得最深的皇帝之一。关于他的一切，也许大家看到的只是哈哈镜下的扭曲映像。

朱厚照童年非常幸福。他虽然也不得不读那些枯燥的儒家教材，但是课业之余，也可以常常跟着刘瑾、谷大用、王岳等一班太监打猎骑射。他的身体非常强健，并且还学会了一身好功夫。

老好人明孝宗朱祐樘终于闭上了眼睛。太累了，十八年兢兢业业，小心翼翼地成为文官集团眼中的明君典范。他是作为精神偶像被文官乃至天下万民膜拜的。如今他离去了，最放心不下的还是自己的独生子。病榻之上，他紧紧握住大学士刘健的手，泪水纵横地留下遗言："东宫好安逸玩乐，你们一定要辅佐他做个好人啊！"

继位的朱厚照果然如父皇担忧的那般，表现出了很多不符合儒家规范的非凡个性。刘健、谢迁、李东阳、韩文等人忧虑万分，他们觉得要对得起孝宗皇帝临终的嘱托。于是，他们把矛头对准了当时的"八虎"集团。也就是以刘瑾为首的八个太监，他们经常跟随朱厚照一起游乐，文官们觉得他们就是罪魁祸首。事实上，这是一起权力斗争。文官集团联合了与“八虎”向来不睦的王岳等司礼监太监，打算把“八虎”一举消灭，从而牢牢掌握权力，把朱厚照打造成第二个听话的明孝宗。

一开始他们的意见是有分歧的。刘健、韩文等人主张把“八虎”一棍子全部打死，而李东阳等人觉得把他们赶到南京，只要他们不在朝中掌权就没有必要斩尽杀绝。可是刘健、韩文的坚持让事情的结局就此注定。

焦芳暗中把消息透露给了“八虎”，八个太监火急火燎地来见朱厚照。刘瑾跟朱厚照说：“陛下，王岳等人要跟文官们勾结，把奴才等全部害死，然后内外勾通，控制陛下您啊！”朱厚照一听，勃然大怒，当场提拔刘瑾、谷大用等人，让他们掌握了权力要津。

第二天风云突变，韩文、刘健、谢迁等人被勒令致仕，王岳等人被撤职赶往外地，而李东阳却被留在了内阁。“八虎”全面战胜了文官集团。这一切真的昭示着朝政进入了一个黑暗时期吗？

朱厚照在登基后很有一番雄心壮志，对于朝政也有自己的一套想法。他任用刘瑾，打算厉行改革。当时明帝国已经积弊很深了。朱祐樘给他留下的江山，表面上太平无事，实则已经是暗流涌动了。官商勾结，盐政大坏，边防困顿，屯田败坏，官员腐败……这一切的一切都严重腐蚀着明帝国的肌体。该改革了，变则生。文官集团是既得利益集团，当时也确实找不出一个铁腕人物来实行变法改革，从各方面来说，有胆略有智谋的刘瑾都是上佳人选。

刘瑾上台后，针对盐业的官商勾结制定盐法改革四事。虽然《明武宗实录》里面力图掩饰这一切改革的痕迹，但是从字里行间我们还是可以看出，这些措施有一定成效。盐是大明王朝的一项重要物资，商人用钱换盐引，也就是食盐专营许可证。然后再用盐引领取食盐贩卖，而这笔收入基本被国家用于边防事务。所以盐法的规范也就保证了国防建设有足够的资金保障。

针对当时已经非常严重的吏治腐败，刘瑾派出自己得力的干将监督地方官员，同时东厂、西厂、锦衣卫一起对官员加强了监督力度。为了防止这些机构与文官系统的勾结，刘瑾还别出心裁地设置了内行厂，目的在于监督制衡这三个机构。刘瑾设立的罚米法就是从经济上来惩罚腐败官员。他规定失职官员不管时间过去多久，都要对自己的失职或者罪过做出补偿。这也可以看作官员终身问责制的前身了。而用罚米的方法来惩罚失职或者腐败的官员，这真真切切打中了腐败官员的七寸。

刘瑾还针对边关屯田制的败坏，大力整顿。

刘瑾另有诸如减轻赋税，规定对官员不定期进行考察等一系列改革措施。刘瑾主导的这场改革多是针对当时存在的社会弊病而进行，也打击了当时的官僚集团。同时，他也利用自己的权力排斥异己，打击部分正直官员。刘瑾的贪欲随着权力的增长而膨胀。面对京城中人们纷纷称呼他为“立皇帝”，他有些飘飘然了。

正德五年（1510年），宁夏安化王叛乱了，刘瑾的末日也来到了。

安化王叛乱的一个借口就是刘瑾清查屯田引发了地方骚乱，要清君侧，除去专权的刘瑾。这场叛乱被扼杀在了萌芽状态，但朝廷却还不知道叛乱已经平定，派出了张永和杨一清带兵镇压。回师途中，杨一清主动与张永结成了同盟，联合对付刘瑾。

果然，张永回京后告发了刘瑾有谋反之心，朱厚照还将信将疑。后来文官集团见如果不加点“猛料”，皇帝是不会处死刘瑾的。于是，在他们的巧妙安排之下，刘瑾常用的扇子里面被发现暗藏了几把匕首，府邸中还有各种违禁之物和盔甲。

朱厚照说：“这家伙真的要反啊！”愤怒之下，他下令凌迟了刘瑾。

刘瑾被杀不久，京畿地区和中原腹地就爆发了一场大规模的民变，史称刘六、刘七起义。

刘六、刘七兄弟两人本是响马出身，杀人越货之事也做了不少。后来投靠了官府，二人也帮助官府做些捕快的营生。之前刘瑾派出到地方的御史宁杲追查匪寇，发现二人是黑白两道通吃，也常常与土匪暗中勾结，于是打算将他们一网打尽。二人腿快，逃出生天，他们带着几十个人举事。一呼百应，地痞、流氓、流民纷纷加入，他们攻打州县，屠杀无辜百姓，曾经有一处人家的两个女儿不从他们的污辱，他们就残忍地把姐妹两个捆绑在树上，然后纵火，连人带树化为灰烬。他们的残忍杀戮、掠夺让各地百姓纷纷自发组织起来配合官军作战。朱厚照面对危局曾经打算御驾亲征，但是文官们极力反对，亲征只能作罢。明朝派出的京营军队一触即溃，战斗力极端低下，于是大臣陆完建议皇帝派出边军。无奈之下，朱厚照只得寄希望于边军。大明边军也是当时战斗力最强的野战军了。在边军的镇压之下，刘六、刘七军大败。

刘六、刘七、齐彦名、杨虎、赵燧等匪首相继被斩杀，一场大变乱终于被镇压了。在这次变乱之中，边军展现的强大战斗力让朱厚照兴奋不已，他打算施行自己心中一直以来的一个重大计划。

说到豹房，很多人往往把这作为朱厚照荒淫无度的一个逍遥窝。其实，在这小小的豹房之中，朱厚照演习军队，施放火器，一刻也没有忘记提高军队的战斗力。他让边军和京营换防，让边军带动京营军队的训练。在豹房之中，他自己也常常与狮子老虎搏斗，锻炼自己的勇气和武术。

朱厚照一朝形成了独特的“豹房政治”。一心要重振大明军队雄风的朱厚照，从来就没有放弃加强军队战斗力的努力。朱厚照在苦苦等待一个时机的到来，他偷偷溜出边关来到宣府。边塞城市的独特风情让他感到好奇，同时靠近边关也就意味着靠近敌人。想想随时都可以跟敌军开战，朱厚照就热血沸腾。这次出行到边关也是费了一番周折的。当时，朱厚照是瞒着满朝官员偷偷跑出京城的。他来到居庸关，却发现守关御史张钦仗剑守关。任凭朱厚照和手下的宦官们磨破了嘴皮子，张钦就是不开门。

明朝的皇帝在很大程度上不能为所欲为，他要受祖制、伦理道德、儒家规范和文官集团的制约。他的圣旨如果被内阁和七品的六科给事中封驳，就可以不执行。除非皇帝签发中旨，而中旨也是只能偶尔为之。因为使用中旨就意味着打乱程序，是一种不正常的政治行为。

朱厚照一行只能回去了。他们在等待一个机会。终于，他们听说了张钦不在关城，他出外巡查了。

听说张钦出关，兴奋的朱厚照带领手下冲出了居庸关。他终于可以大展雄图了。来到大同以后，他认识了刘良女。他对此女一见钟情，宠爱备至，手下人都喊刘良女为“刘娘娘”。朱厚照冒着风霜雨雪亲自巡边，他不辞劳苦，身边将士和宦官都已经累得苦不堪言，而大家一看朱厚照，仍然是精神抖擞，一点疲惫之态都没有。

朱厚照虽然身在边陲，却也未曾耽误朝政。京城中用加急公文发给他奏疏，朱厚照每天都会按时批阅，所以即使他身在外地，朝政也是照常运转。

正德十二年（1517年），鞑靼小王子大举犯边。小王子名唤巴图蒙克，他是黄金家族的后裔，身上流淌着成吉思汗的血液。他自幼就听说祖先的赫赫武功，那个威震世界的帝国他虽然无缘亲身经历。但是在梦中，他却无数次梦见元太祖、元世祖，他们嘱咐他一定要恢复祖宗的荣光。

仇恨无时无刻不在缠绕着巴图蒙克。他统一了草原，此刻的鞑靼部势力之强已经可以与瓦剌也先时代媲美了。他要用大明军民的血来报国恨家仇。于是，他不停地带兵侵入大明边关。杀戮、掠夺使得边关百姓陷入了无限的苦痛之中。

朱厚照暗下决心，要用鞑靼人的血洗刷大明的耻辱。一场决战也是证明他的最好机会了。他要用一场酣畅淋漓的胜利为自己正名，并堵住朝中那些顽固文官喋喋不休的嘴。

小王子巴图蒙克的这次入犯可谓来势汹汹。他带领四万蒙古铁骑来去如风，杀男掠女，大明已经有好几万无辜百姓命丧他们的屠刀之下。

巴图蒙克在山西多处关城同时袭击，又并不投入全部主力，往往一击而退。他的意图让人迷惑，谁也不知道他要搞什么把戏，直到有人禀报朱厚照，小王子带兵出现在了应州城下。

朱厚照调度边关兵马来应对敌军。一开始他派出两路兵马去救援被攻击的边城。直到他听说了应州被围困的消息，他才突然认识到了小王子的真实意图就是要用疲劳战术拖垮明军。

“好，朕就是要跟你们硬碰硬野战，鞑靼人料定了朕不敢野战。错，虽然朕的曾祖英宗睿皇帝在土木堡吃过大亏，可朕却不怕你们，朕也要用这一次胜利洗刷六十多年前的奇耻大辱！”想到这里，朱厚照命令五万多边军，飞速驰援被围困的应州明军。他知道时间就是生命，他不想让更多的明军将士倒在鞑靼人的屠刀之下。

到了应州的朱厚照排兵布阵井井有条，真的让人惊讶于这个年轻皇帝的军事天赋。要知道他可是所谓“长于妇人之手”的守成君主。这是他第一次亲临战场。

没有恐惧，只有热血沸腾的兴奋。朱厚照太渴望亲自上阵杀敌了。如今机会来了，面对小王子的四万铁骑，他毫不畏惧，亲自披挂，骑马抡刀，冲杀在前。五万大明将士亲眼看见皇帝都如此勇敢，自己还有什么理由胆怯。于是，大家跟着皇帝，一起毫不畏惧地杀向了鞑靼人。不可一世的小王子在怀疑自己的眼睛是不是看错了，以往都是他们打得明军龟缩在城里防守，不敢野战，今天这是怎么了，日头打西边出来了吗？明军将士个个血灌瞳仁，仿佛凶神恶煞，那态势恨不能一口活吞了鞑靼人。鞑靼军队只能勉强接战，一场血战持续了十几个小时。混战之中，一个鞑靼兵拿刀砍向朱厚照，朱厚照毫不畏惧，用力拿自己的宝刀往外一挡，那鞑靼兵被震得虎口发麻。

朱厚照这些年，在豹房通过跟狮子老虎搏斗，也练就了一身好力气。朱厚照宝刀一挥，这个鞑靼兵躲闪不及，脑袋被齐刷刷地从脖子上切下，人头滚落地下。

明军在朱厚照的带领下越战越勇，鞑靼人支持不下去，只好退却，饶是小王子怎么喊叫责打，也止不住军队败退的步伐。最后他索性也跟着部队退去。

这一次大战是明朝中期对鞑靼人难得的一次面对面的大规模野战，也是土木堡之变后第一次皇帝御驾亲征取得的胜利。取得了应州之战胜利的朱厚照，此刻脑中突然冒出一个念头。他传旨北京的文武百官，所有人都要身着戎装在城外接驾。皇帝这个决定可害苦了一班文官，这些文官一辈子读“四书五经”，与笔墨纸砚为伴，今日却要一身盔甲披挂来迎接圣驾。要知道，那帮粗俗的武将可正是文官们最瞧不起的人了。可是圣命难违，从大学士到六部尚书等一应文官个个皆是一身戎装。这下可更苦了那些年龄大的文官了，本来就弓着的腰，被沉重的盔甲压得更弯了。他们齐刷刷跪倒山呼万岁。

朱厚照红光满面，望着这些下跪的文官，一口压在胸中很久的闷气终于畅快吐出。他得意地告诉大臣们：“朕曾经在战场上亲手杀死一个敌人。”无奈的文官们只好摇摇头，勉强挤出一丝苦涩的笑容。应州之战确实是武宗朱厚照一生最大的辉煌。

取得胜利后，朱厚照身边的一个幸臣钱宁却开始越来越出格了。他为了跟江彬争宠，竟然接受宁王朱宸濠的贿赂并替他在朝中活动。宁王朱宸濠不能忘记祖先宁王朱权在太宗文皇帝朱棣靖难之役中立下的大功，后来却被朱棣随便打发到了南昌这个闭塞之地。“好，你朱棣欠我先人的，我要让你后人加倍偿还。”朱宸濠恨恨想道。

他四处拉拢朝臣、名士，甚至土匪流寇。终于，他觉得机会来了，以庆祝生日为幌子请来江西文武大员饮宴。席间他突然掀翻了桌子，大哭不止。伴随着众人惊讶的目光，他哭诉说当今皇帝朱厚照非朱氏后裔，他奉密诏讨伐冒牌货皇帝。众人有不服的，当场就被他杀了。

宁王造反的消息传到了王阳明耳中，他用虚虚实实的兵法阻止了宁王突袭南京的意图。

王阳明不愧是一代奇才，面对来势汹汹的宁王叛军，他巧妙运用智谋，耍弄宁王于股掌之中，40 多天就彻底平叛了，得知消息的朱厚照却没有多少喜悦。他早就想南巡到祖宗朱元璋的陵寝所在地南京看一看，可是那次文官集团拼命阻止。他下旨廷杖，打死了 14 个文官，最终还是不得不屈从文官们的意见，取消了那次南巡。

这次机会终于来了，他不顾文官们极力反对，以江南局势不稳，宁王余孽亟待消灭为借口开始了南巡。

他来到扬州，宦官和身边的佞臣确有恶行，都是地方上正直的大臣们对他们纷纷抵制，也没有造成过大的损失。

朱厚照来到退休大臣杨一清家里，看到他家藏的图书非常喜欢。杨一清大喜，他觉得皇帝完全有向学的热情，于是他毫不犹豫献出了自己珍藏的书籍给皇帝带回阅读。

朱厚照一行来到了南京，他满怀崇敬地祭拜了自己的祖先明太祖的陵寝——孝陵。他跪在太祖高皇帝的灵前，暗自下决心要振兴大明，给天下黎庶一个太平江山。

他在南京待了大半年，游遍了留都的山山水水，才依依不舍地启程回京。在淮安清江浦他驾船钓鱼，却不料翻船落水。宦官们拼命把他救上来，他感染风寒，一病不起。

但是奇怪的是，他回到京城半年的时间内并没有病情加重的表现，反而是正德十六年（1521 年）初在祭祀天地时，突然吐血晕倒。

他被大臣们送到宫中诊治。一直没有好转，朱厚照建议杨廷和给他换医生，因为他觉得宫中御医已经无能为力了。杨廷和却以民间医生水平比不上御医为理由拒绝。于是，他的病情日渐加重。

终于他的大渐之日来到了，他孤单地躺到病榻之上，他盼望母亲张太后能来看自己一眼，可是却始终没有等来她的身影。他绝望了，最后他对身边的宦官留下遗言："天下的事情都是朕不好，跟你们没有关系。"

一个大明开国以来令文官最头疼的皇帝去世了，也许在他的葬礼上抹泪痛哭的文官们回家以后却是开怀大笑。他们胜利了，皇帝终于驾崩了。

明武宗朱厚照去世了，然而五百年来关于他的争议就没有停止过。

那应该如何评价这样一个有个性的皇帝呢？首先，要看到他在军事上确实取得了一系列成功。在面对刘六、刘七民变，小王子和宁王、安化王之乱时，他能依次平定，取得最后的胜利。他的一系列整军改革也取得了成效。其次，正德初年他支持刘瑾改革、试图扭转帝国颓势的努力虽然半途而废，但是他勇于革新的精神是值得称赞的。再次，他的内政方面确实存在诸多问题，例如对佞臣的过度宠幸，经济政治领域没有多少显著功绩。这些也都成为后人非议他的地方。最后，在私生活方面他确实有诸多的可议之处。

综合来看，明武宗朱厚照没有放弃帝王的职责，他努力振兴大明，却因为自己突出的个性导致了与文官集团的尖锐矛盾，最后也导致了自己的形象在一定程度上被抹黑。他没有过度使用民力，也注意减轻百姓的负担，蠲免赈济灾民，他并不是荒淫无度不理朝政的昏君。要之，他是一个悲剧天子，被后人误读至深，如果给他一个评价，他是一个功过相抵的皇帝而已。

你所不知道的“千古一帝”

曾几何时，一股子清宫热扑面而来。大街小巷，老人小孩，大姑娘小媳妇，小伙子老大爷，张口闭口讨论康熙、雍正、乾隆三帝在荧屏上的“英明神武”。一时间“四爷很忙”，成为大家的调侃话。其实，这祖孙三代都很忙，尤其康熙，随着根据二月河小说改编的《康熙王朝》的热映，更有洗脑之特效，让一班老百姓真真切切听到了康熙老爷子那一声“我真的还想再活五百年”的呐喊。

于是，很多人在喋喋不休地为康熙歌功颂德，不少历史通俗读物也对康熙赞声一片。受此影响，很多人甚至觉得清朝康雍乾三朝是中国历史上最伟大的盛世，可谓“空前绝后”，恨不能自己生在那个年代，也亲身体验一下。

康熙一朝明面上功绩不少：平定三藩、收复台湾、打败噶尔丹、打败俄国、喜欢学习西方科技、“盛世滋丁，永不加赋”、治河、修《明史》，等等。可是换个角度看问题，大家会发现这些功绩也多有名不副实之处。

先看平定三藩。当时，三藩之中最有势力的吴三桂已经年迈，如果当时康熙可以隐忍一时，等吴三桂等人自然死亡再去削藩，效果会好得多。不至于导致八年之战，害得天下大乱，生灵涂炭。可以说，三藩就是康熙逼反的。在平定三藩的过程中，康熙恼恨江西、湖南等地的百姓支持吴三桂的军队，在战争中纵容清军对当地百姓烧杀抢掠，战后又刻意加重当地赋税以示报复。就是对未曾帮助吴军的百姓，康熙也默许清军对他们无差别地杀害抢掠。身为天下之君，口口声声“仁政”的康熙也可谓虚伪至极了。

收复台湾向来被看作康熙的一项政绩。无可否认，从历史发展的大势来看，收复台湾确实为祖国的统一大业做出了贡献。

然而，为了封锁明郑经集团，康熙施行迁海禁海之策。沿海三十到五十里之内的百姓必须迁徙到内地，不从者杀无赦。很多百姓不愿意背井离乡，就被清兵当场杀害，这一血腥的政策导致了无数沿海百姓的惨死。禁海政策又导致中国跟外界联系的长期断绝。迁海令之后，沿海的经济被严重破坏，本来明中后期开海禁以来已经大幅度发展的海洋经济又被沉重打击。这些地区的经济很多年后都没有发展起来。沿海的赋税多被转移到内地，又导致内地百姓负担的加重。

很多人说康熙爱好西方科技。这没有错，他一个人在宫中喜欢看数学、物理、化学、医学等书籍，这只是他作为“盛世”文治的点缀罢了。跟同时代的俄国彼得大帝相比，康熙的喜欢科技只是停留在了个人爱好层面，并没有推广到国家层面。他担心百姓掌握科技会对自己的统治不利，愚民政策才是他统治的王道。康熙认为满洲专恃骑射，不可重鸟枪而废弓矢。在他的这种思想指导下，清朝的火器长期滞后，以至于后来左宗棠感叹不已，说若早点发展火器，中华不至于为外夷欺辱。

康熙顽固地执行满汉分畛政策。满汉不婚，阻滞了满汉融合；满官为正官，汉人为副官，汉人官员地位低下。有清一代，满汉矛盾始终存在，统治 61 年的康熙难辞其咎。

康熙七年（1668 年）的封禁东北政策，导致了东北土地大量荒芜，防备疏松，以至于 19 世纪沙俄乘虚而入，强占我东北大量土地。

对于文化来说，清朝残酷的文字狱也是康熙开的恶例。对知识分子的打压导致了思想界的全面停滞。明末以来激扬文字、指点朝政的风气再也不在，代之的是万马齐喑。那时候的文人只能埋头于艰涩的考据之中，两耳不闻窗外事，不敢过问政治。而《明史》的修纂更多是一种政治行为。

从政治宽容度来说，康熙一朝更是严重专制，甚至容不下哭庙的金圣叹。朝中一片奴才歌功颂德之声，清朝的皇权专制达到了空前的程度。

康熙中后期的吏治腐败也是让人惊叹。康熙朝两大重臣索额图和明珠都招权纳贿，富可敌国，康熙却对他们的贪腐视而不见。至于地方吏治腐败更是司空见惯，历代开国不到百年就如此贪腐的还真罕见。各地府库亏空成为后来雍正登基亟须解决的问题。

“盛世滋丁，永不加赋”向来被看作康熙朝的一项仁政。可是不加赋只是正式的农业税，其他税外加征是非常沉重的。一名叫陆世仪的官员就说过江南漕粮的正税是400万石，而百姓们实际要交的是1400万石，这多出来的1000万石落入了贪官污吏之手。康熙晚年对各地官员额外加赋，听之任之，以至于火耗成为各地百姓沉重的负担。继位的雍正干脆施行火耗归公，这也是公开承认了额外加税的正当性，这就使得永不加赋的政策成为空文。康熙立储的失败，导致了后来诸皇子的内争，这也是他晚期政治不稳定的一个因素。

评价一个皇帝，要看他对国家民族做出了什么贡献。如果从以上我们的分析来看，康熙对中国发展的阻碍作用也是极大的，他并不是什么“千古一帝”，当然他也有开拓领土、维护统一、发展经济的功绩，只不过并不像后人吹嘘的那样伟大而已。至于“康乾盛世”，名不副实之处就更多了。

“被出轨”的乾隆

大清乾隆年间，清高宗弘历“十全武功”，正是外无强敌，内无动乱，也算得一片锦绣江山，四海升平。

这一日正是孝贤皇后生辰，宫外命妇齐聚内宫为皇后祝寿。只见那御宴之上，山珍海味，飞禽走兽，无奇不有，叫人看得眼花缭乱，仿佛来到了九天玄女席，更胜王母蟠桃宴。

席间一班大臣王公之妻频频向孝贤皇后富察氏敬酒祝寿，乾隆帝在旁亦笑逐颜开。此刻一女上前敬酒，只见此女略施粉黛，柳叶弯眉，樱桃小口，眸如秋水；再看那身段，真是多一分嫌胖，少一分嫌瘦，真个是可与西施比沉鱼，直教贵妃不羞花！乾隆见此女国色天香，顿时热血上涌，眼睛呆滞，那举着酒盅的手瞬间滞在空中，宛如僵住了一般。

孝贤皇后并未察觉夫君失态，只轻声道：“弟妹之酒，我自会饮得。”原来，此女正是孝贤皇后之弟傅恒的夫人瓜尔佳氏。

乾隆已痴了，那色字涌上心头，已暗下决心，要占此女！恰好此时，瓜尔佳氏起身到外间如厕，见此良机，乾隆借口酒醉，要回寝宫休息。他支开身边的宫女宦官，独自一人偷偷跟随瓜尔佳氏到一僻静所在，突然紧抱住瓜尔佳氏。瓜尔佳氏见的是当朝君王，哪敢多言……

此后，乾隆便常常寻些借口召瓜尔佳氏入宫，傅恒也被他支开，到边疆作战，省得碍眼。几年之后，瓜尔佳氏竟然产下麟儿，乾隆暗喜，晓得此为龙种，当场赐名福康安。各种特殊优待，自不必细言。

然世上无不透风之墙，孝贤皇后渐渐知道此事，碍于弟妹和皇帝的颜面，自不敢道破，只好把一肚子苦水独自吞咽。日久抑郁生疾，随乾隆南巡之际，恹恹病逝于济南。

上文是笔者根据野史小说加工而成的乾隆帝和小舅子之妻瓜尔佳氏的婚外情之简要经过。最早记载此事的文献是民国时候出版的《清宫词》，作者吴士鉴，书中有一诗云：

家人燕见重椒房，龙种无端降下方。

丹阐几曾封贝子，千秋疑案福文襄。

这首诗暗中隐喻乾隆与傅恒之妻在宫中私通，生下福康安。

1916年蔡东藩先生的《清史演义》把这个故事场景放在了孝贤皇后生日千秋节上。蔡先生对这段故事的描写更加细致，颇具传奇色彩。

同年出版的《清朝野史大观》甚至说是因为乾隆与瓜尔佳氏私通一事引发了孝贤皇后和皇帝的争吵，孝贤皇后一气之下投水自尽。三年之后出版的《满清十三朝宫闱秘史》更是直接提出福康安是乾隆与瓜尔佳氏的私生子，并说孝贤皇后是被乾隆踢下水淹死的。可见随着时间的推移，这一段公案越发纷繁复杂，传说也越来越离奇。

那么真相如何呢？我们认为：乾隆跟瓜尔佳氏并没有私情。为何这样说？有以下理由：

第一，这个传闻本身是来自民国初年反清排满浪潮之时，当时为了革命的需要，社会上兴起了一股编造清宫野史的风气。各种关于清宫的野史大兴，吕四娘刺杀雍正以及乾隆是汉人之子等诸如此类的丑化清帝的传闻在社会上广泛流传。为何一百多年后的吴士鉴能探知时人都不知道的宫廷秘闻？他的书也没有史料来源，这个记载本身就值得怀疑。

第二，瓜尔佳氏的丈夫傅恒是当时清廷能征惯战的将领，乾隆本身也是极为重用他的。试想一个朝廷重臣在外征战多年，皇帝跟他老婆私通还生下私生子，这个事情能一直隐瞒下去吗？傅恒虽然是臣，但是功劳甚大的他也不可能任由皇帝摆布，给自己戴上那么一大顶绿帽子的。

第三，乾隆跟孝贤皇后富察氏的至深感情也不允许他做出如此出格之事。根据历史的记载我们知道，乾隆跟富察氏有帝后之间难得的真情，他如果真的跟皇后弟弟的妻子私通，如何在良心上对得起自己深爱的佳侣？他曾多次夸赞富察氏的贤良淑德，两次打算立他与富察氏生的孩子为储君。当孝贤皇后富察氏在济南病逝之后，他因害怕触景生情，八次经过济南都不入城。他还因官员违反皇后丧期不准剃发的禁令，处分了近百名高官，甚至杀了两名总督级别的大员；因为丧礼上不能尽哀，还间接吓死了自己的一个儿子。乾隆的御制诗文集里有约八十多处提及孝贤皇后，且都饱含深情。从富察氏去世到乾隆八十六岁之间，他曾经近百次去富察氏灵前酹酒祭奠。乾隆对富察氏感情之深也可以想见了。

我们还可以进一步分析，福康安到底是不是乾隆跟瓜尔佳氏的私生子。虽然乾隆确实对福康安恩泽深厚，很容易让人产生误解，但是我们根据几个历史线索来分析，就会发现，福康安是乾隆私生子一说也是子虚乌有之事。

首先，福康安之所以受到乾隆的恩宠，很大程度上是因为孝贤皇后和傅恒的关系。孝贤皇后是乾隆最爱的女人，爱屋及乌当然会惠泽她娘家人。而傅恒为国家东征西讨立下不世之功，乾隆当然也要重用他的儿子以示恩宠。另外受到恩宠的也不止福康安一人，他的兄弟福隆安、福长安同样在乾隆朝受到重用并掌握一定权力。再者，福康安本身也立有战功。在金川之战、镇压台湾林爽文起义、远征廓尔喀之战中他都立有大功，他也是乾隆后期难得的一员能征惯战的将领。最后，清代规定同族宗室严禁婚配。通过梳理爱新觉罗宗谱，我们发现福康安至少有一子二女跟宗室婚配，而且是宗室主要支系。假设福康安真的是乾隆私生子，乾隆怎么可能眼睁睁看着自己的儿辈兄妹通婚?!

所以我们综合以上分析似可得出结论，乾隆没有跟瓜尔佳氏私通，福康安更不是皇帝的私生子。

他的一句话，埋下了祸根

1793年，人类历史长河中值得记录的一个年份。这年的1月21日，法国大革命正处于最高潮，法国国王路易十六被狂热的革命群众推上了断头台。3月4日，西半球的美国费城，华盛顿宣誓连任总统。

古老的中国正在以乾隆年号纪元，这一年是乾隆五十八年。对于欧美发生的惊天动地的大事，古老的中国毫不知晓，也不屑于知晓。传统几千年的男耕女织，自给自足的生活，普通老百姓能吃上一口饱饭就是最大的愿望了。而对于乾隆皇帝和他手下大大小小的官员来说，维持帝国的稳定才是当务之急。至于那些华夏文明圈之外的“蛮夷小邦”，他们怎么闹腾，都跟中国无关，只要他们不打扰中国的太平宁静就行。

尽管对西方的政治经济状况不感兴趣，时年已经83岁的乾隆老爷子对西洋玩意儿却稀罕得很。他自幼喜欢西洋的玩具，一只小鸟或者小人儿的西洋钟表，可以让乾隆把玩上个把小时。

宫中的西洋传教士西澄元研制了一个“自行狮子”，大小跟真狮相仿，自行狮体内的发条可以让它行走百步。看到这稀奇的玩具，老爷子乾隆竟然像一个孩子一样，拍着巴掌哈哈大笑。

乾隆对西洋音乐也情有独钟。他命令传教士魏继晋和鲁仲贤组织一个由大小提琴、钢琴、吉他等西洋乐器组成的管弦乐队，在宫中时时演奏，供他和他那些空虚无聊的嫔妃取乐。

1792 年，乾隆接到了两广总督的奏折，说一个名叫“英吉利”的蛮夷小国，准备来天朝进贡。奏折后面还附上了一篇措辞极为恭顺的呈文，署名是英国总头目官管理贸易事百灵。皇帝既兴奋又好奇，这个英吉利国是从哪里冒出来的，但是查遍了《大清一统志》也找不出这样一个国家。无奈的皇帝只好找来了宫中的西洋传教士，从他们口中得知了英吉利的大概方位。

乾隆皇帝对于英吉利来访，是极其兴奋的，这位好大喜功的“十全老人”，心目中的盛世就应该是万国来朝。如今一个不知名的“蛮夷”不远万里来为自己祝寿进贡，岂不是大清繁荣昌盛的表现吗？

话分两头，单表那英吉利国。英国在中国明末清初时完成了资产阶级革命，建立了资产阶级共和国，随后，在18世纪60年代又开始了轰轰烈烈的工业革命。整个国家处于飞速发展的时代。1793年在位的英王正是乔治三世。这位间歇性精神病人在位期间，最大的政治败笔是对北美殖民地实行强硬高压政策，结果导致了北美独立战争，英国丢失了辽阔富饶的北美殖民地。乔治三世在欧洲积极组织反法联军，将如日中天的战神级人物——拿破仑一世彻底击败。

英国资本主义经济的发展需要开拓海外市场，而遥远的中华帝国正是一个人口众多、地域广阔的巨大市场。但是多年以来，英国却一直打不开中国市场。为此，英国曾经多次派遣外交使团前来中国，但种种原因导致之前的使团无一到达中国。这一次，乔治三世派出了马戛尔尼率领的英国历史上最庞大的使团出使中国，目的就是和中国建立外交关系，从而打开中国市场，和中国进行外贸交易。

使团的规模是空前的，700多人搭乘5艘战舰，带着总价值1.3万英镑的礼品，装满了600多箱，其中包括英国当时最先进的高科技产品：蒸汽机、织布机、棉纺机、天体运行仪、地球仪、装备110门大口径火炮的“君主”号战舰模型、迫击炮、卡宾枪、榴弹炮、连发手枪、步枪、现代炮兵装备、望远镜、秒表、热气球、车辆、帕克透镜等。可以说，英国人带来的礼物完全可以在大清开一场世界科技博览会了。

经过九个月漫长的航行，英国人终于带着“满满的诚意”来了。接到消息的乾隆很高兴，安排专人接待了英国使团。

使团刚到中国，就因为朝见皇帝的礼仪问题跟大清的官员起了争执。最后，双方各让一步，英国使团见到皇帝时，单腿下跪以表示尊重。

英国精心准备的那些礼品，却大部分入不了乾隆的法眼。

唯一引起乾隆兴趣的是帕克透镜，和珅用它点燃了烟斗，得出一个结论，它只是个笨重的打火机而已。乾隆又看了一眼气压计，最后他说出了对这些“高科技产品”的评价：“这些东西只配给儿童玩。”

老皇帝轻飘飘的一句话，决定了这些礼品的命运，它们被锁进了圆明园的仓库。

马戛尔尼希望自己的卫队给福康安将军表演一下欧洲火器操。没有想到这位大清将军一口拒绝了：“看也可以，不看也行，量这些火器操也没有什么稀罕。”

自大的皇帝，无知的将军，大清君臣仿佛沉睡不醒的醉汉，就这样错失了学习西方的一个绝好时机。失望的马戛尔尼使团只带回了乾隆写给乔治三世的两封信，信件中否定了英国使团的一切建交和通商要求，说天朝物产丰富，根本不需要跟外国互通货物。

老子英雄儿好汉，乾隆的继承人嘉庆皇帝在位期间，又成功地打发走了英国人派遣的阿美士德使团。这一次，英国人更惨，连皇帝的面儿都没见着。

1840 年，中英第一次鸦片战争爆发，有着 80 万常备军的大清败给了最多只有 2 万人的英国远征军。1860 年第二次鸦片战争期间，英国人洗劫圆明园，打开了一间库房，他们惊呆了。里面盛放的就是他们 60 多年前送给大清乾隆皇帝的礼品，包括西洋火器在内的高科技产品，全部落满了灰尘，60 年内没有人碰过它们！

乾隆皇帝当年那句“这些东西只配给儿童玩”，决定了一个时代的选择。如果乾隆当时能正视英国的科技发展，能仔细端正态度，看到中英两国的差距，下一番决心奋起直追，发展海外贸易，发展科技军事，中国本不会落后挨打，更不会让英国人一而再、再而三地来大清肆虐。

话说回来，如果乾隆真的把这些西洋玩意儿让自己的皇子皇孙当玩具玩，后来的道光皇帝也不至于问出“大清和英国有没有陆路可通”这样的弱智问题了。

只可惜，历史没有如果！

辑二
皇帝的女人，总有一个让你感动

受到传统宫斗剧的影响，很多朋友以为宫廷每日都是充满了勾心斗角，各路美人昭仪斗得你死我活。其实不然，身为皇帝的女人，她们只不过是一群可怜人，一入宫门深似海。她们渴望爱情，更渴望自由。因为有更多的机会接触到皇帝，她们也以各种方式对政治产生着或好或坏的影响。

卖身为奴的公主最终会怎样

西晋八王之乱后，中国陷入了天下大乱的局面，从帝后王公到普通小民，都为了生存而逃亡。

西晋永嘉五年（311 年），一群从洛阳城里逃亡出来的难民正在惊慌失措地向南边赶路。他们不知道该往何处去，只是听人说南方没有匈奴兵，大家为了活命，只好携家带口匆匆向南逃亡。

逃难的人群中有一个女孩，大概十几岁，虽然头发凌乱，衣衫褴褛，但清秀美丽的容颜、落落大方的举止和华丽的穿着，一看就知道是富贵人家的小姐。

人群中有个无赖乡民注意到了这个女孩，再仔细一看，女孩的周围并没有其他人同行，她是独自一人行路。一股邪念涌上心头，无赖把女孩抱起来夹在腋下就跑，不管女孩怎么大哭大闹也不理会。无赖把女孩带到了江南湖州吴兴县，在街市上卖掉，买主是当地大户人家钱温，他给了无赖区区几文钱。

那个纷乱的时代，乱世人不如太平犬。随着永嘉之乱，西晋王朝分崩离析，匈奴人南下烧杀抢掠，百姓生灵涂炭。其实，那个可怜女孩就是西晋的堂堂公主——清河公主（初封清河公主，后司马睿封临海公主）。她父亲是晋惠帝司马衷，母亲是皇后羊献容。

在洛阳城被匈奴人攻陷后，清河公主跟着母亲羊皇后一起逃亡，哪知道半路遇到敌兵，公主与母亲被冲散。清河公主一个人夹在一群难民中，于是就被乡民乘机拐卖了。

历史上命运悲催的公主很多，可是史料记载唯一卖身为奴的却只有清河公主一人。清河公主被钱温买来，钱温上下打量了一下公主，觉得这个女孩透着一股子富贵气质，样貌也非常不错，那就送给自己的宝贝女儿当奴婢吧。

清河公主开始了自己一生中最悲惨的经历。新主人钱温的大小姐从小娇生惯养，生来是富贵命的她从来不会怜惜穷苦人的悲苦。在她眼里，只要是她的奴婢，就像猪狗一样，生命卑微，不比一只蚂蚁好多少。

钱大小姐发现清河公主举手投足间透着一股子富贵气息，她也很好奇，几次试图套出清河的身世。清河公主尽管年龄小，但是战乱让她的生活发生了天翻地覆的变故，她也学会了自我保护，她不敢说出自己的身世，生怕钱家会把她交给匈奴人换取钱财赏赐。

钱大小姐看到她支支吾吾不肯透露自己的身世，大怒，还从来没有人敢不正面回答自己的问题。她安排粗活重活给清河干。一个出身宫廷的娇贵公主，何时做过如此重活。她柔嫩的小手磨出了老茧，白皙的皮肤也被火辣日光晒黑。就是这样，钱大小姐还经常不满意，经常毒打她，甚至把她关在黑屋子里不给吃喝。几次被打昏或者饿昏的清河醒来以后，只能以泪洗面，她感叹命运的无常，想念母亲羊皇后，好想扑进母亲怀里痛快地大哭一场。

经历了六年暗无天日的奴婢生活，惨遭折磨的清河几次想到死，但是她内心还抱有一丝幻想，她期待命运的奇迹。奇迹终于来了，她从别人口中听说了司马睿在建康复国，也就是建立了历史上的东晋王朝。她终于看到了希望，她利用钱大小姐命她外出买脂粉的机会，乘机逃出了魔窟。历尽千辛万苦，清河公主终于来到了建康城。

门口的卫士看到一个衣衫褴褛自称公主的人，一开始怎么也不相信，不放她进去。清河公主跪下痛哭流涕，她的执着还是感动了卫士。进入宫中，清河公主跟晋元帝司马睿讲述了自己的悲惨经历。司马睿也是边听边哭，他感叹公主命运的悲惨，又痛恨钱温父女的残忍，他下令把钱温父女抓来处死，同时又改封公主为临海公主。

司马睿后来又把公主下嫁给宗正曹统，临海公主感念自己的母亲和其他姐妹兄弟还在北方受苦，她几次请求司马睿出兵北伐收复故土。但是司马睿素无大志，他满足于江南的偏安，这才有了名将祖逖的抱恨终身。临海公主的愿望最终没有实现，她再也没有见过已经成为敌国皇后的母亲，也再也没有机会回到故都洛阳。这也成为她终生的最大遗憾。

她竟然生出了四个皇帝、两个王爷和两个皇后

在泱泱中华五千年的历史上，曾经有这样一位母亲，她嫁了一个旷世枭雄，生下了六个男孩，其中有四个后来成为了皇帝，除了一个是死后追封，另外三个是登基坐殿的皇帝，还有两个孩儿被封为王爷。别说中国历史上是独一无二的，就是世界历史上恐怕也难以找出第二个来。如果古代有吉尼斯世界纪录，她真的可以获得一个“生育皇帝最多奖”了！

这位母亲就是娄昭君。

这位传奇女子出身于鲜卑贵族家庭。她的爷爷爵封真定侯，父亲做到了司徒的高官。良好的家庭出身加之聪明美貌，让到她家求亲的人都踏破了门槛。那么多贵族子弟，或风流潇洒，或玉树临风，或家财万贯，却没有一个能打动娄大小姐的。

娄家上下也替她着急，大小姐，你这是多么高的择偶观啊！高富帅你不要，你难不成要上天找神仙做丈夫！直到有

一天，她遇到了他。

一个壮实的年轻人站在怀朔镇城头站岗，全身披挂，英姿飒爽，眼神中透着刚毅。出城踏青的娄昭君无意中看了城头一眼，看到那年轻人的眼神，她不禁一颤，自己在春闺之中也曾经幻想未来的夫君应该有这样一种坚定的眼神，这应该就是她命中的“真命天子”！娄大小姐有些魂不守舍，情不自禁失声说了一句：“这就是我未来的丈夫！”——看官可能要问了，古代女子如此开放乎？要知道那是民族大融合时代，别说鲜卑族的豪放女子，就是汉族女子主动寻求真爱也是常有之事，理学说教还要等到700年后的南宋才真真切切成为束缚女性的枷锁。

娄小姐也是果断之人，办事不拖泥带水。她主动让婢女去找这个年轻人，打听到他叫高欢，当时只是镇守怀朔镇的一名普通士兵。娄小姐可没有那么多的世俗等级观念，对她爱上的人，她就要主动出击。她让婢女去表达了自己对高欢的爱慕之情。高欢惊讶之后表示了自己的担心，自己只是一介士卒，根本没有聘礼迎娶娄家大小姐啊！娄小姐一听此言，微微一笑，不妨，本姑娘有！她把自己积攒的私房钱拿出来让婢女带给高欢，说以此作为聘礼迎娶她。天上掉美人外加大量金钱，一介士卒高欢当然是求之不得。娄家上下一开始极力反对，但是拗不过娄昭君的死心塌地，最后也只好顺从了她的意愿。

穷小子高欢迎娶了富家小姐娄昭君，从此开始华丽转身。他用妻子的丰厚嫁妆买马并结交天下英雄。（很多英雄人物的发迹都是借助妻子的力量，最典型的如明太祖朱元璋，他就是娶了马姑娘以后，才开始崭露头角。）昭君婚后的日子一开始也确实比较苦，从衣来伸手饭来张口的千金大小姐到各种生活杂事都要亲自打理的士兵妻子，这个落差也着实比较大。但是旁人不知道，娄昭君一直有一个坚定的信念：丈夫高欢早晚有一天会出人头地，成为一代豪杰！

但是梦想没有实现之前，高欢只是一个普通得不能再普通的小人物。有一次，他因为过错被上司杖责，被打得体无完肤。娄昭君日夜守护在丈夫身边，给他敷药疗伤。

从士兵变成信使，又从信使变成了将领，高欢的每一步成功都离不开妻子娄昭君的鼎力支持。作为将领，高欢经常四处征战，因此没有过多时间守在妻子身边。有一次，高欢出发征战，娄昭君当时恰好临产，可能遇到了难产的情况。当时左右之人觉得情况凶险，应该追回刚出发的高欢，但是昭君却对他们说：“夫君正征伐在外，不能因为我的一点小事轻易离开军中，生死有命，他来了也没有用的。”之后有惊无险，昭君母子平安。听闻此事的高欢，为妻子的深明大义感叹良久。

高欢凭借自己的能力还有贤内助昭君的辅佐，一路高升，最后做到了东魏政权的权臣。昭君的预言终于实现了，丈夫成了一代英杰！当时北方的柔然政权崛起，东魏和劲敌西魏两个政权都无法单独对抗柔然。西魏权臣宇文泰也是高欢的死敌，为了对抗对手，他主动跟柔然联姻，并打算入侵东魏。在此危急时刻，高欢让宗室女兰陵长公主出嫁柔然之主，但是柔然之主却提出了另一个让他尴尬的要求：他高欢必须迎娶蠕蠕公主，而且必须是正室！

高欢不想辜负结发之妻，但是如果背离柔然之主的意思，柔然就有可能跟西魏联手一起攻打自己。何去何从，他陷入了痛苦的抉择之中。听闻此事的娄昭君主动找到丈夫，她对丈夫说，国家大计，请不要迟疑了，她愿让位给蠕蠕公主。

迎娶了蠕蠕公主为正室，也导致高欢跟昭君能见面的机会减少了，但是昭君这一深明大义的举动却为东魏争取了多年的和平，高欢也得以借机发展实力。

娄昭君为高欢先后生育了六男二女。武定五年（547 年），一代枭雄高欢病逝，娄昭君的长子高澄成为东魏新一代的权臣。之后，正准备篡夺东魏帝位的高澄却被厨子刺杀身亡。娄昭君的二子高洋继任执政。志得意满的他打算取代东魏而自立为帝，却被母亲昭君反对："你爹爹像龙，你哥哥像虎，却都觉得皇帝之位不能随便坐，才终身都为臣子。你是什么样的人，却要效仿禹和舜行禅让之事？"当时四面强敌环伺，如果篡位为帝，就极有可能受到敌人的攻击，所以娄昭君的分析是入情入理的。但是她却无力阻止儿子的步伐，高洋最终还是篡位为帝，也就是北齐的文宣帝。母亲娄昭君被其尊为皇太后，高澄被追封为文襄帝。高洋病死之后，昭君联合另一个儿子常山王高演废除了孙子高殷的帝位，立高演为帝，是为孝昭帝。儿子继位，娄昭君第二次被立为皇太后。一年后，高演去世，娄昭君的五儿子高湛被昭君下诏立为帝，是为武成帝。而娄昭君仍然做她的皇太后。

至此，娄昭君六个儿子之中已经有次子高洋、三子高演、五子高湛先后正式登基为帝，而长子高澄虽然生前未能为帝，死后却被追封为皇帝。另外两个儿子，四子高淯被封为襄城景王，六子高济被封为博陵文简王。两个女儿，长女做过北魏孝武帝元修的皇后，次女太原长公主曾经做过东魏孝静帝元善见的皇后。

太宁（562年）二年，娄昭君去世，享年62岁。一代传奇母亲的故事结束了，她深明大义，辅佐丈夫开创一代事业，又先后有三个儿子继位为帝，两个儿子做了王爷，两个女儿成为皇后，她的传奇真的是不可复制的……

五废六立，两国为后，她就是乱世的传奇

东晋大兴二年（319 年），中国历史正处在五胡十六国的乱世之中，杀戮、灾荒、死亡成为那个时代的主旋律。一场大战之后，大雨瓢泼，上天仿佛要用雨水洗尽这人世间的污浊与罪恶。

冰火两重天，与外面相比仿佛是两个世界，前赵都城长安皇宫之内还是一片安详。寝宫龙榻之上，一个健壮高大的白眉男人伸了一个懒腰，又鼾声渐起，沉沉睡去。旁边一个端庄秀丽的女子正在调皮地捋着男人的长胡须，一根一根地数着。男人醒来，大笑着问身边这位美娇娘："皇后，你说我跟司马家的小子比如何啊？"美娇娘含情脉脉地看着男人，轻启朱唇娇声说道："这怎么能相提并论呢！陛下您是开国明主，他则是个亡国昏君，连自己的妻儿都不能保护，害我在凡夫俗子手中受辱。当时臣妾真的想一死了之，哪里想到会有今天。臣妾出身名门，却觉得天下男子都一般模样，直到侍奉了您，才知

道什么是伟丈夫啊。”男子听闻此言，搂住此女大笑不止。

这个高大的白眉男人正是前赵皇帝刘曜，这个美艳女人正是西晋惠帝司马衷的皇后羊献容。羊献容出身泰山羊氏，羊氏是闻名天下的七大家族之一。羊氏自汉朝连续九代都任高官，司马师娶的就是羊氏的美女羊徽瑜，而羊徽瑜的弟弟羊祜更是司马家帐下的风云人物。羊献容的祖父和父亲都担任过朝中的高官，出身名门的羊献容更是美貌惊人。十几岁的她出落得肤白如雪，眉目如画，那真是敢与貂蝉争俏，不惧西施重生啊！

貌若天人的羊献容在春闺之中也常常幻想自己未来丈夫的模样。直到有一天，家人告诉她，她要做皇后了，她听到这一消息，第一反应不是欢喜，而是深深的失落。这就要从晋惠帝司马衷说起了，这个皇帝智力平庸，常常被臣下蒙蔽。有一次，他听说天下百姓受灾，饿死了很多人，就好奇地问左右：“他们为什么不吃肉粥呢？”司马衷昏庸无能的故事也曾经传到过羊献容的耳朵里，如今要嫁给这样一个人，虽然他贵为天子，但是跟自己梦想中的丈夫差别太大了，今生的幸福就要托付给这样一个愚蠢的男人吗？

晋惠帝的首任皇后是历史上有名的恶后贾南风，又黑又丑的女人面恶心更丑，她荒淫无耻，心如蛇蝎，正是她的所作所为加速了西晋的败亡。后来，她被赵王司马伦逼迫自杀，新皇后的册立提上了日程。朝臣孙秀“举贤不避亲”，推荐了自己的外甥女羊献容。

永康元年（167年）十一月，羊献容入宫做了晋惠帝司马衷的第二任皇后。根据《晋书》的记载，当时宫内战乱刚平定，羊献容入宫时衣服上还有火苗子在燃烧，仿佛预兆了新一任皇后的人生道路将充满坎坷。婚后羊献容为司马衷生下一个女儿——清河公主。

西晋内部的八王之乱还在继续，战胜后得势的成都王司马颖进表要求废除羊献容的皇后之位，并将她囚禁在金镛城。这也是羊献容第一次被废。但是命运真像个过山车，大喜大悲都被羊献容体验到了。半年之后，东海王司马越打败司马颖，恢复了羊献容的皇后之位。命运女神仿佛觉得剧情不够跌宕起伏，仅仅一个月后，司马越又被司马颙的部将张方击败，羊献容再度被废。三个月后，尚书仆射荀藩等人再度恢复了羊献容的皇后之位。知道此事的张方大怒，又废掉了羊献容皇后之位。同年，自称平西将军的周权让羊献容复位，但是不久洛阳县令何乔打败周权，羊献容第四次被废。皇后之位在乱世之中，成了各路野心家的掌中玩物。而几度废立，也让河间王司马颙失去了耐心，这一次他干脆打算派人去洛阳赐死羊献容，多亏有大臣表示坚决反对，再加上战乱，司马颙并没有来得及处置羊献容，她侥幸逃脱一死。

西晋永兴三年（306 年），司马越迎晋惠帝回洛阳，羊献容得以第五次被立为皇后。次年晋惠帝中毒而死。羊献容刚过了五年的舒坦日子，不久，匈奴将领刘曜等人攻破洛阳，晋怀帝和羊献容等人被俘虏。在众多的俘虏之中，刘曜一眼就看中了羊献容，当时她头发凌乱、神色惊慌，却难以掩饰她那摄人心魄的美。她被刘曜带到了平阳。

刘曜虽然是匈奴将领，但也不是一介莽夫，他文武全才，对待羊献容也是真心真意地疼爱，羊献容为他生了三个儿子。晋元帝大兴元年即公元 318 年，刘曜登基，成为前赵皇帝，这个男人，在羊献容眼里，是“开基之圣主”。刘曜立羊献容为皇后，立他跟羊献容所生的儿子刘熙为太子。至此，这个传奇女人已经五次被废，六次被立为皇后，而且曾经在西晋和前赵两国为后。传奇如她，相信中国历史上也是空前绝后了。两人恩爱之际，常常插科打诨，开些玩笑，本文开头那一幕就是羊献容和刘曜恩爱之后的一番对话。

两人共度了十多年的幸福时光。东晋永昌元年（322 年），羊献容病逝。羊献容的死给了刘曜极大的打击，他常常整整一天抱着酒坛子，边喝边哭，口中还不停地喊着羊献容的名字。之后，嗜酒成性的他被石勒打败并杀死。

杨贵妃和安禄山的儿女私情之谜

号称“圣明天子”的李隆基天宝年间却开始走了下坡路，在朝内迷恋杨贵妃，宠信杨国忠；在边关，他信任胡将安禄山，将大唐精锐兵马放心交给其统领。天宝年间，繁华的盛世表象之下，暗流涌动，一场塌天大祸已经不远了。

再说那安禄山，看似外表粗大彪悍，实则有一颗细腻的心。他懂得迎合钻营，看到杨贵妃被宠，他决定走夫人路线。入朝之后，安禄山不顾自己比杨贵妃大二十多岁的事实，竟然厚颜无耻地认杨贵妃为干娘。每次入朝，他都先去拜见杨贵妃，唐明皇问他何故。他一脸憨笑，回答道：“臣是胡人，胡人以母为尊。”唐明皇听后哈哈大笑，反而觉得安禄山憨直可爱。

杨贵妃也应景。她收下这个三百多斤的大胖干儿子，脑洞大开，竟然决定给他“洗三”。按照民间习俗，新生儿出生第三天要洗澡，俗称“洗三”。于是，安禄山在认杨贵妃为干娘的第三天，杨贵妃命几个身强力壮的宦官，用锦绣做大襁褓，将安禄山包裹起来，抬着他在宫里四处游逛。李隆基看到此场景哈哈大笑，赏赐给安禄山洗儿钱物。从此，宫内称安禄山为“禄儿”，准其自由出入。

于是，一段绯闻就此诞生了。宋人刘斧《青琐高议》和明人蒋一葵《尧山堂外纪》，这两部野史笔记里面都谈到了一件事：安禄山竟然在宫中看到了一些不该看的东西，那就是杨贵妃的隐私。由此可见，二人似乎有儿女私情。到了民国时期，蔡东藩老先生的《唐史演义》直接说杨贵妃和安禄山在一起鬼混，以至于发生安胖子抓伤了贵妃胸部的丑闻。

如果说这是野史笔记小说，不足征信的话，史学家司马光在他的《资治通鉴》里面也记载了杨贵妃给安禄山“洗三”之事，一向严谨的老先生在后面还加了一句：“自是禄山出入宫掖不禁，或与贵妃对食，或通宵不出，颇有丑声闻于外，上亦不疑也。”治学严谨的司马光都认为安禄山随意出入宫廷，通宵不出，跟杨贵妃传出了大大的绯闻。而戴了一顶大绿帽的唐明皇，竟然一点都不疑心！

问题来了，宫闱秘事，隔代的宋人、明人怎么身临其境似的，了如指掌？

应该说，前面的绯闻明显证据不足。笔者有以下几个理由：首先，唐明皇对杨贵妃的感情是不容置疑的。晚年的唐明皇已经把杨贵妃当作感情寄托和知心爱人。贵妃两次耍小性子，被盛怒之下的唐明皇赶出宫外暂住。可是不到一天，老皇帝就茶饭不思，将贵妃召回。可以说，此时的李隆基须臾也离不开贵妃的陪伴了。生命中最重要的女人岂容他人染指？如果有绯闻传出，耳目灵通的皇帝怎么会毫无所知，更别说听到以后无动于衷了。要知道，一日杀三子、逼死亲姑姑的李隆基可是杀伐果断之人，如果安禄山真的跟贵妃有染，必然难逃一死。

其次，杨贵妃没有跟安禄山私通的理由。杨贵妃凭借唐明皇的宠爱，给自己的家族带来了无上荣光。杨氏一门可以说是“鸡犬升天”，皇帝如此恩宠，杨贵妃岂能不知好歹。且不说安禄山相貌丑陋，是一个三百五十斤的超级巨胖，就其身份来说，也绝对抵不上贵为天子的李隆基。杨贵妃敢于冒着家族毁灭的危险去跟安禄山私通吗？这在情理上也说不通，况且，杨贵妃这样被天下关注之人，如果真有桃色新闻传出，朝中那些反感杨氏一族专权的大臣，岂能不闻不问？他们必然会抓住这绝好的机会，对杨贵妃、杨国忠等人进行打击。

最后，安禄山在起兵造反之际，打出的旗号是杨贵妃狐媚惑主，杨国忠奸佞祸国。按照他的意思，打下长安，必然要置杨氏一门于死地。如此心思缜密之人，在宫廷内何以胆大包天，与贵妃私通？他难道不怕一朝败露，自己身死长安？安禄山其人，确实有着天大的野心，他不可能为了一个女人，提前暴露自己，给自己惹祸上身。

综上所述，杨贵妃跟安禄山的绯闻是子虚乌有之事。应该说，安禄山讨好杨贵妃，认她为干娘走的是“夫人路线”，以此加固李隆基对自己的恩宠。而杨贵妃觉得这个安胖子憨直可爱，做出“洗三”之闹剧，也是给无聊的深宫生活增添一点乐趣而已。

至于说后人为什么津津乐道于二人之间的桃色新闻，原因也很明显。在以程朱理学占据主导地位的宋朝，后宫恩宠导致外戚祸国，是宋人们着重防范之事。唐代的男女关系之乱本就让人大跌眼镜，加之安史之乱的发生，后人也多归咎于杨贵妃的得宠。于是乎，无论正史野史，都乐于给安禄山和杨贵妃之间那点事添油加醋，把杨贵妃编派成一个荒淫无耻的女人，从而坐实她祸国红颜的罪名，也为当时的统治者提供一个借鉴，防止类似的悲剧重演。

四朝太皇太后，死因千古成谜

唐宣宗大中二年（848 年）六月初一，长安大明宫。

一位雍容华贵、满身珠光宝气的老妇人登上勤政楼，在宫女的搀扶下远眺宫城。

宏伟的大明宫气魄非凡，身处这个当时世界上最大的宫殿之内，任何人都显得渺小无比。这位老妇人心潮澎湃，她想了很多，也许她想到了自己祖上的匡扶社稷之功，想到了自己丈夫中兴大唐的丰功伟绩，想到了自己一次被尊为太后，四次被尊为太皇太后的无上荣耀与尊贵……突然，她又想到了新朝皇帝李忱看她时候的眼神，那眼神充满了仇恨，仿佛要一口将她吞噬。她不禁浑身发抖，突然冲向楼边护栏，多亏旁边的宫女死死拉住了她，才没有酿成悲剧。

大家要问，这位老妇人是谁啊？

她就是唐代中兴功臣郭子仪的孙女，唐宪宗朝的郭贵妃，唐穆宗朝的郭太后，唐敬宗、唐文宗、唐武宗、唐宣宗朝的郭太皇太后。她历经六朝，几乎可以说是大唐最尊贵的女人了，按照常理，也应该是幸福无比的女人，可她为何想不开，欲跳楼自尽呢？让我们回望一下她的传奇人生历程。

郭氏出身将门之家，在安史之乱中，多亏了她祖父郭子仪和李光弼将军一起抵抗叛军，力保大唐江山不亡。复国之功，功不可没。李唐皇室为了报答郭子仪，跟郭家结成婚姻。郭子仪的儿子郭暖娶了唐代宗李豫之女升平公主。二人婚后生了本文的主人公郭氏。郭氏跟三代皇帝都有血缘关系，她是唐代宗李豫的外孙女、唐德宗李适的外甥女、唐顺宗李诵的表妹。

贞元年间，郭氏被许配给了当时还是广陵王的李纯（即后来的唐宪宗），婚后，为其生下第三子李宥。显赫的出身加上皇室的血统，让郭氏在夫家受到了尊重与宠爱。随着丈夫李纯继位为帝，郭氏被封为贵妃。元和七年（812 年），李宥被册封为太子，改名李恒。母凭子贵，群臣一致上疏要求册立郭贵妃为后。但是唐宪宗本是多情种子，面对后宫无数佳丽，他不想有一个出身显贵的皇后来约束自己的逍遥快活，加之他也忌惮郭氏如果为后，郭家的势力会更加强大，也许会导致外戚干政，于是他找各种理由拒绝了百官的要求。

元和十五年（820年），中兴大唐的宪宗李纯驾崩，太子李恒继位，是为穆宗。他尊自己的生母郭氏为太后，并且大封母家的亲族。穆宗虽然政治上比较昏聩，但他确是至孝之人。每月三次，他都会率领百官去母后寝宫请安，逢年过节还会在母后寝宫举办宴会。郭太后曾去骊山游玩，被那里的美景吸引，唐穆宗担心母亲的安全，亲自前往迎接，母子二人又在骊山游玩数日才回。

唐穆宗病危之时，曾经有宦官为了逢迎郭太后，以太子年幼为托辞，请求郭太后临朝称制。郭太后说："昔日武则天称制，差点让社稷危亡。我家世代忠义，哪里能学武后。太子虽然年幼，只要有贤明的宰相辅佐，就不会担心国家不安定。自古以来哪里有女子为天下之主而治理的天下像唐虞时代一样好的！"说完，她撕碎了宦官预先准备好的临朝称制的诏书。朝廷内外听说此事，对郭太后一片称赞，大家都为她的深明大义所折服。

穆宗驾崩后，太子李湛继位，是为敬宗。祖母郭太后又被尊为太皇太后。不久，贪玩的李湛被宦官杀害。郭太皇太后又下诏迎立了李湛的弟弟李昂为帝，是为文宗。

唐文宗继续尊郭氏为太皇太后。文宗生性孝顺，凡是地方进贡的物品，一定要先送给太皇太后挑选，然后自己才享用。郭太皇太后曾经把两个堂姐妹留在自己居住的兴庆宫一起聊家常，此后二人的父亲被任命为节度使。朝臣中有一些人认为是他送自己两个女儿给了太后才换来的官职。唐文宗把这个事情转告了郭太皇太后，郭氏立即把二女送回了家，朝廷的议论自然就平息了。

唐文宗之后继位的是武宗李炎。武宗也继续尊奉郭氏为太皇太后。武宗喜欢游玩和打猎、饮宴之事，赐予了被称作“五坊小儿”的年轻力壮的少年出入宫禁的权力。郭太皇太后看在眼里，急在心中，多次劝说李炎要少逸乐，常勤政。有一次，武宗请安时，问祖母郭氏怎样才能成为盛世天子。郭氏回答说要留心阅读百官的上疏，可行的就采纳，如果有不妥的地方，要跟宰相商议。不能拒绝直言，不能听信谗言，要任用忠心的人，如此方可成为盛世天子。武宗听闻此言，大受触动，从此用心政事，渐渐减少了游乐之事，朝政也开始变得有起色了。

会昌六年（846 年），唐武宗病逝，唐宪宗之子、唐穆宗的异母兄弟光王李忱被拥立为帝，是为宣宗。

宣宗尊自己的生母郑氏为太后，郭氏仍然为太皇太后。

这位郑氏在郭氏还是贵妃的时候，曾经是她身边的侍女，当时主仆关系并不和谐，经常发生矛盾。这下儿子一朝为帝，郑氏终于有了报复的机会。在她的撺掇下，郭太皇太后的待遇跟前朝比，显得今不如昔了。宣宗对郭氏也时常冷眼相待。其实，除了生母这层原因以外，李忱一直有一个心结，那就是他父亲宪宗李纯的意外死亡，他一直怀疑是郭太后和穆宗还有宦官一起合谋所致。他没有证据，只是怀疑，同时碍于郭氏的尊贵地位，只能通过减少她应该享有的待遇，迫害她娘家人来打击、折磨郭氏。在这种情况下，郭太皇太后的心情极度压抑，并想到了轻生，于是出现了本文开头的那一幕。

郭太皇太后自杀风波的当天晚间，一向身体没病没灾的郭氏就离奇死在所居的兴庆宫。大家谁也不敢说什么，只知道那天唐宣宗听说了郭太皇太后自杀的消息以后，非常愤怒，于是当晚她就死了……

她远嫁异邦，面对殉葬，何去何从

唐朝公主永远是读史者关注的热点，巾帼从军的平阳公主、敢爱敢恨的高阳公主、远嫁吐蕃的文成公主、一生传奇的太平公主、飞扬跋扈的安乐公主……可是极少有人知道唐朝历史上还有一位宁国公主，她的传奇故事同样精彩。

感谢电视剧《大唐荣耀》，让很多朋友认识了里面活泼善良、敢爱敢恨的公主李婼，她的原型正是宁国公主。

沐浴着大唐最鼎盛时代——开元盛世的温暖阳光，宁国公主无忧无虑地快乐成长。她生命最初的轨迹跟之前大部分普通女子一样，长大、成亲。父亲唐肃宗李亨在登基之前，只是一个失意的皇子。宁国公主最初下嫁的是郑巽，郑巽其人在史书中缺乏记载。只知道婚后不久，其人便早逝，宁国公主为之守寡。宁国公主的三妹和政公主时时来府上探望姐姐，这也给了处于人生低谷的姐姐些许抚慰。

天宝十五载（756 年），“渔阳鼙鼓动地来，惊破霓裳羽衣曲”。狼子野心的安禄山树起叛乱大旗，挥师攻破京城长安。杀红了眼的安史叛军，用唐朝宗室的鲜血染红自己的旌旗，以此庆祝胜利。留在长安无疑是死路一条，关键时刻，妹妹和政公主和驸马柳潭一起救助宁国公主。和政公主甚至抛弃了自己的三个儿子，逃难路上把丈夫柳潭的坐骑让给了姐姐。和政公主夫妇二人步行相随，柳潭亲自打柴，和政公主亲自做饭来侍奉姐姐宁国公主。在妹妹和妹夫的悉心照顾下，宁国公主得以成功抵达成都。

在避难成都期间，唐玄宗手下大将郭千仞叛乱。玄宗亲自登上玄英楼招降，但是郭千仞不肯就范。于是，驸马柳潭带领折冲张义童和手下家丁与叛军死战。和政和宁国两位公主也一起上阵，帮助柳潭张满弓弦，射杀敌军。大唐公主巾帼不让须眉的风范于此复现。

至德二载（757 年）十二月，宁国、和政二公主跟随唐玄宗一道返回收复的旧都长安。

此时，太子李亨已经自立为帝，是为唐肃宗。中兴唐室的重任落在了新任天子肩上。在广平郡王李俶、郭子仪等将领的努力下，加之回纥兵的相助，都城长安被收复。但是，叛军首领安庆绪却依旧据守河北。为了彻底消灭叛军，兵力不足的唐肃宗只好满足回纥英武威远毗伽可汗的请求，嫁公主给他。唐肃宗最终选定的出嫁人便是宁国公主。之前大唐也多次与异邦和亲，可是远嫁之人多是宗室女儿，这一次却是正牌的皇帝亲生女儿出嫁。

唐肃宗对爱女有千般不舍，他亲自送宁国公主到咸阳磁门驿，宁国公主深知此行艰险，但是为了大唐荣耀，她义无反顾！她流着泪安慰送别的父皇，并许下震撼人心的诺言："国家事重，死且无恨！"为了大唐，她宁愿远嫁异邦。

册封使李瑀护送公主一行到了回纥可汗的牙帐。回纥可汗坐在胡床之上，却让李瑀在帐外侍立。李瑀看到可汗的傲慢，对可汗也不施礼参拜。可汗责备李瑀，李瑀反唇相讥："大唐天子因为可汗平叛有功，所以将公主嫁与可汗，以结百年之好。之前很多远嫁的公主都是宗室子女，只不过赐予公主名号而已。这次宁国公主是天子亲生女儿，才貌双全。可汗现在已经是大唐天子女婿，岂能坐在榻上接受诏命。这恐怕不合礼数。"一席话说得可汗羞愧无语，起身对李瑀以礼相待。第二天，可汗册封宁国公主为可敦。回纥的贵族们欢欣鼓舞，纷纷说："大唐天子把真公主嫁给回纥，这是非常看重我们啊！"

成婚一年之后，回纥英武威远毗伽可汗病逝。按照回纥的风俗，可汗手下的牙官、都督等要求宁国公主殉葬。危急关头，宁国公主沉着回答：“在大唐，如果丈夫病逝，妻子三年为之服丧，朝夕哭临，即为终礼。回纥迎娶我，是仰慕大唐的礼数。如果什么都按照回纥礼俗来，何必迎娶大唐公主。我不能殉葬！”一番话说得众人哑口无言，他们也不再强迫公主殉葬。宁国公主还是按照回纥礼俗，把自己的脸面刺破，以此表示对可汗病逝的哀悼。

因为宁国公主没有跟老可汗生育后代，回纥人把她送回了大唐。乾元二年（759 年）八月，宁国公主回到了阔别一年多的长安。唐肃宗命百官到明凤门外迎接。可以说公主的远嫁，完成了自己的使命，加固了唐与回纥的结盟关系，也促成了回纥继续出兵帮助唐朝平叛。

回到长安的宁国公主，并没有受到冷落。唐肃宗、和政公主夫妇都十分关心她，时常来探望。据《唐会要》《册府元龟》记载，和政公主和驸马柳潭亲自为宁国公主挑选夫婿，从众多候选人中选中了薛康衡，此人乃是大唐名将薛仁贵的曾孙。婚后二人非常幸福，膝下子女众多，尽享天伦之乐。身为和亲公主有如此美满结局，也是不幸之中的万幸了。

她差点成为武则天第二

“好！再来一个！”

北宋年间的东京城，闹市之中，人头攒动，一群人正在围观卖艺表演。

只见人群中间，有一个女孩，年纪不过十四五岁的样子，秀丽端庄，恰如一朵莲花傲立于浊世之中，那美丽脱俗让人真的不敢相信人世间有如此妙人。她手持一个拨浪鼓，那拨浪鼓在她手中仿佛也有了灵性，发出的美妙声响久久回荡在人们的耳畔。她边摇拨浪鼓，边说鼓儿词，或诙谐幽默，或感人泪下，人群中时时爆发出一阵阵叫好声。这个在人群中卖艺的女孩正是刘娥，她此时正为生计所困，被迫跟表哥龚美一起在街头表演。当然后世说法各异，也有说龚美不是她表哥而是她丈夫的，没有定论，也没有确凿史料为证。

不久，京城的达官贵人都知道了在东京闹市街头卖艺的刘娥，她的美丽、她的技艺引起了人们的关注。这个消息也传到了一个人的耳中，他正是皇子赵恒。赵恒当时并未婚配，他听说了刘娥的闺名，为了一探究竟，也曾经混在看热闹的人群中看过刘娥的表演。初次见她，赵恒便被刘娥的美丽所吸引。赵恒开始茶饭不思了。他决定得到她。襄王府中当差的张耆与龚美交好，张耆找到龚美表达了襄王之意，龚美当然是惊喜万分，表妹被皇子看中，可是麻雀飞上枝头变凤凰啊，自己也要跟着沾光的。于是，他答应了把表妹送入王府。

赵恒和美人相识相爱，沉浸在爱情的滋润之中。但是鸳鸯美梦终被无情击破。襄王府赵恒乳母秦国夫人根本瞧不起刘娥的出身，认为这个出生于蜀中的街头卖艺女子是个狐媚之人，她竭力劝说赵恒离开这个女子。但是整颗心已经完全被刘娥俘获的赵恒怎肯答应，秦国夫人只好请赵恒的父亲当朝皇帝赵光义出面了。宋太宗赵光义家教极严，他下圣旨直接驱逐了刘娥，并强势为儿子赐婚，新娘正是后世戏曲中“大奸臣”潘美的女儿。

虽然迫于父皇的压力，赵恒不得不把“知心爱人”刘娥赶出王府，但是挥不去的思念日日夜夜缠绕着痴情男子赵恒。赵恒偷偷把刘娥藏在了自己手下亲信张耆的家中，他们时时幽会，这样躲躲藏藏的日子持续了整整十五年。直到父皇赵光义驾崩，赵恒继位为帝，是为历史上的宋真宗。之前赐婚的潘氏早已病故，后来被赐婚的正妃郭氏，按照礼法被宋真宗册立为皇后。所以刘娥只能屈居于郭皇后之下，被封为美人。

已经奔四的刘娥对与之同岁的赵恒来说仍然充满了魅力。刘娥在闲暇之余学会了琴棋书画，也读书甚多，成熟女性的魅力让她跟赵恒的感情历久弥坚。赵恒把她从美人升为修仪，又升为德妃。

可是赵恒心中一直对刘娥有愧疚，那就是没能让自己的这位初恋爱人成为皇后。机会终于来了，景德四年（1007年），郭皇后病逝，赵恒要立刘娥为皇后。可是朝臣们纷纷以刘娥无子且出身低贱为辞加以反对。恼怒的赵恒只能索性不立皇后。

家世出身可以通过粉饰掩盖重新在朝臣之中加以解释，但是无子嗣确实是刘娥成为皇后路上的重大障碍。事在人为，后宫中这时恰有一女子李氏怀孕。巧借东风，赵恒在孩子出生前三个月就宣布刘娥怀孕。于是，刘娥顺理成章“产下一子”，这就是李氏的孩子赵受益。受益被所谓的“生母”刘娥交给了杨婕妤抚养。而受益真正的生母李氏却终生没有跟儿子相认，郁郁而终。当然也不是像《狸猫换太子》戏文中说的李氏是被刘娥迫害。

借助“生子”之事，赵恒跟大臣们商量要立刘娥为皇后。这次虽然很多人心知肚明“生子”的真相，但是胳膊拧不过大腿，最终赵恒还是把皇后之位给了刘娥。成为皇后的刘娥跟武则天有惊人的相似之处，她也是熟读历史，通晓政事，常常协助真宗赵恒处理一些政事。出行时赵恒也往往会带上刘娥，赵恒再也离不开他这位贤内助了。

刘娥为了在内廷立住脚，在外廷开始拉拢朝臣，以丁谓和钱惟演为首的部分大臣成为刘娥的拥护者。赵恒重病在身，很多朝廷大事实际是交给了刘娥处理。赵恒后来索性下诏“皇太子赵祯（也就是皇子赵受益）听政，皇后贤明，辅佐政事”。乾兴元年（1022 年），真宗赵恒病死，临终遗诏军国重事交由皇太后刘氏全权处理，也就是说刘娥合法取得了后世“垂帘听政”般的大权。

摄政之初的刘娥展现了雷霆手腕，一举罢黜了最初支持她后来却生出异心的权臣丁谓。为了清除朝中结党营私和群臣亲属子弟封荫过滥的弊病，刘娥想到了一个好办法。她在朝堂上跟大臣们宣布为了报答各位臣工拥立之功，请各位大臣把自己亲属的姓名都报给她，她决定给他们官做，让大臣的亲属们共享富贵。狂喜的大臣们把自己亲属的名单上报之后，才发现中计了。原来刘太后把这些人报上来的亲属名单记录在案。每次提升官员的时候都要避开这些名单上的人物。

刘娥沿着真宗治国的路线继续与民休息，减轻百姓负担，她重用王曾、吕夷简、鲁宗道等贤臣，她治下的宋朝国势蒸蒸日上，这一切都为后来仁宗赵祯亲政以后的治世打下了坚实的基础。

刘娥生活也非常简朴，不管是做皇后，还是太后，穿着都保持朴素。对待自己娘家人，虽然也有封赏，却能约束他们不乱政，不害民，在这一点上又强过了汉朝的吕后很多。在赏赐娘家人食物时，她会把有龙凤图案的金银器皿换成铅器。她严禁皇室器皿进入刘家。

她对养子赵祯也就是宋仁宗充满了感情。赵祯体弱不能吃鱼蟹等生冷之物，为了健康，她就严格控制赵祯的饮食，以至于小赵祯经常去杨淑妃那里偷吃过过馋瘾。赵祯对她称呼“大娘娘”，对杨淑妃称呼“小娘娘”。

刘娥摄政多年以后，在朝野内外威望大增，志得意满的她也渐渐萌生了一个想法。

有一次，刘娥问大臣鲁宗道：“唐武后是怎样一个人？”鲁宗道不禁心中一震，“难道她要做武则天第二？”鲁宗道平稳了一下自己的心绪，缓缓回答：“武则天不过是唐朝罪人，几乎颠覆社稷。”刘娥听闻此言，低头不语。后来又有一些小人借机谄媚。比如方仲弓建议刘娥效仿武则天给刘氏建宗庙。刘娥也有些怡然自得，她跟老臣商量后又放弃了这个念头。清醒过来的刘娥开始表明自己的态度。大臣程琳进献给她《武后临朝图》，暗示她效仿武则天称帝，结果刘娥把此图掷到地上，大声说：“我绝对不会做这样对不起祖宗的事情！”

但是权力这个魔鬼让人着迷。摄政日久，她却不愿意归政给日渐长大的仁宗赵祯。刘娥还决定在祭祀太庙的大典上穿天子衮冕。群臣无奈只能满足了她的愿望。完成了自己的这一愿望，刘娥最终还是还政给了赵祯。

明道二年（1033 年），刘娥病重。赵祯对他的这位“大娘娘”还是充满感情的，他大赦天下，延请名医，可还是没能挽留她的生命。她临终之时数次拉扯自己身上的衣服，却不能言语，似有未了的遗憾。大臣薛奎说：“这是太后不愿意穿着天子服饰去见先帝啊！”仁宗下令给刘娥换皇后冠服下葬。

之后，赵祯知道了自己的身世，他发现了自己生母李宸妃身着皇后衣服以一品夫人礼下葬，于是关于刘娥害死自己生母的谣言不攻自破。刘娥葬礼这天，赵祯亲自牵引棺材的绳索给“大娘娘”下葬。

后世之人往往把吕后和武则天跟刘娥放在一起对比。但是我们可以看到刘娥有超越吕、武二人的很多优点，比如她治国有方，能严格约束家人，又能在关键时刻克制自己的欲望，没有走出称帝的一步。总之，她是一个有功于宋朝的贤后，她被戏剧《狸猫换太子》黑成了善妒残忍之人，真的是不公平的。

替姐出嫁，乱世中尽显大唐公主美德

唐宣宗大中年间。

这一天，京城长安一大群人围着观看告示，有一个读书人琅琅读来："朕女贤淑端庄，精于女红，孝亲尊长，现招驸马，嫁妆丰盛……"还没等那读书人念完，人群中几个浮浪子弟大声起哄："赵三，我看你不错啊，去试试看吧，当了驸马，哥儿几个也跟着享享福！"念告示的读书人大喝一声："大胆狂徒，告示还没有读完，这告示下面讲得清楚，要读书世家或士大夫子弟才可应征。"

人群中有几个穿着华丽的富家子弟摇摇头，说道："虽然告示中没有明说是哪位公主招亲，但是咱大唐的公主出了名的娇生惯养，飞扬跋扈，这驸马不是好当的。"

说者无意，听者有心。人群中恰有一人，他本是户部侍郎之子，名叫于琮。他才华横溢，只是缺伯乐赏识，渴望把自己的满腹才华用于大唐中兴。这时，好友驸马都尉郑颢给他建议说：“现在皇帝招驸马，正是一个好机会，你可愿意？”于琮表示了自己的担忧。郑颢摇头一笑：“忍得住性子，才能有出头之日啊。”

于琮再也不想默默无闻了，他想入仕为官。他暗自下定决心，冲着郑颢缓缓点了点头。

要说到唐朝的公主那可是名声在外，骄横的公主层出不穷，士大夫子弟还真没有几个想娶公主回家的，那娶的哪是妻子啊，分明是要高高供起来的一尊佛！

唐宣宗听闻有人要娶公主，欣喜异常。他决定把永福公主下嫁于琮。可是，一件小事却让宣宗改变了主意。一天，永福公主陪着父皇吃饭，因为一件小事情发火，把碗筷都摔在地上，筷子都被摔折了。宣宗心想，这个坏脾气的女儿如何能嫁给人家，当着父皇的面就闹成这样，以后还不闹翻了天！士大夫都不愿意娶皇家之女，也不怪他们！

于是，他当即决定取消了永福公主的婚事，改由她的妹妹广德公主代替姐姐嫁于琮。

后来的事实证明宣宗的这个决定无比英明。出嫁于家的广德公主对待公婆以礼待之，于家的家族活动中，她从来都是长幼有序，把自己摆在一个普通媳妇的位置上，不因为自己的公主身份摆谱，搞特殊化。有妻贤惠如此，于琮的婚后生活也是美滋滋的。

唐宣宗之后，是广德公主的弟弟李漼继位，是为历史上的唐懿宗。他有个最宠爱的女儿，名叫同昌公主。同昌公主21岁时不幸病故。悲痛欲绝的懿宗失去了理智，一口气杀了二十多个给女儿看病的御医，让他们去给心爱的公主陪葬。

在同昌公主驸马韦保衡的挑拨下，于琮也被牵连到同昌公主之死的事件中。于琮获罪，要被发配到韶州。广德公主要跟丈夫同甘共苦，追随丈夫一起去韶州。

在发配的路上，就有自称朝廷派来的宦官，也许是仇家指示之人，要给驸马于琮药酒。药酒被广德公主一把夺过，扔在地上。她害怕丈夫再遭不测，寸步不离地守候丈夫。夜晚，她不敢睡得太死，把丈夫的腰带拴在自己手腕上，静静坐着守候丈夫。就这样，他们历经艰辛，终于安全到达韶州。

夫妻在韶州一待就是十几年。直到懿宗驾崩，仇家韦保衡也倒台了，新皇帝唐僖宗继位，他们才得以回到长安。

但是安稳日子没有过几天，就爆发了黄巢之乱。那个屡试不第的读书人黄巢一怒之下，带着他的黄金甲们让长安拜服在他的脚下。黄巢攻下长安，找到了年老的于琮，想说服于琮为自己所用，借助他老臣的名望为自己的登基为帝增加砝码。没想到，于琮是铮铮铁骨的大唐忠臣，他怒斥黄巢，告诉他自己是唐世之臣，绝对不会臣服乱贼黄巢。黄巢一怒之下，让士兵把他乱刀砍死。广德公主眼见得心爱的夫君血溅当场，痛不欲生，大哭道："我乃李氏皇族之女，丈夫被你们杀了，我也不想自己独活，你们杀了我吧。"那些乱兵一听她是公主，一时愣住没有动手，黄巢也喝止了部下。心如死灰的她走回内室，解带自缢身亡，追随丈夫而去。

贤惠如广德公主者在唐朝公主之中的确不多见，她对丈夫真心真情，品行优秀，值得后人的怀念。

大唐公主为何成为愁嫁一族

按照人们的传统认知，迎娶公主可是无上荣光的事情。且不说公主们都是“白富美”出身，就是那皇帝老丈人的势力也足以让自己光宗耀祖，享尽荣华富贵了。可在一个朝代，迎娶公主却成了很多人避之不及之事，那就是唐朝。

那些被指为驸马的家庭勉为其难地接受，还有的甚至敢于对皇帝当场拒绝，有的痛哭流涕，“谈公主色变”。

从唐太宗时开始，李唐皇室的公主们就已经开始愁嫁了。有一次，唐太宗要把公主嫁给开国元勋尉迟敬德，没想到被当场拒绝。看起来粗犷的尉迟敬德此刻却口才了得，一句“糟糠之妻不下堂”，说得李世民无话可说。

唐玄宗李隆基曾经打算把妹妹玉真公主嫁给方士张果（也就是民间神话传说里面的张果老原型）。结果张果当即推辞，他跟朋友说：“娶妇得公主，真可畏也？”也就是说，娶皇帝女儿做妻子，太可怕了！

唐宪宗为公主招驸马，那些士大夫和世家大族家里的青年才俊纷纷找各种理由不去应召，让皇帝也徒唤奈何。

唐宣宗为公主选驸马，看中了新科进士王徽。王徽知道这个消息后，赶紧跑到了宰相面前，痛哭流涕，以自己体弱多病为由辞求宰相为自己说情，千万别当什么驸马。

唐代公主为何让大家都避之唯恐不及？其中原因有五。

第一，唐代公主不修妇德者有之，由此也败坏了整个公主群体的形象。唐代社会风气极为开放，唐代皇室对于男女大防又向来不重视。由此，很多唐代公主受到这风气影响，私生活极其糜烂，不修妇德，包养情人，公然给驸马戴绿帽子！

唐高祖之女永嘉公主嫁给窦奉节之后，依然毫无节制，竟然跟已经有妻室的杨豫之私通。

唐太宗的公主高阳更是过分。跟唐僧玄奘的弟子辩机私通不说，还让驸马房遗爱也找“小三”。

武则天的女儿太平公主也是跟母亲有样学样。她虽没有“控鹤府”，却也不缺情人，惠范和尚、崔湜、高戬等人据说都跟她有男女之情。

唐中宗之女安乐公主公然跟驸马武崇训的堂弟武延秀私通。

试想，有这么多行为放荡的公主为“表率”，“大名”在外，那些真正想过日子的男子谁愿意戴一顶大大的绿帽子?!

第二，唐代公主大多骄横跋扈，热衷宫廷政治。

这一点在唐代前中期表现得尤为明显。高阳公主卷入谋反事件，和驸马一起被杀。太平公主和安乐公主都曾经参与宫廷政治，最终导致自己搭上了性命。

唐德宗之女义阳公主下嫁给王士平之后，经常无理取闹，由着自己的小性子胡来。夫妻二人大吵不断，小吵天天有。吵到失去理智，甚至上演全武行，直接动手。有一次，二人又因为一点琐事，甚至吵闹到了皇帝唐宪宗那里，唐宪宗一气之下，把二人都关了禁闭，换得耳根清静。

第三，唐代公主多强势，驸马的地位极其低下。

公主婚后都有自己的公主府，以及丰厚的封邑和嫁妆。这些可跟驸马没有半毛钱关系，驸马无权支配。公主死后，驸马还要服三年丧。

出嫁的公主作为儿媳妇，对公婆也多有不敬。唐代宗时的升平公主嫁给了中兴名臣郭子仪的儿子郭暧。传说，郭子仪过寿，升平公主要去看戏，不愿意去给公公拜寿。郭暧一开始好言相劝，升平公主依然执意不去。恼怒之际的郭暧抬手就给了公主一个大大的耳光！被打的公主岂能善罢甘休，她哭哭啼啼去找唐代宗说理，结果还被父皇一顿数落。

第四，驸马政治前途较为黯淡。

身为驸马，在政治上被朝廷多方防范。虽然有较高的官衔，却没有实权。唐代一百六十多名驸马中，只有十多人做到了朝廷的重要官员。

第五，名家大门不愿意娶李唐皇室公主。

唐代重视门第。山东五大姓——崔、卢、李、郑、王，瞧不起出身相对不高的李唐皇室。唐高祖李渊有鲜卑血统，五大姓自视甚高，他们认为李唐皇室有夷狄血统，不屑于跟他们结亲。

唐代公主愁嫁现象确实存在，不过并不代表所有的李唐公主都是不堪为人妇之人。贤惠的公主也比比皆是，她们或者和亲外邦，为李唐江山稳定奉献了自己的青春，或者下嫁之后，安心孝敬公婆，陪伴驸马，保持了贤妻良母本色。

历史，本就没有什么绝对！

永淳公主选婚记

嘉靖六年（1527 年），京城。

这天晴空万里，新建不久的驸马府前一阵锣鼓喧天，鞭炮齐鸣。百姓们纷纷驻足观看。路人甲说：“兄弟，听说了吗？今天是当今天子的妹妹下嫁的日子啊。”路人乙的艳羡之情溢于言表，他问：“哪家的公子啊？真个是运气极好的，美人富贵统统入怀，让我等平头百姓好生羡慕！”

事情还要从头说起。下嫁的公主是当今天子嘉靖皇帝的妹妹永淳公主（《明史 · 公主传》将永淳公主记为孝宗之女，是错误的）。她的父亲朱祐杬（兴王，孝宗弟）生有两子四女，长大成人的只有嘉靖皇帝朱厚熜和他的两个妹妹永福公主、永淳公主。因此兄妹三人的感情相当深厚。尤其是对最小的妹妹永淳公主，哥哥朱厚熜疼爱有加。

到了嘉靖六年，公主已经十五六岁了，已是出嫁的年龄。嘉靖责成礼部一定要慎重选一个驸马给妹妹永淳公主。本来嘉靖选定了才貌俱佳的陈钊。但是半路杀出个余德敏，他一向跟陈家不和。他向嘉靖讲述了几个内幕：陈家有家族遗传病，多是短命鬼，而且，陈钊父亲不过是一个粗鄙的士兵，母亲是小妾。于是乎，一段好姻缘被余德敏搅黄了。

嘉靖下令第二次选驸马，这次报上来的有三个人选。这一次嘉靖皇帝多了个心眼，为保万全，他请来太后、皇后、嫔妃、太监、宫女一起来当“评委”。三位候选人中，最普通的那位先被淘汰了，然后所有人的眼光都集中在剩下的两位身上，一名谢诏，一名高中玄。如果高中玄这个名号大家还不熟悉，那好，笔者可以告诉大家，这位号中玄的年轻人正是日后大名鼎鼎的明代内阁大学士高拱，中玄是他的号。

两人之中，谢诏年龄大一些，举手投足都显得比较稳重；而当时的高拱年龄正跟永淳公主相仿，唇红齿白，秀眉朗目，貌近潘安，端的是一个俊秀少年。那些“评委”大部分注重相貌，倾倒性的选择是高拱高中玄。眼看这位未来的高拱高阁老就要成驸马了，那以后的大明朝就要少了一位治国安邦的名臣，多了一位少年俊秀的翩翩驸马爷。可是关键时刻有人喊停！大家注目一看，谁也不敢再多言一句，原来此人正是当今皇帝的生母章圣太后蒋氏。蒋太后的最终选择是谢诏，这无疑让人大跌眼镜。也许蒋太后觉得一个年长厚重的人能照顾自己的女儿，陪伴她终老一生。

终于，永淳公主下嫁了农民家庭出身的谢诏。要注意，明代中期以后，公主下嫁的多是平民或者低级官吏之家，就是为了防止驸马家势过大，干预朝政，危害民间。

在风风光光的婚礼之后，永淳公主和驸马入洞房。红烛之下，公主仔细端详驸马谢诏，虽然不是俊秀帅男，倒也是相貌平整，一脸正气。公主一颗忐忑不安的心正要安放之时，突然失声惊叫："呀！你，你，你的头发！"原来谢诏把帽子摘下，他的头顶是半秃的。面对这样一个半秃发型的丈夫，永淳公主后悔不已，都是"帽子惹的祸"啊！早知道他秃顶，死活也不能嫁给他。

但是木已成舟，悔恨也来不及了。更应了一句俗语"好事不出门，坏事传千里"，不知怎么民间就传出了"十可笑"的歌谣。最后一个可笑之事说的就是驸马谢诏，"十可笑，驸马换个现世报"。讥讽的正是谢诏半秃，几乎无法挽发成髻。这事传到了公主耳朵里，她只好每日以泪洗面，感叹命运的不公了。而驸马谢诏确实也是暖男，他也心知公主因为自己是半秃而瞧不上自己，就加倍地对公主嘘寒问暖，百般温存。可是公主却时常打探高拱的近况。原来高拱落选驸马之后，回乡发奋苦读，在第二年就中了乡试的经魁。又数年之后，高拱高中进士，选入翰林院为官。而且高拱这些年也一直没有娶妻。好吧，“高富帅”始终是“白富美”的牵挂，公主常想当年错过的俊秀才子高拱，如果当时选中的驸马是他，那才是天造地设的一对啊。命运为何对自己如此不公，公主这样想着，面对温存的驸马谢诏，始终没有好脸色，把脾气怨恨一股脑儿发在驸马身上。

暖男谢诏和“白富美”永淳公主的婚姻生活也许就要不幸下去了。谢诏苦思冥想，终于想到了一个好办法来挽回局势。一个中秋之夜，他请同乡好友来家中赴宴，受邀人中就有高拱高中玄，并且谢诏还有意把这个消息透露给公主。公主当然是心情激动不已，想想终于可以看到自己的“梦中情人”了，那自然是欣喜万分。

中秋宴这天，永淳公主心里像揣着一个小兔子一样惴惴不安，她偷偷透过窗棂往席间张望。只见席间一人，一脸的络腮胡须，高大粗壮，大肚子高高挺起，正在边喝酒边高谈阔论。旁边的丫鬟告诉她，那正是当年的俊秀少年高中玄。永淳公主仿佛从云端跌落，当年俊秀清朗的少年如何就成了这般油腻模样。反之端详自己的驸马，却觉得举手投足之间有一股稳重贵气，她又想起了驸马对自己的各种好，于是悔恨的泪水夺眶而出。

经过此事之后，永淳公主和谢驸马的感情加深了，夫妻二人伉俪情深，相敬如宾，终于过上了幸福的婚姻生活。他们安享富贵四十多年，相濡以沫。

故事结束了，在此笔者想告诉各位美女，珍惜眼前人。也许曾经的理想情人，多年以后只是一场迷梦而已。梦想和现实真的差距很大，也许他很帅很有才，但是他却不一定是最适合当丈夫的人，普普通通、平平淡淡才是真。

三代皇帝都拿歹毒不孝的她无可奈何

要说起历史上的心肠歹毒、为非作歹的皇后，很多人都会想到晋朝的贾南风、唐朝的韦皇后等，可是还有一位皇后，她不但歹毒善妒，而且在她的怂恿下，皇帝丈夫可以数年不去探望父皇。就这样一个恶后，竟然三代皇帝都拿她没有办法。那这个传奇的坏女人是谁呢？她就是南宋第三代皇帝宋光宗赵惇的皇后李凤娘。

李凤娘是庆远军节度使李道之女。她刚出生不久，据说就有黑色凤凰聚集在李道营前的大石上，因此李道给她取名为凤娘。

如果要追根溯源李凤娘为什么后来成为一代恶后，还要从她的童年教育说起。俗话说父母是孩子最好的老师。父亲李道本是土匪出身，后来被岳飞收编，成为南宋将领。但李道匪性难改，在湖北做官时就飞扬跋扈，为害民间。这样一个父亲教育出来的女儿可想而知。

在湖北的时候，当地有名的道士皇甫坦善于相面，于是李道把他请到家里给儿女们相面。皇甫坦一见到李凤娘，就大惊失色，不敢受凤娘之拜，他预言此女必将母仪天下。皇甫坦后来得到宋高宗赵构的宠信，在高宗面前谈到了李凤娘，于是李凤娘被高宗聘为孙子恭王赵惇之妃。

事实证明，李凤娘不是善茬。嫁入皇室不久，她就开始在丈夫太子赵惇、皇帝宋孝宗赵昚、太上皇宋高宗赵构三者之间不停地挑拨是非。高宗赵构很生气，跟吴皇后说："这个女人是武将的女儿，不贤惠，我被皇甫坦骗了。"孝宗赵昚常常敲打李凤娘，说她应该以贤后吴太后为榜样，不然就废了她。李凤娘表面应承，暗中却恨透了公公宋孝宗。

宋孝宗当皇帝久了，打算禅位给儿子赵惇，群臣赞同，只有知枢密院事黄洽沉默不语。孝宗征求他的意见，他说："太子没有问题，可以继承大统，可是李氏不贤，恐怕不足以母仪天下啊。"孝宗沉默不语，毕竟废太子妃关系皇家的脸面，一时难以决断。黄洽万般无奈地告诉孝宗，如果他以后后悔了，再想起自己这番话，恐怕已不能相见。事实证明，黄洽的预言惊人的准确，孝宗也一定在无数个独自叹息懊悔的日子，想起这位臣下的劝谏。

孝宗将帝位禅让给太子后，成为皇后的李凤娘更加飞扬跋扈、我行我素。有一次，她违反礼制，乘坐肩舆到了内殿，被婆婆也就是宋孝宗的皇后谢皇后知道了，谢皇后好言相劝，她却回了婆婆一句：“我是官家的结发妻子！”暗中讽刺谢皇后身份低微。原来谢皇后本为吴太后身边侍女，后来被赏赐给了孝宗，才成为皇后的。

谢皇后和宋孝宗面对如此彪悍的儿媳，大怒，一定要废了她的后位。孝宗跟老臣史浩商量此事，史浩以为新天子登基不久，废后恐怕导致局势动荡，此事于是就搁置了。

孰料废后不成，消息还走漏了，被李凤娘得知，李凤娘挑拨丈夫跟公公的父子关系作为报复。正好光宗生病，焦急的父亲宋孝宗购置了良药，打算等儿子到宫里问安时给他服用。宦官跟李凤娘说：“太上皇做了药丸，打算等官家到了宫里就给他服用，万一出了什么事情，江山社稷怎么办啊？”本来李凤娘就看公公孝宗不惯，这下更有了口实。接下来的一件事，让李凤娘和公公当面闹翻。在一次家宴上，李凤娘跟太上皇孝宗提出要立自己所生的嘉王赵扩为太子，孝宗没有答应。李凤娘当场发飙说：“妾身是你们家六礼所聘娶，而嘉王是我亲生的，有何不可？”孝宗也大怒，两人便争执起来。随后，李凤娘就带着儿子赵扩在光宗面前哭诉，造谣说太上皇打算废了官家皇位。在她的屡次挑拨下，孝宗、光宗父子关系出现裂痕。光宗开始找各种理由，长期不去太上皇宫中问安。

在以孝道治天下的宋朝，这种天子带头违背孝道的做法让朝臣们极为不满。给事中谢甫深进言：“父子至亲之情，这是天理。太上皇爱陛下，犹如陛下爱嘉王，太上皇年岁已高，千秋之后，陛下有何面目面对天下人？”光宗终于感悟，打算去重华宫给父皇问安。不料，他人已经到了御屏，却被皇后阻拦，李凤娘说：“外面天寒地冻的，官家喝点酒暖暖身子多好，别去了。”百官、侍卫们不敢多说一句。只有中书舍人陈傅良拉着光宗的衣襟，劝谏皇帝不要回去，他一直跟到了屏风后面。李凤娘大声呵斥：“这是什么地方？你们这些秀才不要狗头了吗？”陈傅良万般无奈，只能恸哭下殿而去。在悍妇李凤娘的挑拨控制下，此后直到孝宗驾崩，光宗再也没有迈入重华宫一步。

李凤娘不但不孝，还善妒凶残。

有一次，宋光宗夸赞了一个侍奉自己洗漱的宫女的手白嫩好看。结果第二天，李凤娘就派人送了一个食盒给光宗。光宗打开一看，是一双血肉模糊的手，就是被自己夸赞的那个宫女的双手，被李皇后残忍地砍了下来。光宗也因这件事情精神上受到了刺激。接下来的一件事情更加刺激到了光宗，让他成了名副其实的“疯皇”。光宗宠爱一个黄姓妃子，李凤娘就乘着光宗去郊外祭祀的机会，杀了黄妃，对外宣称是暴卒。当天晚上风雨大作，祭坛上的蜡烛都被吹灭，光宗因此再次受惊，病情加重。后来宋光宗得了间歇性的精神病，可以说作为妻子的李凤娘“厥功至伟”！

李凤娘乘着皇帝病重，不能亲政，大肆加封自己亲属26人为官，以至李氏一族的门客都被推恩做官，这是宋室南渡后从未有过的事情。随着光宗身体越来越差，南宋遇到了最大的一次危机，皇帝成了个精神病人！国事日非，皇帝又不能处理政务。“国不可一日无君”，群臣只得拥立皇帝的儿子赵扩为帝，是为宋宁宗。

丈夫成了太上皇，最大的靠山倒了，李凤娘这次威风不再了。她听术士说自己会有厄运，吓得穿上道袍，虔心求神。庆元六年（1200年），李凤娘在独居之处凄然离世。

接下来的事情说明李凤娘在宫中混得人缘有多差。她死后，宫人帮她去取下葬穿的礼服，可是管钥匙的人拒不开宫门。无奈之下，礼服也没有取到，李凤娘的尸体被宫人包裹后准备抬到宫里治丧。半路上，不知道谁喊了一声“疯皇来了”，大家吓得放下李凤娘的尸体拔腿就跑。当时正是七月酷暑，暴晒之下，李凤娘的尸体很快就变得臭不可闻。忍着恶臭，人们重新把她尸体抬走。丧礼上，为了掩盖尸臭，宫人们只好放置“鲍鱼”，并燃起了数十饼莲香，好歹才将臭味压住。这还没有完，上天也许都看不惯一代恶后的作为，下葬之后，她的地宫被雷击所毁，百姓闻言，纷纷鼓掌称快。

生前无限风光的李凤娘身后凄惨。笔者只想说一句，她这样恶劣的人品，为人妻是不合格的，做媳妇是失败的，更不配母仪天下，至于身后凄惨，就送她一个字——“该”！

她来自异邦，醉心权谋宫斗，最终身死国灭

明朝洪武元年（1368年）冬，塞外元上都开平。凛冽的寒风无情地卷掠着草原，牛羊也都缩在圈里挤成一团相互取暖。辽阔的草原上空无一人，只有星星点点的几个蒙古包多多少少给这空旷冰冷的寒冬带来了一丝生气……

帐内温暖如春，一个中年男子正在埋头喝闷酒，“伟大的成吉思汗啊，我愧对您，长生天，请降罪给我这个不肖子孙吧！”旁边一个穿着华丽的中年女子用空洞的眼神望着丈夫，她美丽的大眼睛此刻失去了往日的灵气，她仿佛看到了一个充满憧憬的少女衣着华丽，正无忧无虑地唱着歌，带着她的梦想，迈步走向当时世界上最大的都市——元大都。

故事还要从三十多年前说起。奇氏出生在高丽幸州，也就是今天韩国京畿道高阳市。她是奇子敖之女，以高丽贡女身份被选进了元朝宫廷。要知道当时的高丽一直臣服于世界上最强大的帝国——元帝国，每年都有很多少女作为进贡礼物被送

往元朝大都。入宫后的奇氏身份是奉茶宫女，不久她以美貌和聪明伶俐得到了元顺帝妥懽帖睦尔的宠爱。后来，这事传到了皇后答纳失里的耳朵里，后面的事情跟我们看过的很多狗血宫斗剧的剧情一样，醋意大发的皇后几次找来奇氏进行羞辱和处罚。

有这样一位彪悍的皇后压制，按理说奇氏很难有出头之日，可是皇后却因为自己兄弟谋反被牵涉其中而被毒死。新皇后的册立提上日程，本来元顺帝想立奇氏为皇后，可是她出身异邦又不是富贵人家的女孩，权臣伯颜表示反对，伯颜忽都被册封为皇后。后来，权臣伯颜被顺帝赶出朝堂，大臣沙剌班建议立奇氏为第二皇后（元朝存在几个皇后并立的现象）。这个建议仍然引来了朝臣的反对，顺帝不顾众人的反对，终于立自己心爱的女人为次后。当时还有个小插曲，监察御史李泌曾经劝说皇帝："世祖皇帝曾经有誓言说后世子孙不能与高丽女子一起并位宫中。现在天下灾祸不断，盗贼猖獗，这都是阴盛阳衰导致的。乞求陛下降奇氏为妃，也许可以安定社稷。"元顺帝不听，最终导致了奇氏乱政的恶果。

虽然名为第二皇后，因为性格柔弱的正宫皇后伯颜忽都只求自保，所以实质上奇氏的地位和正后没有太大区别。充满心机的奇氏为了加强自己的地位，让昔日的邻居加发小朴不花入宫掌管自己的小金库。奇氏还大量引进高丽女子担任宫中女官。为了收买朝臣，她送了很多精心调教的高丽美女给朝臣。

另一方面，奇氏开始刻意塑造自己的美好政治形象。闲暇之际，她翻看《孝女经》和史书，取法历代贤后的事迹。天下贡献的美食珍肴首先要派人送到太庙敬献祖先，然后她才敢自己享用。至正十八年（1358 年），京城发生了严重饥荒，奇氏下令宫中煮粥施舍给百姓，还免费给他们医药。她又拿出私房钱，让朴不花在京城的十一个城门外建造坟冢掩埋百姓遗骸十余万，并开水陆大会超度他们。她的儿子爱猷识理达腊被立为太子之后，顺帝给他建造了一个端本堂，让儒臣教授太子。当时元宫中多习佛法，帝师跟奇氏讲："太子学佛法是很有悟性的，现在让他学儒家，恐怕破坏了他的真性啊。"奇氏从容应道："我虽然深居后宫，却也知道自古以来治理天下都是用儒家，其他的都是异端。佛法虽然好，但是不能治理天下，怎么能让太子不读书呢？"后来奇氏终于升级为第一皇后，她生日时，百官进笺祝贺，奇皇后却对左丞相沙蓝答里说："自从世祖皇帝以来，正宫皇后生日没有进笺的先例，近年虽然有，但是不合礼制。"于是拒绝进笺。

一开始，奇皇后展现给天下臣民的是这么一副温良淑婉的贤后形象，当大家都开始怀疑李泌的话是否为妄言的时候，奇皇后却渐渐撕下了自己的伪装，露出了本来面目，开始了她加速元朝灭亡的三部曲。首先，公报私仇，征伐母国。奇氏家族因为奇皇后在元朝后宫的恩宠，开始在高丽作威作福，后来闹到了篡位的地步。高丽王忍无可忍，把奇氏家族灭族。按理说奇氏一家也是咎由自取，但是奇皇后可不这么想。她向丈夫元顺帝和儿子哭诉要他们出兵报仇。于是，元顺帝下旨废高丽王，并派崔帖睦尔带着一万人并打算招日本人一起征伐高丽，改立傀儡。结果到了鸭绿江时遇到了高丽军埋伏，一万人被打得只剩十七人狼狈而回。奇皇后利用国家力量公报私仇，不但折损了元朝的军队，而且也让元朝在藩属国中威信大减。

其次，迫害贤臣，先后害死两个丞相。她首先除去了与自己有过节的丞相脱脱。因为在册立爱猷识理达腊为太子的时候，脱脱出于公心，曾经建议等正宫皇后那边有了儿子再作打算，这样一来，奇皇后的儿子拖后了好几年才得以立为太子，在这个事情上脱脱得罪了奇皇后。至正十四年（1354 年），江南已经乱成了一锅粥，各地起义不断。朝廷派名臣脱脱征伐张士诚建立的“大周”政权。经过三个月的围困，眼看张士诚弹尽粮绝，快支撑不下去了，这时候奇皇后却置朝廷利益于不顾，暗中捣鬼，将脱脱在阵前罢职。义军趁机绝地反击，元军一溃千里，随之南方局势再也不可收拾。元末有名的贤相脱脱后来被流放云南，最后死于流放之所。后来她又除去了反对顺帝禅位的丞相太平。

最后，奇皇后急于让自己的儿子当皇帝，逼迫顺帝禅位，导致了元末最大的一场内讧。在奇皇后氏的挑唆下，先是支持元顺帝的孛罗帖睦尔和支持太子的扩廓帖睦尔内斗不已，接下来是扩廓帖睦尔和太子一系的内斗。各地义军已经发展得如火如荼，朝廷还在内斗不已，明眼人都看出来，元朝离灭亡不远了。

终于在奇氏母子的不断“努力”下，元王朝走向了自己的终点。元顺帝带着奇皇后等嫔妃仓皇逃亡漠北，来到了上都开平。元朝于漠北发家又被赶回了漠北，一切归于起点。

明英宗、钱皇后的感人往事

明正统十四年（1449 年）十二月。

夜已经很深了，呵气成冰的深冬，凛冽的寒风无情扫荡着巍峨幽深的紫禁城，天空中落下了片片鹅毛雪片。已经是三更天了，紫禁城笼罩在银装素裹之中。两个巡更的宦官由远及近逐渐走来。突然一声凄厉的女人哭声从远处的宫中传来，在这个寂静的雪夜显得尤其瘆人。“哎呀，妈呀！有鬼！”巡更的两个宦官中年龄较小的那个跌了一个屁股蹲儿。旁边的老宦官把他搀了起来。“瞎说什么。你新来的不晓事。你知道吗？那是咱们的钱娘娘在思念太上皇呢。唉！”

镜头缓缓移进钱皇后的寝宫。此时的钱皇后正在焚香祷告，她祈祷上天让她的夫君也就是现在被尊为太上皇的明英宗朱祁镇早日平安归来。这样的日子从朱祁镇在土木堡之战中被俘起已经持续了整整四个月了。四个月里，钱皇后就这样没日没夜地祈祷哭泣。一个绝望的女人家，虽然贵为皇后也没有办法，只能用这种简单的方式表达心中的苦痛。为了表示虔诚，她困了累了就简单地在地上和衣而卧，长期睡在冰冷的地面上导致了她一条腿残疾，从此再也没有好过，而天天以泪洗面也夺走了她的一只秀目。《罪惟录》上说是泣血损一目。哭泣到眼睛出血，想想这样的夫妻真情就让人钦佩不已。

正统十四年（1449年）七月，朱祁镇决定御驾亲征侵边的瓦剌人。看着丈夫满身戎装，威风凛凛地带领20多万大明军队出征的时候，钱皇后脸上洋溢着幸福的笑容，在她心目中丈夫是无所不能战无不胜的天子，这次也一样。可当她看着丈夫渐行渐远的背影时候，她心中却也隐隐有种担忧，女人的直觉又仿佛告诉她事情不会那么顺利。果不其然，八月十八日败报传入京城，钱皇后从征的两个兄弟钱钦、钱钟也在土木堡之变中殉国。得到噩耗的钱皇后当场瘫倒在地。她发疯般地翻箱倒柜拿出了自己所有的积蓄送给瓦剌人要赎出自己的丈夫。但是瓦剌的也先要的是大明的臣服，甚至要灭亡明朝重建大元，而不仅仅是区区钱财。国不可一日无君，于是在群臣的拥立下，朱祁镇的弟弟朱祁钰登基称帝，朱祁镇被尊为太上皇。消息传来，犹如晴天霹雳击倒了钱皇后，她是才女，熟知历史典故，历史上的太上皇有很多都没有好下场，能善终的很多也是如行尸走肉般凄苦一生。她想起了唐玄宗李隆基，开创开元盛世的一代大帝晚年被迫成为太上皇，连跟故臣聊天谈心的机会都没有，身边最忠心的高力士被流放边陲，最终李隆基凄苦地死在了犹如冷宫般的养老之地。李隆基和唐肃宗李亨还是父子，而朱祁镇和朱祁钰仅是兄弟啊，丈夫的下场会不会还不如李隆基？……想到这里，钱皇后闭上了眼睛不敢再往下想。一个贵为皇后的女子，也只能像一个无助的孩子一样哭泣，于是我们看到了本文开篇的那一幕。后来在于谦领导的“北京保卫战”取得胜利之后，瓦剌人觉得朱祁镇已经没有利用的价值，于是做了一个顺水人情放回了他。得到消息的钱皇后终于喜极而泣，一年了，无数个诚心祈祷的日子终于换来了丈夫的平安归来。虽然史书上没有记载夫妻二人第一次见面的场景，但是从明英宗复辟以后的表现，我们相信朱祁镇见到已经是残疾人的妻子的时候并没有一丝一毫的嫌弃。相反，经历了这次生死诀别以后，他们的感情更深了。明英宗回到京城以后，得到的却是为了稳坐皇位而处处提防他的弟弟景泰帝的冷遇。朱祁镇以太上皇的身份被软禁在了南宫。又是七年，为了防止哥哥“交通”外界，朱祁钰甚至砍光了南宫的大树，卢忠的金刀事件差点让悲剧上演。七年的太上皇生涯，加上之前一年的漠北俘虏生涯，一代天子沦落为不戴枷锁的囚徒。身边的钱皇后用温情来安慰苦厄处境中的丈夫，在她的心目中，丈夫虽兵败做了俘虏，可他是为了国家亲征，他从来没有对敌人卑躬屈膝祈求活命，他在她心目中仍然是英雄，尽管他失去了皇位，乃至有一天他成为一个普通人，他也是她今生要相守到老的夫君。

景泰帝刻薄的待遇让南宫中的生活用度吃紧，损一目、伤一股的钱皇后拖着自己的病体，带着宫人一起赶制绣品来换取些南宫中所需的生活费用。要说明英宗这个人的人生，在历代皇帝里面确实太传奇了，在旁人眼中也许他也要像唐玄宗一样老死冷宫了，但是没有想到还不满三十岁的弟弟景泰帝却病入膏肓，于是景泰八年（1457年）正月，在徐有贞、石亨、曹吉祥、张軏等一批文武宦官的拥立下，朱祁镇成功复辟，二次登基，史称南宫之变。

英宗复辟之后也面临再次册立皇后的问题。本来钱皇后再次成为皇后是顺理成章的事情。但是这时候太子朱见深的生母周贵妃打通关节试图尝尝当皇后的滋味，于是就有了太监蒋冕的出场，他跟孙太后进言说："当今钱娘娘无子，而且又是残疾之人，已经不适合母仪天下，为了大明的面子应该让周贵妃正位中宫。”明英宗得到消息之后立刻怒斥了蒋冕。于是钱皇后仍然正位东宫。

后来善良的钱皇后还给英宗讲述了他的身世之谜，并给前朝明宣宗的第一任皇后胡善祥说情，于是胡皇后得以恢复皇后的名号。英宗想到了钱皇后的两个兄弟殉国的事情，要为他们两个追封爵位，但又一次被钱后婉拒，她不想母家势力太大，历史上外戚专权的故事让她不得不随时保持警醒，从自身做起。钱皇后仍然不忘记善待已经被废为郕王妃的汪氏，她们如民间的妯娌那样和睦相处。钱皇后不能忘记，汪氏正是因为最初坚持劝说景泰帝保留朱见深的太子之位，才被景泰废去皇后之位的。

有一次明英宗跟钱皇后并坐，旁边的周贵妃表现出瞧不起钱皇后的狂傲样子，明英宗当场大怒呵斥她：“别以为你生了太子就可以骄傲自大！”旁边的钱皇后劝说：“陛下你得为太子想想啊。”英宗这才止住了愤怒，但是事情并没有完，他让周贵妃亲自手缝鞋子给钱皇后祝寿作为惩罚。可以想见，周贵妃因此更加恨透了钱皇后，于是也有了成化年间的那场闹剧，这是后话暂且不表。从这个小故事中也可以看出明英宗对钱皇后是多么在乎。

幸福的时光总是短暂的。到了天顺八年（1464年）正月，在漠北那一年苦不堪言的俘虏生涯，南宫那七年郁郁不得志的太上皇岁月，外加复辟之后天顺七年间的日夜勤劳政事已经耗尽了朱祁镇的全部元气，不到四十岁的他已走到了生命的尽头。他要走了，最放心不下的是自己的钱皇后，他叫来了太子，在病榻之上叮嘱太子一定要尽孝钱皇后，为她养老送终。他还是不放心，于是又叫来了内阁大学士李贤，拉着他的手反复叮嘱“皇后千秋之后必须跟朕同葬”。他担心的是无子无依靠的钱皇后失去了自己的庇护，将来面对善于妒忌的周贵妃会是怎样一个处境。很不幸，他的担心日后却成为现实。

离别的日子终于到来了。史书中没有记载夫妻最后诀别的场景，不用说，读者也能猜到必定是痛断肝肠，此情此景恐怕是泪点超高的人也不能无动于衷了。夫君走了，她将一个人面对这悲苦的世界。果不其然，宪宗登基后，在议上两宫太后尊号时，太监夏时要传谕独尊周贵妃为太后，多亏了当时正直的大学士李贤和彭时力争，才给钱太后上了慈懿皇太后的尊号。后来钱太后的日子并不好过，她因为力争维持明宪宗皇后吴氏的地位而得罪了皇帝，更加被这个名义上的儿子冷遇，在郁郁寡欢和对夫君的思念中度过了四年后故去。她身后与先皇合葬，宫中又闹出了一起大事件，也就是历史上的文华门哭谏事件。在群臣的压力之下，那位心机极深的周贵妃表面上输给了群臣，被迫同意钱太后与英宗合葬，暗中却让人捣鬼，故意在墓道的修建上做了手脚，堵住了钱太后和明英宗相通的墓道。

笔者读过很多的皇后和嫔妃传记，像钱皇后这样贤明善良几乎挑不出任何毛病的真的不多。

她一生用心守护皇帝，却被黑成一代妖妃

漆黑的夜，呼啸的寒风无孔不入地吹进紫禁城的每个角落。殿内取暖的炉火已经熄灭多时。

“万姐姐，我好冷。呜呜呜……”一个五六岁的孩子冻得紧紧缩成了一团。“别怕，有姐姐在。”说话的是一个宫女，她有二十二三岁的年纪，并不是什么绝色美人，只能说清秀端庄。她的秀目中噙着泪水。她紧紧抱着孩子，用自己的体温来温暖他。

两人实在冻得受不住，于是这位宫女起身跟殿外的值夜太监说：“劳烦公公通禀一声，冬日实在严寒，小皇子受冻不过，请添一些炭火可好？”

“滚！你们啊，过了今日没有明日的东西，冻死了也是活该。”太监怒声呵斥。

“哐当”一声，殿门关闭，无尽的黑夜，从殿中传出了一个女子和孩子绝望的哭声……他们哭累了，迷迷糊糊之中，忽

然殿门开启，一队锦衣卫士卒破门而入，小皇子被惊醒，赶紧躲在了宫女身后。锦衣卫冲上来要抓孩子，小皇子大喊：“万姐姐救我，皇叔要杀我。”万宫女用身体拼死护住小皇子，怒斥道：“你们谁敢，先杀了我再说！”只见一个士兵手拿利刃，猛地一刀正中万宫女的小腹，鲜血喷涌而出。

“啊！爱妃，你别丢下朕。”安喜宫中被惊醒的皇帝朱见深，眼角还挂着泪水，像个孩子一样紧紧把头埋在万贵妃怀中。万贵妃轻轻拍着朱见深：“别怕，有臣妾在，谁也不能伤害皇上。”朱见深在万贵妃的轻抚之下，终于沉沉睡去。

成化皇帝朱见深在登基之后，也不记得有多少次在这样的噩梦中惊醒。童年的那段经历对他来说真的是刻骨铭心，他常常想，在生命中最艰难的那段日子里，如果没有万贵妃的陪伴，自己是不是早就去了另一个世界。

万贵妃本名不详，世人多称她为万贞儿，山东青州诸城人。其父万贵本是一个小吏，因为犯了错误被罢黜，编户霸州。当时的万贞儿只有四岁，被选入孙太后宫中为婢。聪明伶俐、乖巧懂事的万贞儿被孙太后所赏识，在十九岁那年被派去照顾当时年仅两岁的皇太子朱见深。

当时明朝经历了建立以来最大的危机，土木堡之变中御驾亲征的明英宗朱祁镇被俘，朝中无主，乱作一团。在孙太后和一帮文臣的拥立下，郕王朱祁钰被立为皇帝，即为历史上的明代宗。明代宗朱祁钰称帝之后，在于谦等人的协助下打赢了北京保卫战，击退瓦剌，为自己赢得了极高的声望。他不顾群臣的反对，立自己的亲生儿子朱见济为太子，原太子朱见深被废为沂王。

太子一夜之间变成亲王，而且皇叔朱祁钰对自己这个侄儿也百般刁难，名为亲王，实同软禁。没有自由，没有优厚的待遇，吃尽了太监宫女的白眼。在最艰苦的日子里，只有比他大十七岁的万贞儿不离不弃地照顾他、保护他。她的身份像是他的姐姐，甚至像他的母亲，用母性的关爱无微不至地温暖朱见深那颗冰冷的心。

在长期的相处中，随着年龄的增长，朱见深对这个比自己大十七岁的万姐姐产生了男女之间的情愫。从人性的角度可以理解，面对一个长期用心照顾、爱护自己的女人，只要不是铁石心肠的人，都不会无动于衷的。后来朱见深即位称帝，他在位的二十三年里对万贞儿始终如一。如果不是碍于舆论和朝臣、母后的压力，也许朱见深就要立万贞儿为皇后了。他把除了皇后之位以外最尊贵的封号皇贵妃给了万贞儿。一个皇帝能始终如一深爱比自己大十七岁的女人，这种真挚的爱情真的让人感动。可是问题来了，如此一位万贞儿，怎么就在历史上恶评如潮，以至于五百年后的诸多影视作品中，万贞儿出场都是一副妖妃恶女的形象呢？

按照清朝所修正史《明史》的说法，万贞儿毒杀明孝宗之母纪氏，并且大肆迫害宫中有孕的嫔妃和她们所生的皇子，活生生一个明代版的“燕啄皇孙”的赵飞燕、赵合德姐妹再世。我们拿研究宪宗朝最权威的史料《明宪宗实录》来对照《明史》，会发现万贵妃迫害嫔妃皇子的说法在《明宪宗实录》上是根本没有提及的。要知道《明宪宗实录》是继位的明孝宗朱祐樘下旨所修，如果万贵妃真有如此恶迹，明孝宗岂能放过这等机会。万贵妃毒死朱祐樘的生母纪氏更是无稽之谈了。各位试想如果新皇帝的生母真的是万贵妃毒死的，朱祐樘最起码的报复也是要鞭了万贵妃的尸，夷了万贵妃的三族吧。可是与之相反，在继位后，面对有些大臣提到要整治万贵妃一族的申请，明孝宗不闻不问，如果真的有杀母之仇，以孝著称的朱祐樘岂能放过？参看一下宋仁宗赵祯知道了自己的身世之谜以后，怀疑杀害自己母亲的是刘娥刘太后以后，就打算灭族刘氏的故事，就知道杀了皇帝的生母的人会有什么样的下场了。

那我们来看这些指控万贞儿的说法出自哪里。首先是万历年间的大学士于慎行写了一本名为《谷山笔麈》的野史笔记。他在此书中最早提出了万贵妃种种恶事后，却又加了一句“万历甲戌（十二年），一老中官为予道说如此”，也就是说那么多故事，包括我们熟知的朱祐樘幼年传奇故事的经历，都是他道听途说，从一个老年宦官那里得来的。

跟他同时代的沈德符在他的书里就提到了这个事情：“于慎行讲到的这些故事都是从宦官口中传来的，要知道这些宦官口中的关于前朝的传闻，十句有九句都不靠谱，真是可笑啊！”仔细想想也是，一个万历年间的老宦官讲述了这个距离自己时代一百多年前的小道消息，可信度可想而知。

顺便提一句，那本堂而皇之地被列入“二十四史”的清修《明史》真的是错讹之处太多。就拿朱祐樘的身世来说，《明史》说照顾小皇子朱祐樘的太监张敏在皇子身份公之于众的时候，为了防止万贵妃报复吞金自杀。这就是明显的谎言。实际上张敏一直好好地活到了成化二十一年（1485 年）才病死，而且他的死跟太监同行怀恩的指责有关，并不是自杀。如果仔细翻翻杨继宗的传记也可以知道，张敏跟张庆也曾经跟这位杨清官有过过节呢。可惜的是后人以讹传讹，把一个名声并不太好的太监吹成了为保护皇子自杀的贤宦，怎么看都有点《狸猫换太子》那个桥段里面的宦官陈琳的影子。

后来编修明史的清初学者毛奇龄根据那些野史小段子编了一本名为《胜朝彤史拾遗记》的小册子。里面关于万贞儿的段子很多都来自于慎行的书。更可怕的是，这本小册子后来竟然被不加分辨，直接引用到了《明史》的《后妃传》里面，于是就出现了万贞儿迫害明孝宗生母的说法。

我们先引用一份商辂的奏疏：

> 皇子聪明岐嶷，国本攸系，天下归心。重以昭德宫妃抚育保护，恩谕已出；百官万民皆谓贵刀民皆谓贵妃贤哲，近代无比，此诚宗社无疆之福也。但外议皆谓皇子之母因病别居，久不得见，揆之人情事体，诚为未顺。伏望敕令就近居住，皇子仍由纪贵妃抚育，俾朝夕之间，便于接见。庶得遂母子之至情，惬朝野之公论。

大概意思就是万贞儿在宫中全心全意养育朱祐樘，天下的臣民听说了都纷纷赞扬万贵妃的贤良，因为最近皇子生母纪氏在宫外生病，一直没有跟皇子见面，请皇帝允许让纪氏搬进宫中就近居住，以便于母子相见，皇子仍然委托万贵妃照料起居。我们仔细翻看《明宪宗实录》，发现万贞儿曾经在宫中养育朱祐樘达数月之久，而且被大臣们所称颂，如果她想害死朱祐樘，只不过是轻而易举之事，再说当时纪氏已经重病在身，两个月后是自然病死，万贵妃要杀一个病得快死的并不受宠的纪氏又有何用？

再说万贞儿迫害怀孕嫔妃和皇子的说法。先不说如果万贞儿真的这么做了，庞大的后宫群体怎么可能都蒙在鼓里任其胡作非为，光是言官们的口水就足够淹死万贞儿了。更何况还有一位一向看不惯万贞儿的周太后随时在盯着万贞儿。万贞儿自己生育过一个孩子，她是高龄产妇，所以皇子夭折了。她自身已经年届四十，在古代已经是基本上无法生育的年龄，她就是把所有皇子都迫害死，她自己还能再生一个皇子继位为帝吗？从逻辑上是根本分析不通的。

既然对万贞儿的两大指控都不成立，那为什么世人还要黑这个无辜的女子呢？笔者以为理由有以下几点：首先，一个比皇帝大十七岁的女人得宠，让很多人看不惯，其中有皇帝的生母周太后，后宫的其他嫔妃、朝中的文官集团出于各自的利益，集中火力对付万贞儿，就是要抹黑这段他们认为不符合纲常伦理的不伦之恋。

其次，万贞儿得宠后，她的兄弟万通确实仗着姐姐的恩宠在民间胡作非为，跟徐达（注：此徐达非明朝开国功臣徐达，重名而已）的妻子玩起了婚外情并且收受贿赂，在很大程度上败坏了姐姐万贞儿的名声。

回头我们再看看万贞儿逝去之时，朱见深哀叹："万爱妃走了，朕也不久于人世了。"果然半年之后，皇帝朱见深带着对万贞儿深深的思念和爱恋去跟自己的爱妃在另一个世界团聚了。

她是大明末代贤后，有情有义

周奎，大明王朝芸芸众生之中普通得不能再普通的一个平头百姓。他家境贫寒，自从从老家苏州到北京后，日子越发难过了。无奈，周奎只好在前门大街以算命为生。如果日子这样下去，也许江湖上顶多多一个“周半仙”，而没有日后享尽了荣华富贵的“周皇亲”。

这天突然有一个文人模样的人来周奎家借宿，来人自称陈仁锡。这位陈仁锡借宿之后，无意中看到了周家的女儿，那时候她还很小，陈仁锡却惊叹不已，他对周奎说：“你的女儿将来是天下的贵人！”周奎却不以为然，看着这个小女儿，除了面貌清秀，小小的手上因为帮家人操持家务长了一些茧子之外，他根本没有发现女儿有什么过人之处。周奎本人就是靠给人算命为生，女儿有这样的好命吗？后来的事实证明陈仁锡这个业余看相的超过了专业算命的好几个段位。

陈仁锡认定周家这个小女孩未来会成为贵人，于是他免费给周家当起了家庭教师，他把《资治通鉴》等经史教授给年少的周氏，聪明好学的周氏一点就通，小小年纪就已经学识惊人。

随着年岁的渐渐长成，周氏已经变成了一个亭亭玉立的大姑娘了。周姑娘不但美貌惊人，才学也是让人惊叹不已。

周家命运的转机开始于天启六年（1626年）的信王府挑选王妃。

当朝天子朱由校唯一的弟弟信王朱由检选妃，朝廷异常重视，由天启帝朱由校的皇后张嫣亲自主持。入选者非常多，都是来自全国各地的美女。在诸多美女之中，经过严苛的筛选，周姑娘和其他两位女子杀入了“决选”。决选的评委阵容不小，但是有最终话语权的只有张嫣皇后和刘昭妃（万历皇帝的嫔妃）。一开始张嫣皇后并不属意周姑娘，她觉得周姑娘年龄太小，体质也有些单薄。但是刘昭妃在三人之中，对周姑娘最满意。她对张嫣皇后说：“此女现在虽然弱小，将来必定要长大的。”张嫣要给祖母级别的刘昭妃面子，于是就顺从了她的意思，最终周姑娘顺利当选为信王妃。

当选为信王妃的周氏跟信王朱由检夫妻琴瑟相调，婚后的周氏亲自打点王府内务，民间生活的磨砺使得周氏的身上没有一点贵族小姐的做派，朱由检对于能得此佳偶怡然自得。

天启七年（1627年），明熹宗朱由校病逝，信王朱由检被接进宫中，预备登基。进宫之初的朱由检面临严峻叵测的政治形势，专权的大太监魏忠贤党羽甚多。皇嫂张嫣告诫朱由检不要乱吃宫中的食物，以防有人下毒，所以朱由检在宫中的饮食都是由周氏亲自下厨打理。

朱由检登基后册立周氏为皇后。渡过继位之初的难关之后，崇祯皇帝朱由检大权在握，他决计要重振帝国往日雄风。看到丈夫没日没夜地处理朝政，身体日渐消瘦，周皇后也暗下决心要好好辅佐丈夫，治理好后宫不让他分心。她在后宫厉行节俭，穿布衣，食素食，她还在宫中设置二十四具纺车，亲自带领宫女纺纱。她减少宫中用度，从自身做起，夏天用白纱为衫穿在身上，没有任何装饰。崇祯开玩笑道："你真是个白衣大士啊。"在周皇后的带领下，宫中嫔妃一改前朝奢侈的做派，都纷纷用白纱做裙衫。宫中风气为之一变。

崇祯朝内忧外患，天灾人祸，内有李自成、张献忠起义，外有清军在关外的侵扰。朝廷的银子像流水一样花销，开源无方，只能节流。所以周皇后在内廷的节俭也让崇祯帝深感欣慰，周皇后还经常拿出自己的私储和宫中节约的钱物做军饷。

周皇后也注意严格约束自己的亲属，不让他们因为自己的地位而在外朝飞扬跋扈。

周皇后和崇祯感情非常好，婚后两人生了三子二女，长子朱慈烺被立为太子。夫妻偶尔也有失和之时。有一次崇祯在交泰殿跟周皇后因为一语不合而发怒，崇祯把周皇后推倒在地，周皇后因此气愤绝食。崇祯想想此事觉得后悔，就让宦官赏赐她并且慰问她的起居情况。

随着天下局势的不断恶化，崇祯皇帝也变得狂躁不已。看着失控的丈夫，周皇后心急如焚。义军烧毁了凤阳的皇陵，崇祯减少自己的膳食，表示罪己之意。周皇后看着日渐消瘦的丈夫，心疼不已。她做了一些带肉的食物给丈夫吃，却被拒绝。后来还是崇祯的外祖母以梦境相劝，搬出来他去世的母亲，崇祯才勉强进餐。席间，他跟周皇后相对哭泣，泪水沾湿了桌案。

天下局势糜烂，崇祯帝后也无心观戏。要知道，前朝的几代帝后都非常热衷于在宫中观戏以打发无聊的时光。整个崇祯朝十七年间，宫中只有两次演戏，其中一次还是为周皇后庆祝生日。

崇祯十七年（1644 年），李自成的义军已经朝着北京进发了。在此危亡关头，崇祯下令百官捐钱助饷。崇祯对老丈人周奎寄予厚望，他派司礼监太监徐高加封老丈人嘉定侯。吝啬至极的周奎却跟徐高说没有钱捐助给朝廷，徐高悲愤地说：“您身为皇后之父都如此，国家大事就完了！”万般无奈之下，周奎忍着心痛，拿出了一万两银子，其中一半还是女儿周皇后实在看不下去老爹的做派，从自己的积蓄里拿出的。就女儿这些钱，老爹周奎还贪了一半，收入了自己的腰包。吝啬如此的周奎也没有什么好下场，李自成打下北京后，在严刑拷打之下，之前跟皇帝女婿一直哭穷的他被迫交出了七十万两银子和全部的家产。吝啬愚蠢的周奎成为北京城百姓的笑料。

眼见得北京危急，周皇后也曾经劝说崇祯：“我们在南方还有一个家呢。”暗中寓意危急之时，崇祯可以考虑南迁留都南京。但是这一建议却因为大部分朝臣的反对和崇祯的死要面子而被放弃。

崇祯十七年三月十九日，义军攻入北京城。最后的时刻来临了，崇祯帝绝望地对周皇后说：“大势已去！你是一国之母，决不能受辱，还是自尽吧！”周皇后痛哭道：“我服侍陛下十八年了，您从来没有听过我一句劝，今日以身殉国也是我的归宿了。”她依依不舍地看了丈夫朱由检最后一眼，转身进内室自尽了。崇祯帝想起了他们多年同甘共苦的夫妻感情，泪水止不住地涌下。

周皇后这个出身于社会底层的普通女子，由王妃变成了皇后，她贤淑善良，是一代贤后。虽然她身为弱女子，最后却用自己的生命陪伴丈夫殉国，也诠释了明朝皇室的气节与悲情……

她是电视剧《如懿传》原型，恩爱夫妻却反目成仇

乾隆三十年（1765 年）元宵节刚过，乾隆皇帝带着皇太后、后妃、大臣等一众人等踏上了第四次南巡的道路。一行人经过济南府时，按照往年惯例，绕城而不入，以免勾起乾隆思念已逝孝贤皇后的伤心往事。二月初十，南巡队伍到达江苏淮安行宫，乾隆皇帝给皇后那拉氏过了一个气氛热闹的生日。宴席之上，大家看到帝后之间情意融洽，欢声笑语，其乐融融。

一干人等到达了杭州，在西湖名胜进膳之时，皇后那拉氏接受了乾隆赐给的御膳。但是第二天也就是二月十九日这天却风云突变，人们注意到早膳之席已经没有了皇后的身影。

原来额驸福隆安在二月十八日这天接到了皇帝的命令，让他扈从皇后先期由水路返京了。一切过于突然，毫无征兆，一路上看起来很和谐的帝后之间到底发生了什么事情，让乾隆如此愤怒，急于把皇后打发回京城？

宫中传出小道消息，皇后跟乾隆不知道为了何事，大吵

大闹，还闹到了皇太后那里。皇后哭着说要出家为尼，而且说到愤怒伤心之时，竟然把自己的头发剪掉了。要知道，按照满族习俗，只有至亲之人逝世时，女人才剪发以表示哀悼的。如今皇帝、太后都活得好好的，皇后此举无疑是诅咒他们早死啊！

到底发生了什么？按照许指严《南巡秘记》的说法，风流帝君乾隆到了江南，为江南绝色美妓所迷惑，把她们带到御舟上寻欢作乐，恰好被皇后抓了现行。皇后劝说，乾隆不听，还打了她一记耳光。皇后一怒之下剪发以表示抗议。

蔡东藩先生的《清史演义》里面也有类似的说法：因为乾隆与歌妓行为出格，当着皇后的面丝毫不知道收敛，才激怒了皇后，使她当场发飙，做出剪发这样的惊天之举。

更有一种说法，在后来的文字狱案里面，有主犯供词提到了他听说南巡之时，帝后反目是因为乾隆要在江南立妃，因为皇后抵制，引发冲突，遂导致皇后做出剪发之事。

我们再听听当事人乾隆自己的说法。在乾隆把皇后那拉氏打发回北京不久，他就下旨把皇后的四件受封册宝全部收回，而且身边只有两名宫女伺候。一年之后，皇后恹恹离世。乾隆公布帝后反目之事，他说皇后随驾南巡，到达杭州之后，性情突然改常，忤逆太后不能尽孝，更表现出了疯癫症状。按照皇帝的说法，皇后是疯癫改常，自作孽而不可活了。

可是事情真的那么简单吗？三种说法到底哪个才是事实？让我们从皇后那拉氏这个人说起吧。

那拉氏，满洲正黄旗人，世袭三等承恩公纳尔布之女。雍正年间，她就嫁给了时为宝亲王的弘历为侧福晋，可见她在弘历的后妃中也是老资格了。乾隆二年（1737年），她被册封为娴妃，地位仅次于当时的孝贤皇后和高佳贵妃。乾隆十年（1745年），她进位娴贵妃。乾隆十三年（1748年），孝贤皇后病逝之后，宫中事务由已经晋升为皇贵妃的那拉氏权且管理。按照皇太后的懿旨，事母极孝的乾隆尽管还忘不掉孝贤皇后，但是也不得不在乾隆十五年（1750年）顺应母意，正式立那拉氏为第二任皇后。

不管是南巡江南还是木兰秋狝，乾隆都会带上皇后随行。大清帝国第一家庭给外界的印象是琴瑟和谐，一对恩爱的模范夫妻。夫妻情深的背后，却有着不为外人所知的隐秘。册后大典当晚，热闹隆重的典礼过后，乾隆一个人拖着疲倦的身子回到了寝宫。他屏退身边宦官，写下的却是一首思念孝贤皇后的诗。尽管那拉氏一直以来都是恪尽孝道，对他也是一心一意地照料关爱，可是不管她怎么样努力，始终无法替代孝贤皇后在乾隆心目中的地位。但是另一方面乾隆又是责任感极强的皇帝。他为了母后安心，也为了给天下人做一个表率，至少在表面上他表现得与新皇后很是恩爱。

在乾隆十七年（1752年）之后连续五年内，乾隆跟皇后连续生育了两子一女。这段时间是二人的“蜜月期”。可是随着时间的推移，乾隆内心始终放不下孝贤皇后，他总是无意中把新皇后跟孝贤皇后对比，两个人完全是两种性格的女子。从那拉氏身上，乾隆看不到孝贤的影子。敏感的那拉氏皇后还是发现了丈夫始终对先皇后释怀不下。每年孝贤皇后祭日，乾隆会去她灵前酹酒纪念并写诗，情到深处他还会大哭一场。每次南巡经过孝贤皇后去世所在地济南，乾隆都会绕城而行以免勾起伤心往事。那拉氏也是女人，她对感情的要求丝毫不低于乾隆，她要的是丈夫发自内心地爱她，可是她看到的却是她永远代替不了去世的孝贤皇后在乾隆心中的地位。

乾隆三十年（1765年）的这次南巡，二人感情问题终于总爆发了。当年那拉氏已经四十八岁，正属更年期。按照现在医学的解释，更年期的女性容易暴躁，感情变化比较快，更需要家人的关爱。而乾隆跟她失和那天恰好临近孝贤皇后的祭日。当时乾隆的心情应该是处于低谷，而正在这关键点上，却发生了一件在帝王来说很平常，但却成为帝后反目成仇的导火索的事情。

南京城流传一个传说，乾隆在莫愁湖看中了一个美貌的汉女，乾隆带回她并封其为“明常在”，这导致了帝后反目。从各方面来分析，这个传说还真有可能就是最接近事情真相的。

历史的真相极有可能就是南巡路上，乾隆邂逅扬州女子陈氏，并为其美色所迷惑，然后不顾皇后那拉氏的阻拦要纳她入宫。生性刚烈又恰逢更年期的皇后，想起来皇帝这些年与自己貌合神离的感情，一气之下做出了剪发的举动。而内心始终无法接纳皇后的乾隆因此暴怒并打算做出废后的举动。但是碍于母后和大臣劝阻，把她打入冷宫，实际上剥夺了她身为皇后的一切待遇。这也最终导致了那拉氏一年之后的郁郁而终。

乾隆对孝贤皇后可谓深情，对那拉氏皇后可谓寡情，他下令抹去了皇后的画像，让后人只能想象那位哀怨的皇后在生命的最后时刻以泪洗面。她痛恨薄情的丈夫，她去世之时一定是不能瞑目的，让她又爱又恨的那个男人，拿《甄嬛传》里面甄嬛的话说就是：“这几十年的情爱与时光，终究是错付了……”

皇妃因何被当众扒衣杖责，成为王朝受此羞辱第一人

光绪二十年（1894年）十月的一天清晨，从紫禁城传出一阵阵惨叫声。一个穿着华丽的美丽女子被扒下裤子，正趴在一张长凳之上，一名身强力壮的小太监正用力挥舞着一根大杖，朝着这名女子的臀部打去。“啪啪啪”，比男子胳膊还粗的廷杖重重打在女子娇嫩的肌肤上，一道道血痕，豆大的汗珠顺着她的脸颊流下，她实在忍受不住，失声惨叫，那惨叫声在空寂的大殿里尤其瘆人。旁边的一帮太监宫女，个个低着头，吓得瑟瑟发抖，他们连大气都不敢出。大殿中端坐的一位雍容华贵的老妇人，正在满面怒容地盯着受刑的女子：“打，给我用力打，反上天了，今天就是要给你个教训！让你长长记性！”

受刑的女子正是光绪皇帝的爱妃珍妃，而怒气冲冲的老妇人正是当朝权势无双的慈禧太后。贵为一朝皇妃，珍妃被慈禧当众扒衣杖责，这在清王朝260多年的历史上还是第一次。清宫规矩严苛，对于杖责之刑尤其慎重。乾隆朝受宠的惇妃在

乾隆四十三年（1778年）因为一点小事就活活把一个宫女杖责而死，事后惇妃被降为嫔，还被罚银一百两给宫女的家人处理后事。身为皇妃打死一个宫女都要重责，可见清宫对于杖责之刑的慎重。而我们在热播的宫廷剧《甄嬛传》中看到有一段是华妃给夏常在“一丈红”的责罚，这也只是影视剧为了吸引观众的眼球杜撰的桥段罢了，真实的历史中皇后尚且无权力杖责嫔妃，更何况一个华妃！

我们把视角转回珍妃受杖责之事。为何她触怒慈禧，受到了杖责之刑，不光彩地成了当众受辱的清宫妃嫔第一人？在各种影视剧和文学作品中，大家觉得珍妃应该是一个可怜无辜的弱女子，她苦苦守护与光绪皇帝的爱情，并且深明大义，全力支持光绪的变法，她也因此惹怒了慈禧，最后被慈禧害死。可惜，这并不是历史的真相，至少不完全是。

慈禧对初入宫的珍妃还是非常喜爱的。珍妃刚入宫时才13周岁，还是一个小姑娘。她的聪明伶俐深得慈禧喜爱，有一段时间慈禧甚至专门让珍妃代她写大字，然后赏赐给群臣。

性格活泼的珍妃在宫廷里喜欢照相、穿男装，还指使一个太监在东华门外开了一个照相馆。这一切在慈禧眼中都算很出格了，她渐渐开始对珍妃不满了。

真正让慈禧爆发的事件还是珍妃做出了一件对于历朝历代的后宫女人来说都是大忌的事情。

事情起因在于后宫用度的裁减。珍妃出身富贵，大手大脚花钱是惯了的，如此一来，自觉囊中羞涩，一开始她设法跟瑾妃借些零花钱，但是时间一久，瑾妃用度也感觉紧张。珍妃只好找到跟自己关系紧密的太监商量来钱的门路，可是众人也不得要领。正在此时，珍妃的堂兄志锐想到了卖官的办法。具体操作由志锐在前台，珍妃只负责在光绪这里“公关”即可。

卖官的流程大概是首先买通奏事处的太监，从他们处探听朝中有哪些官缺，然后志锐再寻找买家。而珍妃发挥的作用就是在光绪面前为买官人美言几句，促成此事。

珍妃等人通过卖官使得鲁伯阳得到了上海道员的职位，还有其他各色人等通过此门路买得官位。在腐朽透顶的晚清，卖官鬻爵已经是社会的常态，珍妃参与此事不仅是对这种社会腐朽现象的推波助澜，更重要的是她违反了后宫不得干政的祖训。她推荐自己的老师文廷式为光绪帝做幕僚，也有安插私人党羽的意味。

慈禧得知此事，怒不可遏，虽然她干政多年，可是有趣的是她最忌讳的也恰恰是后宫干政。她找来珍妃责怪她受贿卖官、干预朝政是坏了祖宗家法。没想到性格倔强的珍妃非但没有认错，还反唇相讥：“祖宗家法早有人败坏在前，否则我怎么敢这样？这都是太后做的榜样啊！”这句话可谓说中了慈禧的痛处，她勃然大怒，下令杖责珍妃，把她从妃降为贵人，并且囚禁于宫西二长街百子门内的牢院之中。从此珍妃与光绪隔绝，不得见面。由此可见，后世传言珍妃因为襄助光绪新政而得罪慈禧的说法并不可靠，珍妃被囚禁在戊戌变法四年之前，何来脱身襄助新政？

珍妃的这段故事讲完了，也留给后人深深的思考。我们惯常认为的历史中的所谓好人、值得同情的人，有时候在真实的历史中并不是那么“完美无瑕”！

清朝公主的婚姻苦恼其实来自她们

很多朋友看过根据琼瑶的小说改编的电视剧《还珠格格》，大家为剧中还珠格格那无拘无束的个性所感染，更感动于她跟五阿哥轰轰烈烈的爱情故事。剧中皇后身边有一个讨厌可恶的容嬷嬷，时时刻刻与还珠格格过不去。其实如果把容嬷嬷这个角色安排成还珠格格小燕子的管家婆保姆会更贴近历史一些。

因为在清朝公主出嫁时，皇帝会赏赐给她一个府邸。驸马也就是额驸虽然跟公主同住一府，但是并不同室而眠。如果公主想见驸马一面，都要通过贿赂公主身边的管家婆保姆，而且要经过繁琐的礼节才行。

管家婆，史书上称作管家嬷嬷，是皇帝选派到公主身边照顾她的饮食起居的人。其实初衷乃是担心生长在深宫之中的公主不谙世事，金枝玉叶又不懂居家之事，特意选派一个亲信之人照顾公主，她的职务就类似于民间的陪房仆妇而已。

明明人家公主和额驸夫妻相见是再正常不过的，却因为管家嬷嬷的从中作梗，贵为皇家闺秀的公主享受不到正常的夫妻之爱。按照清制规定，每次额驸到了公主居所之外，看到廊下悬挂一盏红灯才能留宿。如果管家嬷嬷在额驸这里索取不到满意数额的贿赂，总会想尽办法阻挠公主夫妻相见。同样，每次公主要见额驸也要花费大量的钱财贿赂管家嬷嬷，如果不给钱，即使公主要宣召额驸，管家嬷嬷也必然千方百计加以阻拦，也会被管家嬷嬷嘲笑为轻浮、不懂礼节。这也造成了有清一朝，很多公主很少生育的现象。因为公主本身身为皇家女子，在封建礼教的熏陶之下，男女之事更是羞于启口，很多公主也就对跋扈的管家嬷嬷听之任之了。

举两个例子。康熙皇帝的第十个女儿和硕纯悫公主，嫁给了蒙古成吉思汗后人策凌。但是因为管家嬷嬷的阻挠，公主却难以跟额驸策凌经常相见，以至于她婚后因为思念额驸成疾，婚后四年就以 26 岁的妙龄抱恨离世。

再说乾隆皇帝最宠爱的公主，也就是固伦和孝公主，被乾隆指婚给了宠臣和珅的儿子丰绅殷德。虽然这是一桩政治婚姻，但是两人却非常般配，堪称天造地设的一双。饶是这样一对恩爱的夫妻，却因为管家嬷嬷的阻挠，两人也只能白天恩恩爱爱、卿卿我我，夜晚却要各自独守空房。

但是也有不甘命运者，比如道光时候的大格格跟额驸符珍结婚，她要宣召额驸跟自己相见，却因为没有行贿管家嬷嬷被阻拦，以至于两人婚后一年都未曾相见。一天，大格格到了宫中拜见皇阿玛道光皇帝，梨花带雨地哭泣道："皇阿玛你究竟把儿臣嫁给了哪个人啊？"道光帝一听此言，惊诧不已，他说："你不是嫁给了符珍吗？你自己怎么会不知道？"大格格更加伤心，道出了事情的原委。道光皇帝大怒道："嬷嬷怎么能管你们夫妻之事，这事情你自己做主就是了。"得到了父皇的支持，大格格才得以随时召见额驸，两人婚后幸福，共生子女八人。

可见，繁琐的封建礼教和规制，不但害了无数民间的好夫妻，也造成了贵为天潢贵胄的公主婚姻生活的不幸福。

辑三
皇宫里咋就这么热闹?

皇宫内苑可不止皇帝、后妃、皇子、公主，还有那些男宠、宫女、御医、保姆，他们都不甘寂寞，以自己独特的方式影响着历史。不要瞧不起小人物，他们有时可以改变大历史。

清代宫女的真实生活

喜欢看清宫剧的朋友经常会看到这样的桥段：某美丽宫女家世悲惨，入宫后被皇帝宠幸，或被某皇子阿哥看中，于是乎上演出一幕幕轰轰烈烈的爱情大剧。

可是真实历史上的清代宫女真的活得那么潇洒吗？衣食无忧之余，就潇潇洒洒跟皇帝、阿哥谈个恋爱，或者跟主子插科打诨，不亦乐乎？

清代宫女因为距离现在时间不甚遥远，所以留下了一些史料或者当事人的回忆录可以供后人找寻轨迹。经过严格的选拔，入宫之后的宫女最重要的就是在面对各种繁琐的规矩时要做到零差错。首先，在皇帝或者各宫主子之前工作时必须保持静寂无声。如果你是一个健谈的人，这无疑是折磨，再多的宫女聚在一起也严禁交头接耳。

不管宫女受到多大委屈，心情多么不爽，都必须保持笑脸，而且不管有多么可笑的事情也绝对禁止哈哈大笑。不管你是洁白皓齿抑或满口黄牙，笑不露齿是最基本的要求。走路时，身体必须保持优美的姿势，严禁左右摇摆，严禁摇头晃脑。

其次，在宫中不管是侍奉老资格的皇后嫔妃还是新入宫的小主，主子问话，宫女都必须回复“奴才”或者一个“嗻”，严禁任何多嘴、挑拨是非。按照这个标准和要求，《甄嬛传》中皇后和华妃身边的那两位爱挑拨是非的宫女，杀她们十次也够了。跟主子汇报完工作以后，宫女扭头就走是对主子不尊，必须弓着腰，倒退着出去，要是不小心被什么物什绊倒了，又免不了受到一番责罚。

最后，如果宫女在自己值班的宫里待腻了，要去其他宫里找老乡串串门子、聊聊天，是绝对不允许的，被发现了就是或打或杀。

这些繁琐的规矩一旦稍有违反，宫女们便免不了受到责罚。轻则提铃，重则罚以“扳着”，甚至直接拖出去打死了事。所谓提铃，就是受罚的宫女大半夜的不让睡觉，要从乾清宫门走到日精门、月华门，然后再折回乾清宫门。行走之时，还要边摇铃边高喊“天下太平”，不管大风大雨，严寒酷暑，受罚之人都必须坚持。至于这样的悲惨夜晚要持续几天，完全看主子的心情而定。所谓“扳着”，就是受罚的宫女立定之后，弯腰伸出双臂扳住自己双脚，整个过程持续两个小时，不许弯曲身体。这样残忍的责罚，柔柔弱弱的小宫女们两个小时下来，轻则一身伤痛，重则终身残疾甚至当场丧命。

常年的寂寞宫廷生活压抑了宫女正常的人性需求，明代有宫女太监“对食”之事，清代此风也是屡禁不止。但是跟太监搭伙假扮夫妻也只能是虚幻的安慰而已。正常的男女感情她们是体会不到的。

入宫以后，人身自由自然是完全失去了的。就晚清来说，在慈禧身边当差的宫女，家人一年可以入宫探望十二次，但是其他宫的宫女一两年才能跟家人见上一面。

等宫女在宫中辛苦侍奉了主子大半生以后，人老珠黄，或可以侥幸被放出，这个事情都会被天下臣民作为当朝皇帝的一项天恩来歌功颂德。多数宫女归家以后，父母亲人多已离世，而常年的宫廷生活让她们走向社会已经难以适应。她们好一点的嫁给旗人，悲惨的只能嫁给太监。还有连人都嫁不了的只好投亲靠友，靠做佣人了此残生。

宫女在宫中生病就意味着死亡。按照规定，宫嫔以下者，生病只能根据症状开药，御医是不准入宫现场看病的。也就是《甄嬛传》中的熹妃病了，温太医可以入宫问诊。至于宫女则是等而下之了。她们生病后只能被发送到内安乐堂静静等死了。

宫女死后一般是焚化，然后将骨灰投入枯井之中。有条件用棺材安葬的宫女临死都会留遗言说棺材不要埋得太深，将来可以投胎嫁给好人家，平稳一生，下辈子再也不入宫为奴。

御医也来兴风作浪

南宋绍兴年间。这一日，高宗赵构升朝坐殿，忽然左班文臣有一人出班奏道："官家容禀，丞相秦桧迫害忠良，欺君罔上；御医王继先欺男霸女，飞扬跋扈，臣弹劾此二人，愿官家依法治罪。"不料那赵构不慌不忙，轻咳一声，缓缓说道："管着国家大事的是秦桧，管着朕性命的是继先，这二人朕是一刻离不开，你就勿要多言了！退下去。"

这位被皇帝赵构称作"司命者"的王继先究竟是何方神圣，竟然让皇帝如此看重？

岳飞的孙子岳珂幼年时曾经到过福建，他在经过福州时，听说当地有一个被称作黑虎王医师的，是富甲一方的富豪，一打听原来是王继先的别名。当时王继先已经被贬斥福建，财富仍然惊人。他只不过一介草医出身，缘何如此富有？

原来王继先本是汴京人，他家世代为医。他的大伯以制造黑虎丹出名，因此当地人把王家称作"黑虎王家"。王继先自幼学医，也学成了一手好医术。

建炎元年（1127 年），有一次赵构想去郊外祭祀天地，但是出行的前两天，头顶生出一个大肉瘤，疼痛难忍，戴不了祭祀时必须戴的冠冕。眼看预定的祭祀时间就要到了，赵构焦急万分，面对宫中束手无策的御医，他只好下诏广求天下名医。正好王继先应诏而至。他看了一下赵构的头顶，笑着说：“官家不必担心，第二天就能痊愈。”果然用药之后，赵构的瘤子自头顶转移到了肩部，随即消失，就像从来没有生过瘤子一样。于是赵构得以顺利地去郊外祭祀天地。

赵构感叹王继先的医术高明，就把他选入宫中为御医。又一次，赵构患病茶饭不思，他找来了王继先。王继先来了以后先提了一个请求，他说口渴，求官家赏赐西瓜解暑。王继先狼吞虎咽地吃西瓜，看得赵构直流口水。他问：“朕可以吃瓜么？”王继先叩头说：“继先死罪，臣要西瓜本来就是给官家吃来开启您的食欲的。”赵构吃了西瓜以后，果然感觉非常舒服，厌食症状也消失了。赵构问他什么原因，他说天热，吃西瓜可以解暑，所以皇上就恢复了食欲，赵构赞叹不已。

那时节，南宋皇室被金兀术“搜山检海”，只能驾船在海上逃难。常年的海上生活让赵构这个北方人染上了风湿病。经过王继先的诊治，他的病情缓解。之后，王继先还治好了太后的宿疾。

给皇室诊病并屡屡有奇效，赵构因此越来越欣赏王继先了。他赏赐金银的同时，又给了他高级武官的职衔。王继先可谓“一人得道，鸡犬升天”，随之他的儿子和夫人也都被封赏。当时秦桧权势还没有扩张，他经常贿赂皇帝左右之人来固宠。他联络拉拢王继先，让妻子王氏跟王继先结拜兄妹，两家联合操控朝政。秦桧经常帮王继先的党羽请官要官，王继先也帮助秦桧的党羽请官。

当时各地将帅看到王继先权势熏天，都争相认他为干爹。偏校王胜通过韩世忠求见王继先，愿意当他的养子。结果王胜被任命管理金陵的军队。大家听说这事，纷纷来走王继先的门路，行贿认爹，丑态百出。王继先权势之大已经不亚于权相秦桧了。

王继先欺男霸女，巧取豪夺。天下的名山大刹很多都是他私家的财产；他收受贿赂，卖官鬻爵，推荐行贿人为官；同时在佛寺为自己建生祠，接受罪犯贿赂为他们开脱罪行，并嫁祸无辜之人。

他生活糜烂。在他家旁边建了一个别馆，专门收养伶人妓女等。他自己看中并蓄养了临安府的名妓刘荣奴，他儿子悦道花钱买来名妓金盼盼，父子二人聚在一起秽乱，伤风败俗。就是听说了宋钦宗驾崩的消息也毫不为意，王氏父子仍然燕乐饮酒，让妓女跳舞，仅仅不唱歌而已，还举手顿足，称作“哑乐”。

王继先在京城临安广建宅第，侵占了很多官府的土地和宅院，他的房屋宅第壮丽宏伟，都城人称之为“快乐仙宫”。

不仅如此，他公然干涉朝廷大政。绍兴年间，金国皇帝完颜亮举大兵南侵。王继先建议赵构继续当“赵跑跑”，抓紧准备车驾，带上财宝跑往南方。都城之人听说此事一片哗然。

当时镇守镇江的刘锜请求先发制人，出兵抵抗。王继先跟赵构说：“边疆本来没有什么战事，都是那些镇守边关的将领滋事生非，主动挑衅，应该杀一两个人，才能保住和议。”赵构不满，缓缓问道：“这是让我斩杀刘锜么？”

赵构在刘婕妤那里消遣，但是对战事的担心让他没有食欲，刘婕妤劝说他的话跟王继先说的一模一样。赵构怀疑，后来一打听才知道是王继先教她这么说的。赵构大怒，把刘婕妤赶出宫外居住。大臣杜莘老这时上疏弹劾王继先十大罪。刚开始，赵构很不高兴，还不答应。后来杜莘老拍着皇帝的坐榻说：“臣就是为官家执法，如果连一个医生都不能赶走，臣宁死不退去！”赵构忽然想到一件心事，在扬州之时，因为被突袭的金军惊吓，导致了“萎症”，这位王继先也精通男科，这些年确实也帮助了他不少。可是自己对王继先也可谓恩宠至深，他医术再牛，怎么都没有让朕有一男半女，而且现在朝野对他议论纷纷，为了舆论压力，也只好把他赶出朝堂了。

于是赵构下诏王继先到福建居住，他子孙的官职也被剥夺，田地宅院都被没收归公，京城百姓拍手称快。

王继先在去往福建的路上还展示了一精湛医术。路上他遇到了自己的叔祖，他给叔祖诊脉，然后跟他说命已经不过十日，无药可救，让他赶紧回家准备后事。当时他的叔祖身体表面看起来很健康，他将信将疑地赶回家，不久就病逝了，果然应验了王继先的诊断。

王继先和徒弟一起校订了《证类本草》，编纂了《绍兴本草》，可惜此书现今只有残卷留世。他在淳熙八年（1181 年）病逝家中。一代神医不应该涉足政治，好好当他的医生不也挺好吗？

两代皇帝之死都跟他用药失误有关

古代宫廷的御医是高风险职业。皇帝、太后、皇后、嫔妃、皇子、公主……哪个都不是好惹的主儿，医好有功，各种赏赐自不在话下；若是医不好，那不好意思，轻则自身受罚，重则全家倒霉。历史上的御医确实也是时刻提心吊胆地生活在风口浪尖。

就拿唐懿宗来说，宝贝女儿同昌公主不治而亡，他迁怒御医，三十多名御医被杀，家属三百多人被下狱或者发配。明太祖朱元璋在自己相濡以沫的妻子马皇后病重时也发狠打算杀光给她看病的御医，多亏马皇后仁德，自己停药，这才救了一帮医生的性命。嘉靖皇帝被一群宫女勒脖子差点丧命，多亏御医许绅冒死下猛药来救，事后皇帝活了，许绅却因为此事心理压力过大，而一命呜呼。

唉！御医难当，宫廷医疗、用药事故更是层出不穷，按照历史电视剧或者读者们想象的思路发展，这些制造了医疗事故的御医自然难免死路一条，可是凡事都有例外，这奇葩御医同样出现在了大明朝——

弘治十八年（1505 年）四月，京城天坛。

才四月份，天气已经非常炎热，烈日仿佛要把整个人间烤干。干涸的地面上只有几株无精打采的小草。一位清瘦的中年人已经在天坛上枯坐了很久，他不时地擦拭额头的汗滴，抬头焦虑地望着天空，在等待着什么。突然电闪雷鸣，一阵倾盆大雨。世间万物接受了大自然最美好的甘霖，重新焕发了生机。天坛上这位清瘦的中年人手舞足蹈，大喊道：“感谢上苍，垂怜我大明百姓啊！”

他正是大明朝第九位天子——明孝宗朱祐樘，他斥退试图给他撑伞的侍卫，任凭雨水淋湿他的衣服。天下大旱，为了这场雨，他已经等候得太久太久。

祈雨成功，朱祐樘非常高兴，体弱的他却也因淋雨受到风寒。由于先天不足，明孝宗身体一直比较羸弱。弘治七年（1494 年）一次大病之后，他曾经吟诗曰：“自身有病自心知，身病还将自心医。心若病时身亦病，心生元是病生时。”

但弘治十八年（1505年）四月祭天得病后，第二天朱祐樘没有上朝，只是对外传话说，自己病体稍加调理就可痊愈，希望各位大臣用心办事。可见，孝宗的病情并不十分严重。可是四天之后，孝宗的病情却已经是不治，并且召见重臣托孤了。

五月庚寅日，他召见了刘健、谢迁、李东阳三位大学士当面嘱咐后事。值得注意的是，这次接见重臣的过程中，孝宗说出“热甚，不可耐”的话，并且让左右取水以布拭舌。《皇明纪略》中也记载了病重的孝宗让太监给他寻找西瓜来吃。从这些记载来看，孝宗所患是热症。

一次淋雨导致的热症，使得体质一向羸弱的孝宗病倒，按理说对症下药，孝宗的病体不难康复。但是世事难料，孝宗于辛卯日午时嘱咐太子之后，“龙驭上宾”。孝宗从发病到死亡，仅仅八天，到底发生了什么？

孝宗病后，负责给他诊治的都有哪些人呢？关键人物有三个，掌太医院事司设监太监张瑜、太医院院判刘文泰、御医高廷和。孝宗祈雨受风寒病倒之后，他命张瑜跟太医院的御医们会诊用药。但是张瑜却私下找到刘文泰和高廷和，三人并没有给皇帝诊病，就盲目进药了。而他们所进之药与孝宗之热症又相冲。史籍记载，刘文泰等人所进之药为热剂，本身孝宗已是热症，以热药攻之，病情最终不治，用药失误、药不对症才是导致孝宗死亡的元凶。

其实明代关于皇帝的诊疗和用药都有严格的规定：皇帝生病，太医院使、院判、御医要一起会诊，会同管药太监一起在内局选药。然后所用药剂要一起签名封存，另外要一起附上奏疏，上面要写清楚药性和诊治方法。而烹调御药的时候，需要太医院官员和太监一起监视。药煎好以后，要分为两份，一份御医和太监先尝，尝药无事，再进药于皇帝。药用过之后，还要用历簿，盖上内印，仔细记载用药年月缘由，以预备随时核查。如此严格规定的诊治和用药程序，为何会发生用药失误的医疗事故？

可以说，罪魁祸首就是张瑜、刘文泰、高廷和三人组合。三人之中，又以刘文泰最为惹人注目。如果说张瑜只是个掌事太监，高廷和只是个普通御医的话，刘文泰可是太医院的二把手！就专业素养来说，他不应该犯下如此低级用药失误。仔细扒一扒他的履历，你会惊讶地发现他不止一次用药失误了！成化年间，刘文泰曾经担任右通政，管太医院使，那时候他担任太医院的一把手。因为用药失误，导致了明宪宗朱见深的病情加重，因此被言官弹劾，宽宏大量的明孝宗朱祐樘仅仅把他从太医院使降为院判以示惩罚。事后证明，也就是明孝宗的这种宽纵最终酿成了悲剧。

弘治十六年（1503年），孝宗觉得医书本草有很多错误，下令重修，命刘文泰负责此事。刘文泰对本草可谓懵懂，学术不精的他竟然想到了抄袭邱濬所著的医书，后来他的这本书终于成书，也流传至今，书名为《本草品汇精要》。

从修书的过程和之前对宪宗用药失误的经历来看，刘文泰只是个庸医，更要命的是他还是一个左右逢源、醉心权谋之人。他跟太监张瑜、右通政施钦的关系都非常好，同时还得到了孝宗的张皇后的赏识。

刘文泰人品低劣，因私恨假借他人之手弹劾朝中著名贤臣王恕。其人品之卑劣，以至于他去吊唁邱濬的时候，被邱夫人一顿臭骂拒之门外。

就是这样一个根本不精医术之人，乱用药害死了一代贤明君主明孝宗。事情真相大白，朝臣们纷纷要求严惩张瑜、刘文泰一干责任人。很多愤怒的大臣要求处死三人以报先帝。新皇帝朱厚照把他们下都察院大狱审问。经过严审，最终定罪张瑜、刘文泰和高廷和以外官结交内臣，依律处决。虽然是定罪了，也是死罪，但是罪名却不甚妥当。按照大明律相关规定，三人应该按照御药大不敬条款定罪。问题是案件的审判过程中，有重臣干预。重臣是谁？很不幸，正是谢迁和李东阳。

这两位明史上名声很不错的大学士，也是孝宗托孤的重臣！他们以此罪定案，显然是为以后帮助刘文泰等人开脱打下了基础。可见，历史上的人物真的不是可以脸谱化简单评价的，二人此等作为，不知道如何面对九泉之下如此信任他们的孝宗皇帝？

此后张瑜和刘文泰因为没有按照误用御药大不敬罪定罪，得以免死充边。刘文泰戍广西而得以善终。当然刘文泰免死也有孝宗张皇后之力，只是不清楚无数个孤寂夜晚，已经成为太后的张氏是否会梦到真心爱她的丈夫朱祐樘那张愤怒的脸！

因为用药失误连续害死两位皇帝的刘文泰竟然得以免死善终。晚明的才子沈德符深深感叹：像刘文泰这样的庸医，把他凌迟了都不解恨，竟然逃脱了惩罚。至于他陷害王恕的事情就更不用说了。

其实有时候历史并不是公正的，恶人逃脱了应有的惩罚，让后人扼腕叹息！

从保姆到“千岁”的奇闻

明朝天启年间的紫禁城。

这天，晴空万里，是个出行的好日子。忽听得宫内钟鼓齐鸣，紫禁城中间的大路已经提前打扫得一尘不染，这时出现了一大队出行的人，穿着蟒袍、戴着玉带的宦官在前面开道，几百名宫女提着御炉，里面燃着名贵的香料，香雾缭绕，从远处看犹如仙境。队伍的呼喊之声，数里之外都听得真切。几千人的庞大队伍，车水马龙，着实壮观。各位看官一定以为这是皇帝出行？错了。那是太后？皇后？贵妃？都不是。且看队伍中间锦玉辇中端坐一人，盛服靓妆，俨如九天仙女下凡。路旁跪送的太监宫女齐声向着这位贵妇人大喊：“老祖太太千岁！”声彻禁宫。这位贵妇人听到了却连头都懒得抬一下。她正是自古以来权势最大的皇家保姆之一——客巴巴（按：客氏之客，应念“茄”音）。

这位客巴巴，一名客印月，乃河北定兴县农妇。她的丈夫叫侯二。两人有个儿子，名叫侯国兴。除了有几分姿色外，客巴巴是平凡得不能再平凡的一个农妇，如果按照正常的人生轨迹，她将是围着公婆、丈夫、孩子、灶头转，跟大明朝千万个普通女人一样默默无闻终其一生。

18 岁那年，她的命运开始彻底改变。这一年皇室为小皇子朱由校选保姆。按照明朝的规制，在京城东安门设有“礼仪房”也就是民间俗称的“奶子府”，归司礼监管辖。这里常年会养着四十名左右的奶妈以备皇室召用。通过海选，宫廷选中了正在哺乳期的客巴巴入宫做小皇子的保姆。说来也奇怪，刚出生不久的小皇子谁的奶也不认，哭闹不止，宫中束手无策，可是客巴巴一来，小皇子停止哭闹，开始吃奶。于是客巴巴的宫廷生活开始了。

作为小皇子的保姆，客巴巴是尽心尽力的。我们知道皇室无亲情，小皇子生下来后跟生母接触很少，可以说从小陪伴小皇子最多的，就是这位客巴巴。为什么后来朱由校对客巴巴有如此的礼遇和恩宠？这可以从心理学来解释。朱由校的童年缺失母爱，正因为有了客巴巴的陪伴，才让他感受到了温暖，以至成年的朱由校依然对客巴巴有无限的依恋。

入宫两年以后，客巴巴失去了丈夫，从此更是把全部心思放在了小皇子身上。继位的天启皇帝朱由校没有忘记保姆客巴巴的养育之情，于是封她为“奉圣夫人”，其子侯国兴、其弟客光先都被封为锦衣千户。

按理说，朱由校在当皇子时到了四五岁上，保姆就应该出宫的。但是小皇子离不开他亲爱的保姆客巴巴，于是客巴巴得以一直在宫中居住陪伴。天启元年（1621年）的二月，天启皇帝大婚，这下以大学士刘一燝为首的群臣更是力劝皇帝，让客巴巴尽快出宫。可是皇帝却告知群臣：“皇后还年幼，也需要保姆的照顾，等皇爷爷下葬了以后再说吧。”

天启皇帝的战术是拖，能让客巴巴在宫里多待一天是一天。后来终于再也找不到什么借口，于是客巴巴出宫。客巴巴出宫后，朱由校开始愁眉不展、茶饭不思，这么多年他已经习惯了他的生活里面有客巴巴的陪伴。于是客巴巴又回宫了。

在享受小皇帝恩宠的同时，客巴巴的感情世界也很丰富。一开始客巴巴在宫中的“对食”是太监魏朝，后来他改名王国臣。所谓对食，就是男女一起合伙吃饭，也就是临时夫妻的意思，这也是宫中漫长而单调生活的必然产物。

一开始这种事情被皇帝严禁，但是却屡禁不止，在晚明已经成为宫中的常态。没有对食的宫女还往往被他人嘲笑。随着一个年轻宦官的出现，客巴巴的心思转移到了他的身上。这人表面一副憨憨的模样，实则聪明伶俐。他就是后来大名鼎鼎的魏忠贤。只不过当时他还叫魏进忠。客巴巴没有什么从一而终的观念，她同时在跟王国臣和魏进忠交往，事情终于被王国臣察觉了。于是一场宫廷闹剧上演了。深夜，已经熟睡的小皇帝朱由校被叫骂声吵醒。一起闻声而来的还有值班的太监们。

原来是魏进忠和王国臣两人为了争夺客巴巴发生了激烈的打骂。小皇帝把当事人客巴巴叫到了身边，问她属意何人，他会为其做主。最后客巴巴的选择是魏进忠，于是倒霉的王国臣不但丢了“爱情”，后来还被客、魏二人夺走了小命。

小皇帝继位之初，客巴巴住在乾清宫西二所，后改住在咸安宫。客巴巴在宫中乘坐小轿，跟对待先帝嫔妃的礼仪一样，只不过小轿缺少一顶青纱伞盖而已。夏天为了清凉，皇帝为她在大凉棚里面存储大量冷水，冬天则在大地坑里面存储大量的木炭。每次客巴巴的生日，朱由校必然亲临现场祝寿。而小皇帝朱由校的膳食也一直是客巴巴吩咐宦官来准备，号称老太家膳，皇帝也非常受用。客巴巴出行的排场接近皇帝皇后，宫中之人皆呼之为“老祖太太千岁”。

权势之大、恩宠之深其实已经让客巴巴不知不觉走上了自我毁灭之路。她跟魏忠贤串通一气，害死贤明的太监王安，又打击宫中得罪过她的嫔妃，污蔑朱由校的皇后张嫣是逃犯孙二之女，并安排宫女在给怀孕的张皇后按摩时故意加力，让她失去了自己的孩子。张裕妃更惨，就因为得罪了这两个人，最后被关在宫中活活饿死。

恶贯满盈的客巴巴终于等来了自己的结局。

天启皇帝在位七年后病死，其弟崇祯帝朱由检继位，于是一场清算开始了。

朱由校病死，新皇登基，客巴巴再没有任何留在宫中的理由。于是她自己灰溜溜地上奏新皇，要求回到私邸。在这一日的五更天，宫门打开，从中走出一身衰服的客巴巴。昔日华彩照人的妆容不见了，一夜之间，客巴巴仿佛苍老了很多。泪水还挂在脸颊，她去仁智殿拜谒了先帝朱由校的梓宫。她颤颤巍巍地从怀中取出一个小匣子，里面装满了朱由校小时候的胎发以及历年剪下来的头发指甲和掉落的牙齿。这么多年她一直没有丢掉，视为珍宝一样保存着。她已经预感到自己的命运和下场，在痛哭一场后，将这些全部焚掉。烟雾之中，灰烬飞腾，带着她对朱由校的思念一起随风飘逝。

在随后崇祯皇帝清算阉党的行动中，客巴巴被送往浣衣局，最后被皇帝派来的太监赵本岐监刑乱棍打死。一切都结束了，其荣也忽，其亡也速，荣华富贵宛如井中月，水中花。不知道客巴巴在临刑时是否会想到她在权势最盛的时候，她那满头白发的老母亲曾经不厌其烦地劝过她要惜福，不要过于嚣张。

蔡伦为何会以悲剧收场？

造纸术的改进，对于人类文化知识的传承起了决定性的作用。众所周知，中国是世界上最早发明纸的国家。在造纸术发明之前，竹简和帛是主要的书写载体。汉武帝时候，东方朔上疏皇帝，整整用了三千片竹简，两个大汉费尽九牛二虎之力才抬到了皇帝面前。没有纸张的时代，竹简费材费力，而帛又过于昂贵，根本无法普及。西汉初期出现了纸张，但是那时候的纸张主要用麻纤维和麻织品制成，粗糙不堪，根本无法用来书写，只能做包装之用。

直到东汉和帝时候，有一个人改进了造纸术，他的发明也被列入中国古代四大发明。这一发明引发了一场媒介革命，对人类知识的传播和历史文明的传承起到了重要作用。他的这一发明造福了世界近两千年，看看我们今天的书籍、办公纸张、各种各样的抽纸、卷纸甚至卫生纸，它们的“鼻祖”无一例外都要归结为造纸术的改进。

他就是蔡伦，以其发明被美国《时代》周刊评为“有史以来最佳发明家”。就是这样一个发明家最终却卷入了政治斗争，命运以悲剧收场。

蔡伦出身于东汉桂阳郡的一个铁匠世家。小时候的蔡伦就聪明好学，熟读《周礼》《论语》等经典书籍。受家庭环境的影响，他自幼就喜欢思考，并且对冶铁、铸造、桑麻这些手工业项目比较感兴趣。18 岁以后，蔡伦到朝廷做了宦官。至于原因，至今还是个谜。

凭借自己的努力和才学，蔡伦一路坐到了小黄门和黄门侍郎的位置上。他以自己的聪明伶俐被汉章帝的窦皇后所赏识。窦皇后是东汉王朝的建国功臣窦融的孙女。她富有心计，姿色美艳，深得汉章帝宠爱，但是最大的遗憾是未能为皇帝生出皇子。而当时的太子是宋贵人所生的刘庆。

窦皇后担心日后太子登基会动摇自己的地位。她找到蔡伦，授意他诬告宋贵人行巫蛊之术。要知道，汉宫中最忌此事，汉武帝时候的巫蛊之祸就酿成了刑杀惨剧。

为了自己的前途，不负窦皇后的赏识，蔡伦昧着良心做出了诬告之事，这也导致了宋贵人的入狱惨死。

太子刘庆随之被废，汉章帝改立刘肇为太子。随着汉章帝的英年早逝，10 岁的刘肇继位，是为汉和帝。窦太后依靠兄弟窦宪在外朝的支持，掌握权力。不满 30 岁的蔡伦也被提拔为年俸两千石的中常侍。

十年之后，窦太后病死，但蔡伦早有了新的靠山，那就是汉和帝的皇后邓绥。汉和帝也是不满 30 岁就驾崩的短命皇帝，邓绥临朝称制，掌握了朝廷大权。邓太后掌权后，有志于校订儒家经典书籍，然后抄成副本，颁行全国。这一工程浩大，需要大量的纸张。但是按照当时的条件，粗糙的麻质纤维纸和造价昂贵的布帛都难以满足要求。这时，素有工艺天才的蔡伦主动请缨，全面主持改进造纸术工作。之前汉和帝时候，蔡伦就曾经用树皮、旧渔网、破麻布等廉价材料，尝试用各种工艺反复试验，造出了一种新型纸张，敬献给皇帝——这种纸被称作“蔡侯纸”。

蔡伦经过无数次试验终于成功地改进了造纸术，朝廷将之推广到全国。蔡伦还精通其他工艺。在担任尚书令时，他还制造出了剑、弩等高质量兵器。

蔡伦圆满完成了邓太后交代的任务，他也因此被封为龙亭侯，达到了自己政治生涯的顶峰。

可是盛极必衰，随着邓太后的病逝，新皇帝汉安帝继位。

汉安帝那双盯着蔡伦的仇恨眼睛已经开始喷火了。因为他的父亲正是前废太子刘庆，他的祖母正是宋贵人，祖母和父亲的悲惨遭遇全是拜蔡伦所赐，如今他登基了，首先要杀掉的正是仇人蔡伦。

东汉建光元年即公元 121 年，还没有等汉安帝下手，绝望的蔡伦自知难逃一死，便用自杀的方式结束了自己的生命。

这就是我们每天都要用到的纸和它的发明人的故事。

借用美国学者麦克・哈特的说法，今天的世界无法想象没有纸张会怎样，同样我们也无法想象没有蔡伦改进造纸术，今天的世界会怎样。

一代伟大的发明家不幸卷入了政治的旋涡，他的悲剧令人扼腕叹息。

唐代版“韦小宝”的荒唐人生

看过《鹿鼎记》的朋友，一定会对书中主角韦小宝留下深刻印象。他没有净身就入宫当了假太监，而且机缘巧合，得以跟康熙结拜，在宫中混得风生水起，最后竟然还跟公主产生恋情。如此传奇牛人，朋友们往往会微微一笑，以为这只存在于武侠小说中。其实，金庸大师笔下的这个传奇人物还真不是空穴来风，唐朝就有这么一位传奇假宦官，他跟嫔妃私通，给皇帝戴了绿帽不说，最后还杀死了皇帝。这样胆大包天的宦官在历史上还真不多见。

如日中天的大唐自从经历了安史之乱的重创，就开始走下坡路。到了穆宗、敬宗时代，随着宦官势力的不断坐大，甚至连宦官入宫的严格检查程序都开始出了问题，很多假宦官混入宫禁。刘克明，就是其中的一员。

刘克明是大宦官刘光的养子，他细皮嫩肉，相貌英俊，是典型的美男子。就是与前代的武则天的男宠张昌宗、张易之兄弟相比，其颜值也毫不逊色。那个时代，入宫当宦官也可以走后门了，刘克明靠着干爹的强大势力，入宫时没有经过体检，他只是个穿着宦官衣服的假宦官而已。

刘克明侍奉太子李湛尽心尽力，投其所好。他知道太子年幼爱玩，于是苦练马球、搏击等技能，成了太子的好玩伴和心腹。

随着太子的登基为帝，刘克明成为唐敬宗李湛身边的红人。

年轻貌美的假宦官刘克明面对后宫无数貌如天仙的佳丽，开始变得不淡定了。一开始他偷偷摸摸跟宫女偷情。英俊的面孔就是他在宫中的通行证，他竟然有了十几个宫女情人。胆子越来越大的刘克明已经不满足于跟宫女厮混，他把目标投向了嫔妃！

后宫有一位董淑妃，美貌惊人，但是如此美人却被顽童皇帝冷落。唐敬宗只是个半大孩子，他的世界里只有玩乐：打马球、摔跤、打夜狐……各种游戏让他应接不暇，什么朝政、社稷都被他抛到了脑后，当然也包括那些后宫佳丽，在他眼里都成了摆设。美女变旷女，而此刻英俊的小白脸刘克明出现在董淑妃的世界里，于是一段后宫畸恋发生了。

刘克明不但跟董淑妃有染，后来又勾搭上了王昭容，皇帝被戴了两顶大大的绿帽子，竟浑然无知。

此刻唐敬宗正沉迷于打夜狐的游戏中。他发现骊山行宫的荒郊野外有很多狐狸，而这些狐狸都是夜间出没，在夜间射杀狐狸是一项很刺激的游戏。唐敬宗的这些爱好让手下人痛苦不堪，且不说要彻夜蹲守，就是有时候狐狸逃脱，唐敬宗也会迁怒于宦官和卫士。暴怒的小皇帝根本不把这些人当人看，殴打谩骂是轻的，重则脑袋搬家。小皇帝肆无忌惮的玩耍已经闹得手下人怨气冲天了。

有一次，小皇帝在打夜狐时，不小心射中了刘克明的大腿。本来就做贼心虚，跟皇帝嫔妃有染的刘克明担心东窗事发，这下子他更加惊惧，于是一项更加大胆的计划出现了。

宝历二年（826 年）十二月初八日夜，唐敬宗打狐狸成果丰硕，得意扬扬的他开夜宴招待手下。刘克明、许文端、苏佐明等二十八人陪宴，席间皇帝到更衣室换衣。突然大殿上灯光熄灭，刘克明等人跟着小皇帝进入更衣室，接下来，一声惨叫声之后，还不满十八岁的唐敬宗被杀死在更衣室。

刘克明等人杀死皇帝，还不善罢甘休，又矫诏迎立绛王为帝。但是另一派大宦官王守澄、梁守谦和宰相裴度等人拥立江王为帝。失败后的刘克明被迫投井自杀，结束了自己荒唐的一生。

江王即位，是为唐文宗，他嘉奖赏赐了刘克明的母亲。因为这位母亲在得知了儿子的弑君阴谋之后，曾经极力劝阻。看来，人还是要多做点善事，嚣张的恶人，最终总要为自己的恶行买单！

谁说太监不读书

明代题材的影视剧中，经常会出现这样一群飞扬跋扈的太监，他们口含天宪、目不识丁、无法无天，仿佛是一群只知道欺压良善的大老粗。历史的真相究竟如何？我们来看看明代专门为宦官设立的学校内书堂的历史就知晓一二了。

制度性的宫廷宦官教育开始于明成祖永乐年间。朱棣以靖难之役夺取天下，其间战场上多有宦官立下赫赫武功，比如郑和、王景弘、王彦等人，再加之建文朝廷多有宦官暗中“反水”，为其通风报信，才使得他顺利夺取帝位，建文遗臣的大规模不合作导致他的杀戮，朝中文官力量的缺失，夺位之不正，这一切都成为他不得不信任宦官力量的因素。

明代不立宰相和独特的监督体系又要求宦官来填补权力制衡的真空。明自成祖以后，宦官开始全面渗入政治、经济、军事、社会生活各领域。宦官参政随着明代政治体系的发展，恰恰成为明代保持政治稳定的必然要求。通俗一点说，宦官也是官，也是明代国家政治体系中不可缺少的一环，只不过明代正规法典在纸面上从来没有把这一制度记录在案而已，当然明代的文人士大夫们也不愿意承认明代宦官干政的合理性，对此避而不谈。不管他们的认知如何，明代宦官切切实实成为明朝政治体系中的重要组成部分。要参与政务就要具备一定的文化修养，所以旨在培养文化型宦官的教育机构——内书堂也就应运而生了。

内书堂乃皇宫内正规的宦官教育机构，类似国子监。内书堂对学生的选拔、教学以及教师的配备都有一套严格的规定，毕业之后的宦官有机会进入司礼监等重要内官衙署，在内书堂读书的宦官们常常自比为翰林。要知道入翰林院的都必须进士出身，非十年苦读并获得殿试优秀成绩的人，是难以进入的。由此可见，内书堂培养出来的知识型宦官水平确实很高。

内书堂的生源，按照刘若愚《酌中志》的记载，每年都要选取十岁上下容貌俊俏、聪明伶俐而且可以造就的小宦官二三百人入学。内书堂位置在皇城东北，司礼监第一层大门稍南，有十余株松树之处。入学的内书堂学生要参拜孔子牌位，类似于民间书院的入学仪式。孔圣人牌位所在北面一间就是内书堂教师的休息室。

说到内书堂所设立的课程和教材，跟那些埋头科考的读书人有同也有异。相同的是四书五经，还有一些儿童启蒙读物《百家姓》《千家诗》《孝经》等。相异的教材有《内令》（明太祖以来历代皇帝对宦官的戒谕）、《中鉴录》（收集各朝代奉公守法的贤宦事迹）、《貂珰史鉴》（记载明朝以前宦官专权之祸），还有判仿（对于具体公文的处理意见，这也是为将来那些能进入司礼监的宦官提供岗前培训，以便于他们更加熟练地“批红”）。

内书堂的课业是比较繁重的，除了这些必修课，还有种种“选修课”。有志于出人头地的宦官往往会在课后业余时间翻看一些典籍，比如《大学衍义》《资治通鉴》等，还有诸家笔记野史。

内书堂的教师是“高配”，其标准甚至超过了国子监。内书堂的学业教育由翰林院负责。翰林院素称“清要之地”，不仅是因为明中期以降“非进士不入翰林，非翰林不入内阁”，翰林院的翰林们很多都有机会成为内书堂的教师，而他们培养的宦官里面说不定就有一些进入司礼监，成为司礼监掌印、秉笔或者随堂太监。这种师生关系也是一种官场上的重要资源。专门任用翰林院翰林做内书堂教师始于景泰年间。教师数量三到六人不等，而教学年限从三到二十年不等。

内书堂有严格的奖惩制度。年长而且有势力的六到八人会被任命为学长，稍能写字者被任命为司房。假设有背不过书、写字不堪或者污损书籍乃至犯规有罪的学生，都要被教师记录在案，然后交给提督太监责罚。如果是其他一些小过错，轻一点的就由学长用界方责打，重一些的则需要在孔圣人像前罚跪，再重一些的就要处以扳着几炷香的处分。时间为一炷香或者半炷香，受到责罚的学生轻则昏厥倒地，重的甚至呕吐成疾。有些人常常行贿学长，用这种酷刑来责罚与自己有仇者。

内书堂每月初一、十五以及节令都会放假，每天夜幕降临，放学后小宦官们也会有一些娱乐活动，比如排班题诗的接龙比赛，如果失误则会被众人群起而侮辱。读书好的学生会有一些物质奖励或者精神鼓励，也会有一些有权势的大太监来选择一些有前途的内书堂学生成为自己的名下宦官。

内书堂有严格的考试考核制度，平时的小考不断，甚至还有皇帝主持的类似科考殿试般的重大考试。崇祯元年（1628年），皇帝就亲自主持了命题考试。崇祯十二年（1639年）甚至还发生了一起宦官殿试作弊事件，作弊者顾三聘被杖毙。

如此严格的教育背景下的内书堂宦官，地位自然也与众不同。就拿出行来说，其他内官衙署的宦官看到内书堂学生排班行走时，必须拱手端立让过，就是司礼监的老资格太监也不例外。

内书堂毕业后的宦官前途可谓“一片光明”，首选途径当然是进入文书房当差。这就意味着经过一段时间的磨炼，离司礼监掌印太监或者秉笔太监的位置更近了。明中期以后，内书堂学习的经历成为司礼监秉笔或者掌印太监必须具备的条件，只有极少数情况是例外。就是明末最有名的大太监魏忠贤也是内书堂毕业，而并不是惯常人们所说的目不识丁之辈。清修《明史·沈纮传》中有载：“故事，词臣教习内书堂，所教内竖执弟子礼。李进忠、刘朝皆纮弟子。李进忠者，魏忠贤始名也。”由此可见，魏忠贤也是手握内书堂“毕业学历”，只不过他因为中年入学，学习能力有限，所以仅仅粗通文墨而已。据沈德符《万历野获编》记载，明代只有明穆宗时的孟冲、明神宗时的张明、明熹宗时的王朝辅是不识字而成为司礼监秉笔太监的。这也是极少的特例了，况且孟冲就是因为不识字而被两宫太后排除在司礼监掌印太监的行列。

另外，学习极为优秀者会被选派到东宫做太子侍读。这些人往往是内书堂学生中的佼佼者，得到皇帝和大臣们的赏识，才有可能获得这种待遇。而一旦成为太子侍读，就意味着可以跟太子朝夕相处，将来太子登基为帝，这些宦官自然可以水涨船高，获得高位。典型的如王振，他的出身，并不是如《罪惟录》中所说是因为他做地方教官时成绩不好而自宫入宫，《明宪宗实录》和智化寺碑文都有明确记载，他永乐年间就入内书堂读书，应该是成绩表现极为优异，宣德年间就入司礼监，后又被选拔为太子朱祁镇的侍读。王振在任职期间，还是尽心尽责，导帝以正，得到了朝臣和太后的一致好评，才为他在正统年间掌握大权打下了基础的。

更多的内书堂毕业生是进入宦官二十四衙门任职或者在宫内为宫女们教书。这些人进入二十四衙门多是从事文牍工作，相比于那些从事体力劳动的下层宦官来说无疑是幸运的，而老成稳重者会被安排教授宫女诗书，这也是一份清要之职。

据明史专家方志远先生估算，整个明代内书堂累计培训出 10 万多名弟子！这些内书堂毕业的学生成为明代知识型宦官群体，他们在政治、经济、军事等各个领域崭露头角，以自己的知识为明帝国政治体系的运转贡献了自己的力量。考诸近三百年明史，多有内书堂毕业背景的宦官为明朝做出了贡献：如来自安南的宦官阮浪、阮安，一个因忠心侍奉南宫困厄的太上皇明英宗被陷害致死，一个为北京城市和宫殿建设做出了卓越贡献，死后囊中钱财不过十两；又如老成持重的萧敬，正直忠谨的田义、陈矩，严谨忠心的黄锦、王安，殉国自焚的高时明……他们对明朝的贡献甚至可以说不亚于文官士大夫阶层。

不仅是政治领域，那些内书堂毕业的宦官在文化领域也做出了卓越贡献，吟诗作对、琴棋书画是一些知识型宦官擅长的领域。比如冯保，就是内书堂毕业的高才生，对于琴棋书画多有涉猎，书法水平也很高，传世名画《清明上河图》上的题跋就是他亲笔所作。张雄，诗词水平极高，连皇帝都心悦诚服。鲍忠，闲暇之时，躺在巨石之上，取一落叶书写诗词，飘飘然真有深山隐士之风骨。成化朝的司礼监太监戴义，精通琴艺，他的楷书甚至可以媲美书法家沈度（沈度书法之美，被明成祖朱棣盛赞为“本朝王羲之”）。据传，南方有一个善于琴艺的妇人，她游遍两京十三省还没有遇到对手。后来她听说了戴义的大名，前去拜会。戴义一曲琴罢，恰如行云流水，又似天籁之音，妇人泪如雨下，佩服得五体投地，她当即就把自己携带的美琴在阶石上摔得粉碎，然后拂衣而去，此后终生再也不谈鼓琴之事。

内书堂毕业的宦官们不但接受了文化知识教育，而且忠君思想的灌输也为他们忠心君主和王朝奠定了基础。内书堂这个机构确实使得明朝宦官整体知识层次大大高于其他朝代，也成为明代宦官干政的一个重要保障。

权宦冯保获罪的四大伏笔

“这个讨厌的宦官终于要走了，想想朕就开心。一个宦官，竟然对朕指指点点，凭什么以顾命大臣自居？朕的登基大典上，这个阉人也站在旁边接受朝臣朝拜，回头想想都堵心！”

20岁的年轻皇帝朱翊钧着实感到痛快。殿下跪着的两个太监张诚和张鲸还在絮絮叨叨数落着冯保的罪恶。他们一致要求将冯保勒令闲住。多年以来冯保对小皇帝的管束实在太严了，以至于明神宗朱翊钧突然想到一个问题：“大伴如果走上殿来质问，朕该如何应对？”张鲸说：“到时候下了圣旨，他哪还敢再进朝堂！”于是朱翊钧当即下诏：“冯保欺君祸国，本应处死。念其辅侍朕良久，故从宽发落，降奉御，到南京新房闲住去吧。”我们注意到朱翊钧对冯保的称呼是“大伴”，也就是老伙伴或者说大朋友的意思。这也是一种亲切的称呼。跟皇帝如此亲昵的一代权阉怎么就沦落到南京闲住了呢？一切还得从头说起。

冯保，河北深州人，自幼入宫，在嘉靖朝时凭借一手好书法被那位明史上出了名的难伺候的皇帝朱厚熜所赏识，常常称他为“大写作”而不直呼其名。冯保书法之精妙可见一斑。

后冯保被提拔为司礼监秉笔太监，跟黄锦等共事。要知道明代的司礼监太监权力极大，一直被视作内阁大学士。能伺候如此难伺候的一位主子并得到其赏识，也可见冯保能力之强。隆庆年间，本来司礼监掌印太监的位置有缺，要知道此位置就相当于内阁首辅。当时担任御马监太监兼掌东厂的冯保，按照资历来说，这个位置非他莫属。可惜穆宗朱载垕不欣赏他，再加上高拱推荐了御用监的陈洪，于是冯保眼睁睁看着这个位置为他人所有。好歹盼到了陈洪被罢职，结果高拱又推荐了尚膳监的孟冲来接替陈洪的位置，而按照规制，孟冲是没有资格掌管司礼监的。“好个高老头，你宁愿让一个管做饭的孟冲来管司礼监也不让我，凭什么，我内书堂毕业的高才生不如一个管做饭的？”仇恨的种子自此在冯保心底埋下。

隆庆六年（1572 年），明穆宗病重弥留之际，冯保跟内阁首辅高拱，内阁次辅张居正、高仪一同成为顾命大臣。高拱一向看不起冯保，他指示科道言官准备上疏弹劾冯保，驱逐这个阉人出朝堂，可是奏疏却被冯保藏匿压下不报。

这下冯保更恨透了高拱。

机会很快就来了。高拱在新皇帝、刚刚10岁的朱翊钧即将登基之时，悲叹主少国疑，局势不稳，曾经在内阁说："10岁的太子如何治理天下？"这个话被冯保听到以后，他终于等来了报复的机会。他在太后面前把那句话添油加醋，于是高拱的那句表示担忧的话变成了："高拱呵斥说，10岁的小娃娃怎么可能当天子！"于是问题的性质完全转变了，第二天高拱就被罢官而去。

属于冯保的时代终于到来了，他被新皇帝重用，担任司礼监掌印兼提督东厂，作为一个宦官能掌握的最大权力都已经被他紧紧握在手中。在小皇帝朱翊钧的登基大典上，冯保始终站在御座旁边，跟皇帝一起接受文武群臣的参拜。这件事情引起了朝廷群臣的极度不满。这为将来冯保的获罪埋下了第一个伏笔。

明朝有句民间俗语："世间有三种人不能得罪，一是太监，二是女子，三是书生。"接下来的事情更实实在在地印证了太监是不能得罪的。

万历元年（1573年）有一个叫章龙的人冒名王大臣，然后穿着内侍的衣服进入乾清宫，结果被抓。于是冯保利用这个事件，让人找到章龙，给他好吃好喝，然后给他一把利刃，告诉他到时候审问就说是高拱因为被革职，心怀怨恨，指示章龙来行刺圣驾。当时章龙答应了。

本来冯保以为凭借这个事情就可以彻底整死“高老头”了，没想到第二天的审问却让他大失所望。第二天审问的时候，章龙指着冯保大声喊道：“就是你给我好吃好喝，许诺我富贵，让我污蔑高阁老的，我根本不认识什么高阁老！”

诬告失败，再加上朝臣力保高拱的压力，冯保只能暂时压下心中对高拱的仇恨，用生漆酒灌哑了章龙，省得他再吐出更多的内幕，草草审判之后，斩杀了章龙，高拱也因此得以洗脱了不白之冤。通过这次失败的污蔑事件，群臣对冯保的印象更不好了，冯保后来获罪的第二个伏笔就此埋下。

冯保在跟张居正合作一起辅佐小皇帝的同时，还不忘收受贿赂，张居正就送给他不少的财宝。他的官家徐爵和内官张大受在冯保和张居正之间负责联络。朝臣为了巴结张居正和冯保，纷纷走徐爵和张大受的门路，于是两人也借机捞了不少好处。徐爵的权势大到了他晚上到皇宫禁门，守卫的人都不敢训斥。贪污受贿外加一个跋扈的官家，这为冯保后来的获罪埋下了第三个伏笔。

万历皇帝曾赐象牙图章给冯保，内刻“光明正大”“尔惟盐梅”“汝作舟楫”“鱼水相逢”“风云际会”等字样，对待他就像以前的朝代对待丞相一样。仗着皇帝的恩宠，冯保变得更加骄横，皇帝有所赏罚，如果冯保不开口，谁也不敢执行。

话说小皇帝这天正与小太监们玩耍，他远远看到冯保来了，赶紧停止玩耍，做出正襟危坐的样子说：“大伴来了！”万历皇帝有一次酒后失态，责罚宫女宦官，这事情被冯保告状给了李太后。李太后让张居正帮皇帝起草了罪己诏，并责罚小皇帝在慈宁宫整整跪了六小时，还说要废掉他的皇位，改立他的弟弟潞王。可以想见，跪在慈宁宫的朱翊钧心里有多么怨恨冯保了，虽然表面上还一口一个大伴，但是内心已经对他产生了深深的忌惮。恃宠跋扈，管束小皇帝过严，就此冯保为自己的获罪埋下了第四个伏笔。

其实对于满朝的怨恨和小皇帝不时流露出来的那深深怨恨的目光，冯保也感觉到了不寒而栗。

有一次小皇帝朱翊钧在练大字的时候，突然把蘸满了墨汁的毛笔用力朝冯保身上甩去，冯保瞬间变成了“黑人”，这说明小皇帝已经对冯保极度不满了。冯保是聪明人，在万历八年（1580年），他上奏给皇帝说：“臣近年多病，风湿和脚痛一直在困扰着臣，臣祈求养老还乡。”但是奏疏却被驳回。想走走不了，冯保又难以做到夹起尾巴做人，于是清算的日子终于到来了。

万历十年（1582 年），张居正病死。随着张居正被弹劾定罪，外朝的一座最大的靠山轰然倒塌。十二月，御史李植上疏弹劾冯保营私舞弊、欺君罔上等十二条大罪。于是冯保被降为奉御到南京闲住，侄子和弟弟死于狱中。后来家产也被抄没，金银有百万之多。冯保要被赶往南京，一向庇护冯保的李太后问原因，万历说："这个老奴才被张居正蛊惑了，他去南京不会太久就会回来的。"

事实证明小皇帝对冯保的怨恨可是冰冻三尺非一日之寒。冯保后来曾经让家人代奏乞求回老家养老，却被万历驳回，于是冯保就此老死南京，再无出头之日。

冯保的悲剧也是皇权政治下的必然事件，作为政治家的冯保是成功的，他辅佐君主，跟张居正内外相维，一起为万历变法做出了自己的贡献。同时冯保也是一个出色的书法家和音乐家。他的书法、他亲手制作的琴都被世人所推崇和收藏。

冯保已经远去，只有冯保在《清明上河图》上的题跋还存留于世，看着那苍劲风骨的笔力，笔者突然想到，如果冯保不是宦官而是一个文官，他会不会也是一代能臣呢？

为反清复明，他挥刀自宫

金庸先生的《鹿鼎记》中，最为出彩的人物就是韦小宝了。他以假太监身份混入宫中，一开始肩负反清复明的使命，历经艰险，终究化险为夷，还抱得美人归。后来韦小宝竟然跟玄烨成了好兄弟。如此传奇故事，在小说中倒是不稀罕，可鲜为人知的是，清朝历史上还真有一个“韦小宝”式的人物，为了反清复明大业，打入清宫卧底，最终上演了一出传奇大剧。

故事还要从头说起。话说清朝嘉庆年间，仁和县诸生缪崇辉有一个祖姑的丈夫病逝，他祖姑立下誓言，守贞不嫁，在龙山出家为尼。家人每年都会去探望她一次。

缪崇辉年长之时，祖姑已经80多岁。秋季的一日，缪崇辉去看望祖姑。在尼姑庵这里，他遇到了一个怪人，这人面部像妇人，声音也细细柔柔，但是身形步伐又很像男子。缪崇辉很惊讶，祖姑看出了他的表情，跟他说：“这是我新收的徒儿金凤。”

缪崇辉心中又吃了一惊，金凤这个名字不像是出家人的名字，观其言行举止，跟其他尼姑差别很大。缪崇辉在庵内居住了三天，临走之前，他忍不住暗中跟祖姑说了自己的疑惑。

祖姑看四下无人，暗中跟他说了事情的原委。原来金凤是李文成的侄子。李文成是天理教领袖，曾经参加反清活动，被官府通缉。李文成看到之前有很多人失败，他想到如果想推翻清朝，必须在宫内安插卧底，到时候里应外合，一举起事。

但清宫戒备森严，他计无所出，终日忧叹。侄子李金凤时年二十出头，他看到叔叔如此愁闷，问清了原委。他做出了一个惊人决定：自宫入宫为卧底。众人还不相信，没成想，他当众挥刀自宫，当即血流如注。多亏得众人求良药为他医治，得以不死。

恰值清宫招收宦官，李金凤成功入宫，成了一名小太监。他年龄不大，却极有心计，跟共事的宦官关系处得极好。有一个总管太监，经常欺负手下人，大家对他厌恶至极。后来，众人揭发总管太监不法之事，嘉庆帝大怒，下令对他杖责一百。众太监在旁边幸灾乐祸，只有李金凤对他进行抚慰，端汤送药，于病榻之前伺候他。

总管太监非常感动，而李金凤也暗中把他准备起事之事告诉了总管。总管太监怨恨皇帝，当即答应愿意加入天理教起事。

盛怒过后的嘉庆帝依然很信任那个总管太监。当时正好缺一个侍卫，李金凤拿着教徒给他的钱行贿，成功使一个教徒补授成为宫廷侍卫。

嘉庆木兰秋狝之时，李金凤配合宫外天理教众起事。当时，起事仓促，导致了林清、李文成等首领殒命。

李金凤看事情紧急，急忙偷窃了宫中的金符，又找了一匹好马，骑上就走。到了城门，说要前往木兰围场去迎驾，守门人没有阻拦。他出城之后，连忙换上便衣，继续逃亡。到了归德地面，他巧遇一同起事的天理教党人。当时，党人并不知道金凤是同伙中人。他看到了金凤随身行李中有珍宝，于是动了杀心，殷切劝酒，把金凤灌醉。他打开包裹，看到了金符和之前李金凤写给林清、李文成的起事计划一份。他大吃一惊，连忙把李金凤藏在了暗室之中。一年之后，官府的通缉渐渐平息一些，他给李金凤换上妇人衣装，并委派两个老妇人跟随金凤一起南行。

他们一行三人到了杭州灵隐寺，遇到了日照大师。日照大师给他削发，并告诉他寺庙不可久留，建议他去尼姑庵躲避。于是，李金凤就此来到了缪崇辉祖姑所在的尼姑庵。

缪崇辉见到他时，他已经在那里住了半年之久了。第二年，缪崇辉又来探视姑姑，却没有看到金凤。祖姑说金凤去普陀山云游，即日可返。缪崇辉就想等他回来，再问问宫中事情，结果一等数日，也不见他回归。

数年后，祖姑圆寂，金凤来执弟子礼相送。这一次，缪崇辉问他宫中之事，他一言不发。崇辉还想刨根问底，结果再去找金凤，却发现他已经飘然不见了。

李金凤真是一个传奇人物，为了反清大业，宁愿自宫，这种意志确实让人佩服。在起事失败之后，又能急中生智，逃离险境，堪称传奇。浩瀚史海之中，也许他只是不起眼的小人物，但是他也在用自己的方式影响着历史。

慈禧斩杀小太监之谜

1943 年，中华民族的抗日战争正处在关键时期，重庆作为全国抗战的大后方，此刻正在经受着战争的考验。3 月的重庆，街头巷尾，大家都在议论一部话剧，这部剧已经在重庆各大剧院连续上演 30 多场，引起了极大的轰动。这部话剧就是《清宫外史》三部曲之第一部《光绪亲政记》。该剧以清末光绪帝和慈禧太后之间的权力斗争为主线，穿插了各种人物的不同命运。

戏台上出现了一幕场景：年轻宦官寇连材上疏慈禧太后，要求太后释放光绪帝，结果被暴怒的慈禧下令推出斩首。刑场上，小太监寇连材大义凛然，慷慨赴死。刽子手手起刀落，台下观众已经哭作一片。

此剧一出，山城百姓轰动，大家在同情光绪帝遭遇的同时，也深深记住了一个小太监的名字——寇连材。

近百年来，寇连材经过各种野史笔记和民间传说的渲染，俨然是一副忠烈爱国宦官的形象。历史上的寇连材被杀的真正原因是什么？他真实的历史形象又是怎样的？

应该说，寇连材的忠烈形象，很大程度上，应该归功于梁启超撰写的《戊戌政变记》中的《烈宦寇连材传略》。他在文中热情讴歌了寇连材的爱国情怀，并把慈禧太后杀害他作为慈禧剪除光绪帝羽翼的第六事。

光绪二十二年（1896年）二月十六日午时，寇连材在北京菜市口被斩杀。时人传言寇连材是因为违反了“太监不得干政”的祖制而被慈禧下令诛杀的。京城士大夫们对他纷纷歌颂，把他的事迹记录进了各种笔记、书信之中。例如恽毓鼎、汪大燮、吴樵、王文韶、汪鸣銮的信件和日记中，都提到了寇连材被杀事件。他们的记载虽然各有不同，但基本思想都是认为寇连材上疏牵涉宫廷秘事和敏感时政，触怒了慈禧，从而导致被杀。众人对他以歌颂为主，认为他是忠烈宦官，敢言他人之不敢言，吴樵甚至还将他比作明代直臣杨继盛。

值得注意的是，《申报》对此案的记载略有不同。报道引述寇连材自己的话说，被杀是因为在皇帝面前妄谈，而非上折给太后；寇连材临刑之前，“面有惨色”，而不是大义凛然；太后、皇帝怀疑寇连材上疏背后有人指使，命令严刑逼供；

等等。

这一切又给扑朔迷离的事件平添了几分神秘色彩。寇连材作为一个身份卑微的太监，为何一夜之间让京城士大夫们对其称颂不已？我们应该注意到，就在寇连材被杀前两个月，维新组织强学会被朝廷查禁，京城民意沸腾。而寇连材被杀的次日，内阁侍读学士文廷式又被勒令革职，京城清流派人士对朝廷极其不满。联系到强学会被查禁，清流派正好可以利用寇连材事件，将矛头直指慈禧。

恰好此时，京城出现了“寇太监从容临菜市，文学士驱逐返萍乡”这样的联语。有人刻意将此二事联系在一起，京中清流派正好借助寇连材之事，将对慈禧太后的种种不满发泄出来。由此，众人口口相传，出现了一个忠烈宦官的形象。

再看，传言中寇连材上疏的内容：停止勘修圆明园、李鸿章不宜出使外洋、停铁路、停用李鸿章和张荫桓、召回安维峻，这一切都是清流派的主张，哪里像一个粗通文墨、整日深处宫闱的小太监所言所思？可以说，清流派正是把对寇连材的颂扬作为抨击慈禧等当权派的口实。

在戊戌变法失败之后，梁启超动用他的如椽大笔，用生动感人的文辞写下了寇连材的传记，在他的笔下，更是与事实相去甚远，寇连材俨然成了维新志士，堪与血洒菜市口的“戊戌六君子”相比肩！很明显，寇连材事件在这里再一次被维新派用来作为渲染维新悲壮的绝好题材。

其实，拨开历史的迷雾，我们仍然可以从片言只语中寻找历史的真相。寇连材，原名成元，北京昌平南七家庄人，是家中独子。15岁时，他与顺义的张姓女子成亲。光绪十六年(1890年)，家中发生巨大变故，其父与一赵姓财主因为地界纠纷闹了官司，最终家破人亡。寇成元被迫抛妻弃子，流亡京城并自宫，于光绪十九年（1893年）入宫，改名寇连材。入宫之初，寇连材供事于奏事处，是最低级的使令太监。光绪二十一年（1895年），经总管太监崔玉贵奏请，将其补到储秀宫当差。

在储秀宫伺候慈禧太后期间，寇连材因为有一手梳头功夫，颇受慈禧宠爱。应该说，寇连材的待遇是不错的，每年约有两三千金入账。为何他放着安定的生活不要，要冒死上疏，难道真的是出于爱国热情？

一个名叫信修明的老太监的回忆揭开了历史谜底。原来，寇连材平素跟慈禧太后的掌案太监王俊如来往甚密。王因为牵涉到了珍妃卖官案件，被发配奉天充军。寇连材突发奇想，要做出一番轰轰烈烈的事迹。他琢磨着凭借着太后的恩宠，上一份奏疏，如果太后采纳了，自己就可以继续升官。如果不采纳，顶多是跟王俊如一样，充军奉天。按照清朝惯例，太监充军到外地，人还没有到，当地就有人帮着代办沿路车马饮食费用，到了充军军所，将军以下长官无不对其高看一眼。因为是近侍太监，难保将来不会再次得到圣宠。寇连材寻思，即使发配奉天，也是一个不错的归宿。

寇连材于是告假出宫，五天之内，他草就了一篇奏疏。这天，他直接去了颐和园乐寿堂。早上，慈禧太后刚刚起床，正在床上坐着梳头。寇连材头顶着奏疏说："奴才有事奏。"太后惊讶说："这东西，不是找死吗！"慈禧宣李莲英上来，让他将寇带到刑部治罪。李莲英讥笑他说："好小子，我们的人会有像你这样出色的？"因为清朝规定，太监不得干预朝政，于是不问缘由，就把寇连材推到菜市口斩杀了。而他所上奏疏并没有什么出奇之处，被送到司房库存了。

这就是寇连材上疏的全部过程，宫内老太监亲身经历此事，自然所言所闻比宫外的传言可靠得多。

其实，被大肆包装的忠烈宦官寇连材，很可能只是一个做事不考虑后果的莽撞之人，他上疏也是出于投机的心理，最终触犯了朝廷规制，导致被慈禧太后下令斩杀。而他的奏疏本来也没有什么特别之处，更是跟维新派扯不上多少关系。

有时候，学习历史需要精心考证，不可轻信众口相传的所谓事实。

清朝小太监可以骂得大臣愤懑而死

清朝吸取了前朝的教训，对宦官干政限制极其严厉。但是太监作为皇帝的生活保姆兼贴身秘书，总免不了多多少少要涉入政治之中。

晚清时，慈禧太后掌权近半个世纪，三位叱咤风云的大太监相继走上了政治舞台，安德海、李莲英、小德张都曾经风光一时，在晚清政治史上留下了浓墨重彩的一笔。

今天不说那三个大太监，说说不起眼的小太监吧。他们拥有一项权力，晚清政治腐败，这些小太监乘机利用这个权力敲诈勒索官员，以至于成了当时一项弊政，有的官员甚至因此愤懑而死。

这项权力就是传旨申斥京官。既然是皇帝下旨申斥，自然圣旨中少不了责骂之语，小太监以此当作生财的门路。如果被下旨申斥的京官不给他们400两银子，他们就在圣旨宣读完之后，破口大骂京官。被骂者还不能反唇相讥，要知道，小太监们可以说这些话是皇帝让骂的，已经犯错的京官哪个不识趣，再去皇帝面前验证一下是否有此事？

反之，如果想避免这番侮辱，京官们是断断不能心疼那400两银子的。光绪年间邮传部的尚书张百熙和侍郎唐绍仪因为琐事交恶，二人都上了折子参弹对方，奏折被留中不发。

两人赌气，都不想见到对方，于是双双请病假不到部里上班了。结果，两人都被御史给弹劾了。上面传下圣旨要申斥二人。

唐绍仪脑瓜灵活，早就送了银子给太监，而老实人张百熙却浑然不知此事。

结果张百熙跪听圣旨之后，宣读圣旨的小太监跺着脚大骂他："混账王八蛋，滚下去！"张百熙身为部长，哪里受得了这番侮辱，当即被骂得面无人色。

后面申斥唐绍仪的时候，小太监却没有在最后爆粗口。

两相比较，加之张唐二人本来就有矛盾，张百熙回家以后越想越愤懑，结果生了病，不久就一命呜呼了。

在光绪、慈禧相继离世之后，编修刘廷琛违反了朝廷规制，结果被下旨申斥。刘廷琛不能凑齐400两银子，又不想受那番粗口，于是就托人说情，最后缴纳了200两银子给太监。

他被申斥那天，小太监骂道："混账，下去！"这就是传说中的"半骂"。刘廷琛退下之后，跟人说："士可杀不可辱，没有想到国家有这种恶政啊。"那人回答他："这个跟明代廷杖比如何？"刘廷琛顿时无言以对。

辑四
文臣武将，尽显风流

他们是帝国的柱石，或文或武，守护着帝国的安宁和稳定。在他们身上曾经发生了很多鲜为人知的故事，性格决定命运，他们的传奇经历让后人扼腕叹息。

战神关羽也曾为爱痴狂

看过或没看过《三国演义》的朋友们都知道，作者罗贯中老先生一向是“褒刘贬曹”的，在他笔下，曹操一副奸雄形象，而刘备、关羽、张飞三人桃园结义，义薄云天。尤其是关羽关云长，千百年来的忠义形象深入人心，无论是那英雄豪杰抑或凡夫俗子到了关帝庙都要拜上一拜，让关公关老爷保佑自己诸事顺利。

《三国演义》里面有一段让人印象深刻：关羽在土坡跟旧友张辽言三事之后，“降汉不降曹”，暂且栖身曹操帐下。曹操为试关公忠义，特意将他与两个嫂嫂安排在一处歇息。夜晚，曹操暗中派人窥探。只见灯光之下，美髯公轻捋须髯，正在聚精会神研读《春秋左氏传》，通宵达旦，彻夜不眠。探视之人回报曹操，曹操惊叹：“好一个忠义关云长！”关公能于困境之中，礼敬嫂嫂，注重男女礼教之大防，着实让人钦佩。

这是小说笔法，罗贯中为了突出关羽的英雄气概，特意如此描述。可是在真实的历史上，却发生过一段关羽“冲冠一怒为红颜”的故事。

东汉建安三年（198 年），曹操与刘备围困吕布于下邳。吕布困顿之下，只好派出部将秦宜禄前往袁术处求救。

袁术先前几次被曹操狠揍，这次说什么也不肯出兵。情急之下，秦宜禄脱口而出，说“吾之妻儿还在下邳城中”。袁术一脸坏笑，看着眼前一表人才的秦宜禄，缓缓说道：“我处有一汉宗室女，可许配于你，将军可允否？”秦宜禄此人人品不端，一听有皇亲可攀，什么妻子儿女统统抛在了脑后，爽快地允诺下来。

结果，原配发妻杜夫人在下邳望眼欲穿，盼望夫君前来解救，秦宜禄此刻却新婚燕尔，与美娇娘缠绵不已。

眼看下邳已成孤城，破城是指日可待。此刻，关羽写信给曹操：“我老婆还没有生儿子，我请求攻下下邳之后，丞相可以允许我纳秦宜禄之妻。”按照以往攻城的惯例，被破之城的女人自然也会成为战利品的一部分，任人处置。曹操就答应了关羽的要求。

之后，令曹操吃惊的事情发生了。城还没有破，关羽却接二连三派人送信，反复提醒丞相不要忘记自己的许诺。曹操何许人也，关羽对这位女子如此上心，其中定有隐情！

老谋深算的曹操暗中派人查访，结果来人回报说此女国色天香。城破之后，曹操第一时间看到了杜氏，果不其然，是自己的菜！曹操心想："如此妖孽，岂能祸害大英雄关云长，就让我曹操替他把她拿下吧！"

得知消息的关羽那是空欢喜一场，竹篮打水一场空，到头来却为他人做了嫁衣裳！

之后，大哥刘备跟曹操一起围猎，闷气暗憋的关羽还是按捺不住心头的怒火，想想那娇滴滴的杜氏本该服侍于自己帐中，此刻却被老贼曹操霸占，是可忍孰不可忍！关羽甚至动了杀心，要取曹操性命。他把想法告诉了大哥刘备，做事谨慎的刘备极力劝阻了兄弟，告诉他冲动的后果很严重。

此刻的关云长想想，那就这样吧，何必为爱情苦苦挣扎。

杜氏成为曹操的宠妾，后来还为他生下二子一女。曹操是兼收并蓄，收杜氏的时候，她已经跟秦宜禄育有一子名唤秦朗，曹操爱屋及乌，对秦朗也很疼爱，也常常在众人面前自夸。

至于秦宜禄，也没有什么好下场，这位三国版"陈世美"

最终被张飞一顿嘲笑奚落后，又被其杀掉。

这段关羽曾经为爱痴狂的故事，罗贯中老先生没写进故事里。关羽也有着凡人的弱点。谁也不是圣人！

江东天才少年，为何逃不过灭族的下场？

这一日，孙权正在宴会群臣，推杯换盏之际，气氛好不欢乐。

正在此时，一声驴叫从殿外传来。大家闪目观瞧，一个仆人牵了一头毛驴上殿，大家不约而同哄堂大笑。原来，此驴面题四字“诸葛子瑜”。只见席间的老实人诸葛瑾已经臊了一个大红脸。主公明知道自己面长如驴还这么捉弄我，好尴尬呀！正在下不来台之际，突然传来一个稚嫩的童声：“请给我笔来加两个字。”孙权一看，原来是诸葛瑾的长子诸葛恪。只见这孩子不紧不慢在驴脸上那四字之下写了“之驴”二字。于是在群臣惊讶的目光中，孙权把驴子赏赐给了诸葛恪。

诸葛恪从小就聪明伶俐，喜欢辩论，很少有人是他的对手。孙权曾对诸葛瑾说：“蓝田生宝玉，果不其然啊。”几天后，孙权问诸葛恪：“你的父亲跟你叔父诸葛亮比，谁更贤？”诸葛恪不假思索地回答：“我父亲更胜一筹。”问原因，他道：

“我父亲知道应该辅佐谁，而叔父不知道。”真了不得，这孩子马屁拍得孙权那叫一个舒服啊！

后来有一次有白头鸟在殿前云集，孙权问诸葛恪这是什么鸟。诸葛恪回答是白头翁。旁边的老头子张昭听了不开心了，心想这里我最老，你说白头翁岂不是把我比作鸟！于是起身说道：“从来没有听说有鸟叫白头翁的，诸葛恪欺君啊！要不您让他找个白头母看看。”诸葛恪说：“还有鸟叫鹦母的呢，也不一定就是一对，要不张公您找找鹦公看看。”张昭哑口无言，于是举座欢笑。可以说少年时代的诸葛恪是典型的天才范儿，让人不得不联想到他那位聪明绝顶的叔叔诸葛亮。且慢，我们再看看诸葛亮对他这位贤侄是如何评价的吧。

孙权曾经打算让诸葛恪掌管粮谷。这个事情让诸葛亮知道了，于是孔明抓紧写信给陆逊说：“家兄诸葛瑾老了，而诸葛恪性情大大咧咧不仔细，听说要让他掌管军中最重要的粮谷，我虽然距离很远，可听到这个消息还是惴惴不安啊！请帮我跟你们主公转达我的意思。”后来陆逊转告孙权，孙权改主意让他直接掌兵。诸葛亮早就看出他这位贤侄是志大才疏，只不过当时能看出这一切的人并不多，尤其是接下来发生的一件事更加坚定了世人对诸葛恪是奇才的看法。

诸葛恪说他可以去山形险要的丹阳为官，三年之内可以帮孙权招募四万甲兵。那边的山越人平时带着兵器隐藏在山野中，他们习俗尚武，在群山和荆棘之中奔跑如履平地，而且聚为盗寇，很难消灭或者征服他们。大家都以为这个事情很难办。诸葛瑾听到儿子要去接这个棘手的任务，叹气说:“这孩子不能让我家族大兴，而是要让我家族毁灭啊!”

话说诸葛恪接下这棘手的任务后，命令诸将封锁要道不跟山越人交手，只等到庄稼成熟去收割，颗粒不剩。时间久了，饥饿的山越人逐渐开始投降。诸葛恪下令部下不准怀疑和捉拿外出投诚的山越人。胡伉违背命令捉拿了投降的周遗，被诸葛恪所杀。消息传出，山越人纷纷出降。诸葛恪果然得到了四万精兵。后因功被孙权拜为将军。

孙权病重，当时朝臣中都纷纷认为诸葛恪是最合适的辅政大臣。孙权却认为诸葛恪刚愎自用，因为孙峻的力荐才以其为托孤大臣，给予生杀大权。于是诸葛恪的辅政时代开始了。他真的能跟叔叔诸葛亮一样做个流芳千古的贤臣吗?

诸葛恪辅政伊始就来了一个大动作，除掉了想矫诏害死自己的另一个顾命大臣孙弘。诸葛恪被小皇帝孙亮拜为太傅。他开始整治内政，减少官方对民间的骚扰，罢除拖欠的赋税，免关税，恩泽遍及吴国。于是百姓爱戴他，在他出行时争相围观他的风采。

战争却不期而至。魏国派遣大将胡遵和诸葛诞领兵 7 万进攻吴国。这位诸葛诞是诸葛亮的族弟。诸葛恪领兵 4 万迎战。于是诸葛家族的两位精英开始了正面对决。当时天降大雪，魏军诸将一起饮酒为乐，他们见吴军人少，更是解盔卸甲，兵器也扔到一边，表现出对吴军极大的蔑视。突然一位皓首虎威的老将军带精锐吴军杀入魏营，兵锋所至，魏军死伤惨重。此人正是吴国老将军丁奉。此战吴国大获全胜，诸葛恪因功被封为都侯，赏金一百斤，布万匹。

胜利后的诸葛恪有些飘飘然了。诸位大臣觉得军队劳顿，不宜再战，他不听劝谏，派李衡到蜀国劝说姜维一起夹击魏国。姜维答应出兵。于是在一片反对声中，诸葛恪发举国之兵 20 万人北伐魏国。他要效仿叔父孔明，完成其未竟的事业，一举灭亡曹魏。可是吴军在围攻新城时遇到了魏将张特的顽强抵抗。攻城数月不下，又值酷暑，瘟病流散军中，军士病倒者大半。魏军从投降的吴将蔡林口中得知吴军的惨状，于是大举反攻，诸葛恪才不得不撤军。在撤军途中，士兵又有很多病倒病亡，其状惨不忍睹，军中怨声载道，诸葛恪却和没事人一样晏然自若。

回朝后，诸葛恪不但不主动承担兵败的领导责任，还诿过于下属，找来了中书令孙嘿，一阵训斥，他还打算再次北伐曹魏。

这时候朝中的孙峻看到他已经失去人心，于是跟少主孙亮谋划要摆鸿门宴除掉诸葛恪。诸葛恪接到邀请决定第二天去赴宴。可就在宴会的前一天晚上却精神亢奋，通宵都没有睡着。第二天天亮，仆人打水给他洗漱，他却闻到水有恶臭之味。仆人给他换衣服，衣服也有恶臭之味。他出门时，家里的狗咬住他的衣服就是不让他出门，他赶开狗，登车而去。到了宫门外，诸葛恪接到部下密函说今日情形非常可疑，恐怕有变故。他正打算回去，正好遇到太常滕胤，滕胤说："陛下许久没有见你了，已摆好酒宴，你都到门口了，就进去吧。"诸葛恪之前该听别人建议的时候刚愎自用，这回该自己拿定主意的时候他又耳根软，经不住劝说，迈步走向了他的最终宿命。

吴国版的鸿门宴上演了。只不过诸葛恪没有刘邦那么幸运，他被刺杀了。除了他早年逼死的大儿子诸葛绰以外，其他还在世的两个儿子一起被杀，三族被灭，早年诸葛瑾预言的家族惨剧终于上演。

在景帝孙休在位的时候，有人曾经建议朝廷为诸葛恪立碑纪念他的功绩。孙休说："他大夏天的出兵导致士兵损失惨重，没有尺寸之功，不能说他有能力；他受托孤之重却死在小人之手，不能说他有智慧。"于是驳回上奏。

诸葛恪的故事结束了。说实话他没有大罪过，也不是一个可爱的人。孙权曾因他儿子诸葛绰和鲁王交结，把诸葛绰交给诸葛恪管教，他却毒杀亲生之子。一个为了自己的权势，为了讨好君主，可以杀害家人的人怎么说人品也是有极大缺陷的。诸葛恪很聪明，但是都是小聪明，他没有大智慧。一个人再聪明也要听从众人的意见，他做不到，虽然他是诸葛亮的亲侄子，但是除了血缘，他跟叔叔在智慧和情商上都相差太远……

他被皇帝称赞为当世的关羽、张飞，为何郁郁而终?

宋朝熙宁年间，宋神宗赵顼正在坚定不移地继续他的变法大业。这一日，宋神宗下令宦官把一幅画像送入他的寝宫，他要随时观瞻。两名宦官领命之后，带着画像入宫，将画像缓缓展开，一名年老的宦官盯着画像上那人看了起来。

画像上是一位全身披挂的威武将军，只见他俊朗的脸上赫然刺着一些小字，让整个画像的风格看起来那么不协调。“呀！原来是狄枢密。”老年宦官惊叹一声。旁边的小宦官问道：“狄枢密是谁？”老年宦官叹了一口气说：“说起这位狄枢密，他可是顶天立地的大将军，仁宗皇帝也称赞他是当世的关羽、张飞，只是死得太可惜了。”于是，他开始讲述狄枢密的故事——

狄青，字汉臣。他 16 岁的时候，兄长狄素跟乡里一个号称铁罗汉的人在河边决斗，失手溺杀铁罗汉，结果狄素被人捆绑。正在田里做农活的狄青看到此情此景，挺身而出，大声喊道："杀铁罗汉的是我！"于是大家一拥而上捆绑了狄青。狄青代兄受过，入京加入了军籍，开始了他的军旅生涯。

北宋著名文官王尧臣考取状元时，狄青刚刚加入军籍。王尧臣唱名出行的时候，场面很大，看热闹的人山人海。当时狄青也跟士兵们一起看热闹。有一个当兵的对这个大场面羡慕不已，他说："他是状元，我等却是士卒，人和人真是命运不同，不能比较啊！"狄青说："这不一定，将来的命运也要看才能如何。"听这话的人哑然失笑。后来没有想到狄青做了枢密使，王尧臣做了副枢密使，反而成了狄青的部下。

一开始，狄青在御马直做骑兵，后来做了散置。西夏李元昊反叛，狄青应征出战，前后经历了大小二十五战，中箭伤达到八处之多。前前后后在西陲立功无数。在战斗中，狄青披头散发，带着青铜面具杀入敌阵，敌人望风披靡，无人敢挡。同时，他那造型引起了大家对他的关注。

尹洙发现了狄青这个人才，把他推荐给当时的名臣韩琦和范仲淹，并跟他们说："这是良将之才啊。"范仲淹把《春秋左氏传》送给狄青读，并说："为将者不知道古今的历史，只能是匹夫之勇罢了。"于是狄青开始发奋研读兵法，以至于达到了精通秦汉以来将帅作战的兵法的程度，实践跟理论相结合，这为狄青后来的成功奠定了坚实的基础。

狄青在军中作战勇敢，终于升到了副指挥使。宋仁宗召见狄青，看到他脸上依然留着当兵时候的刺字，就劝他用药除掉。狄青却指着自己的脸说：“陛下不问出身门第，根据军功提拔了臣。臣之所以有今天，也是因为有这些刺字时时提醒自己不忘初衷。臣想留着它来鼓励军中将士。”这番话让宋仁宗对狄青有了更好的印象。

皇祐年间，广源州的蛮人首领侬智高叛变，攻下邕州，又围困广州，岭南震动。面临如此严峻形势，狄青请缨出战。狄青率兵走到了桂林南边，路边是一个大的庙宇，据说特别灵验。狄青下令取了一百多枚铜钱在神像前祈祷：“如果这次作战真的能大捷，那抛出的所有的钱正面都朝上。”左右之人都纷纷劝说万一抛钱不能如意，恐怕对军中士气不利。狄青不听，毅然决然地在众目睽睽之下，抛出百枚铜钱，结果所有的铜钱都是正面朝上。于是军中将士欢声雷动，狄青也非常高兴，他让手下取了一百多枚钉子把铜钱钉在地上，然后用青纱笼罩。后狄青平定了侬智高叛乱之后，才拿来那些钱给自己的幕僚看，原来这钱是特制的，两面都是正面带字的，是狄青早就准备好的用来鼓舞士气用的。由此可见狄青是一名智将。

狄青到了前线，以擅自出战之罪斩杀将领，军纪肃然。狄青又出乎敌人意料，夜袭昆仑关，斩杀了侬智高部下数千人。侬智高被迫放火烧城而逃。战后整理战场，发现有一具尸体穿着金色龙袍，于是部下将领都说侬智高已死，要向朝廷报功。狄青说：“也许这是一个骗局。不确定的情况下，我宁愿说侬智高失踪，也不能欺骗朝廷来报功啊。”

凭借战功，狄青从一个大头兵做到了那个时代武将梦寐以求的最高位置枢密使。每当他出行的时候，士兵们都指着他夸耀不已，他已经成为普通士兵们的精神领袖和奋斗榜样了。

这位北宋最出色的将领之一已经达到了自己人生和事业的顶峰，可是命中注定的悲剧还是悄然来临。首先，狄青从军之初到他坐上枢密使的高位，始终会遇到各种各样的对武人的歧视。狄青在与韩琦共事之时，曾经有一日宴席之中，有一妓女名曰白牡丹的，在给狄青劝酒时候戏言：“斑儿你再喝一杯吧。”其实就是讽刺狄青面有刺字。狄青气不过，重打了白牡丹一顿。要知道当时狄青已经做到了总管的位置，还被一个妓女嘲笑，狄青心中之郁闷可想而知。但是这件事情如果跟接下来的一件事情比，还真不算事。狄青的旧部焦用因事触犯韩琦，韩琦打算杀掉他。狄青在阶下恳求韩琦：“焦用是立军功的好男儿啊。”韩琦不屑地说：“东华门外状元唱名而出的才是好男儿，他算什么好男儿。”狄青颤抖无语，一直站立了很久，直到旁边有人提醒他说：“总管，你已经站了很久了。”他才敢退下。

狄青在做了枢密使后也遇到不少的讥讽和嘲笑。有一次，狄青从延安回到枢密府。属下负责迎接他的人好几天都没有等到他，于是愤而大骂：“迎接一个赤老，好几天都不来。”都城的人一般都蔑称军人为赤老，于是那些读书人都称狄青为赤枢。狄青和他的副手王尧臣在一起的时候，王尧臣常常拿狄青脸上的刺字开玩笑：“你脸上的字更加鲜明了。”狄青回道：“你喜欢吗？送给你一行字吧。”王尧臣作为一个文官公然嘲笑武将出身的上司，由此可见宋朝以文治武国策的影子无处不在。

狄青自己在做了枢密使以后，常常恃功而骄。每次发给士卒们衣服、粮食，都说：“这是狄家爷爷赠送给你们的。”这话传入了朝廷的耳朵里，在那个处处防范武将的时代，这话无疑为狄青后来的悲剧埋下了伏笔。

文官借助一系列的“灵异”事件造势驱逐狄青。先是有人传言狄青家的狗头上长出了角，还数次发光，于是有人劝宋仁宗将他调出京城以保全他的声誉，但是宋仁宗置之不理。狄青可能是道教的信奉者，一天晚上家里在斋醮，不慎引发火灾。火情报到了开封府，等府尹到了以后火早就熄灭了。但是第二天都城就有传言说狄青家里晚上火怪烛天。知制诰刘敞听到这个传闻，对开封府的王素说："昔日朱温、朱全忠在午沟居住的时候，夜晚也是光怪出屋，邻居以为是失火然后去救火。今天这个灵异，跟朱温的很像啊。"这句话很歹毒，直接暗示枢密使狄青有代唐自立为帝的朱温那样的异志，这等于说狄青有谋反之心了。

当时文彦博当政，他建议朝廷把狄青任命为两镇节度使，让其到地方为官。狄青抱怨道："我无功受两镇节度，无罪而出外典藩。"这话传到宋仁宗耳中，他对文彦博说："狄青是忠臣啊。"接下来文彦博的一句话水平之高让人叹为观止："那太祖皇帝难道不是周世宗的忠臣吗？"这个例子用得精妙，用宋太祖赵匡胤在周世宗柴荣死后，就取代孤儿寡母的江山来说事，让宋仁宗无言以对。狄青后来还到中书省找到文彦博，跟他解释之前的事情。但是文彦博却直盯着狄青说："没有别的原因，朝廷怀疑你了。"听到这话的狄青如五雷轰顶，吓得倒退了好几步。朝廷旨意下，狄青被降为同中书门下平章事，出外做了陈州知州。

出任陈州知州的狄青已经预测到了自己的悲惨命运。他跟身边的亲信说："狄青此行必死。"亲信问何故，狄青回道："陈州出产一种梨子叫作青沙烂，如今狄青去陈州，必然烂死。"狄青到了陈州以后，朝廷每月两次派遣使者来慰问狄青，实则盯着狄青在地方上有没有小动作。狄青听说使者来了，每次都怀疑使者来杀自己，巨大的心理压力导致了身体的疾病，于是半年之后，狄青病重，不治而亡。

本来狄青可以为宋朝建立更多的军功，可是因为宋朝以文制武和轻视武人的国策，再加上一帮子文官士大夫不遗余力的打击陷害，终于酿成了狄青的悲剧。在狄青死去60年后，金人打入开封府，把北宋皇族上千人押赴北国之时，背负靖康之耻的宋朝皇室是否在感叹如果狄青再世该有多好……

好友韩世忠竟弹劾岳飞抛弃糟糠之妻

说起南宋中兴名将，世人多将韩、岳并称。韩世忠和岳飞恰似双子战神，双双守护南宋的半壁江山。而二人的关系也很铁，绍兴五年（1135年）之后，二人成为至交。但是绍兴八年（1138年）六月，一份弹劾奏书却摆在了宋高宗赵构的御案之上。被弹劾的是岳飞，罪名是抛弃妻子。而更让人惊讶的是，弹劾岳飞的不是万俟卨，不是张俊，更不是秦桧，而是岳飞的铁哥们儿——韩世忠！

这真的让人出乎意料。

从韩世忠弹劾的奏疏来看，岳飞就是一个薄情郎，结发之妻已经找到，却不肯接回相认，这不是陈世美再世吗！

可是韩世忠错了，他并不知道事情的真相。大家熟悉的是岳飞的继妻李娃，可是很少有人知道他的前妻刘氏。她跟岳飞是同乡，也是汤阴县人。刘氏在16岁时嫁给岳飞，为他生下岳云和岳雷两个男孩。靖康年间，岳飞投军相州，当时24

岁，刘氏则在家中侍奉婆婆，照料孩子。不久，金军南下，相州、汤阴沦陷。岳家逃难途中，刘氏独自逃走，弃两个儿子和岳飞的母亲姚夫人于不顾。姚夫人只得独自带着两个孩子逃难。岳飞在军中先后 18 次派人寻找母亲和儿子，终于把他们接回军营。但是妻子刘氏却杳无音信。

岳飞也派人找过她，说实话他内心对她是怨恨的，在最艰难的时刻，她竟然抛弃了儿子和母亲独自逃走，岳飞是无论如何也难以原谅她的。多次寻找未果，岳飞也以为她已经死于战乱了。心灰意冷的岳飞在宜兴娶了李娃为继妻来照顾母亲和儿子。他们过着平静的日子，直到 9 年之后的一封书信的到来。

绍兴八年（1138 年）六月初，韩世忠来信说，已经找到了岳飞的结发之妻刘氏，她已经嫁给韩世忠手下一个押队为妻，让他速速派人来接。哪知道岳飞对此事不做回复，就像没有这回事一样。其实岳飞的内心是复杂的，他从来使那里知道了刘氏这些年两次改嫁，他想到了身为结发之妻，在关键时刻却抛弃儿子和母亲，不顾他们的生死，那绝对不能让人原谅。

韩世忠可不知道事情原委，更不清楚刘氏的人品。他是一介武将，性格直爽，见岳飞不予理会，便以为岳飞抛弃了自已的妻子，于人品有亏，这事必须报告皇上。于是就有了那份他为刘氏打抱不平的奏疏。

事情闹到皇帝赵构那里去了，岳飞只好写奏疏解释，他说："当时局势艰难时刻，我留刘氏照顾老母儿子，没有想到她丢弃家人，改嫁他人，我对她切齿痛恨，我送了五百贯钱资助她的生活，我想让天下人理解此事的曲直。"赵构在这件事上倒也开明，他曾经多次对群臣说那个刘氏不孝不义，不配做别人的妻子。

岳飞原配刘氏的所作所为就是岳氏后人也引以为恨，从岳飞长子岳云的事情上就能看出端倪。《建炎以来系年要录》和《宋史》都说岳云是养子，根本没有提及他的生母刘氏。而这两本书的很多史料来源于岳飞之孙岳珂的《金陀粹编》，岳氏后人刻意抹去了刘氏的踪迹，仿佛此人从来没有存在过一样。

刘氏的人品确实有问题，这也让英雄一世的岳飞恨恨不已。英雄也有自己的爱恨情仇，这倒更加鲜活地体现出了岳飞是个敢爱敢恨、真性情的男子。

明王朝唯一以总兵官加“三公”的他，奇在何处?

明朝延续276年，加“三公”者不可胜数。可是以总兵官出身加三公的，只有一位——周尚文！他的传奇是不可复制的。

周尚文，字彦章，陕西西安人。自幼就熟读诗书，粗知书中大义，并且精通骑射，富有谋略。尚文名曰尚文，实则勇悍。16岁时就继承了父亲的职位，后来因为屡次出塞作战有功，进官为指挥使。正德年间，宁夏安化王朱寘造反，周尚文扼守黄河渡口，捉拿叛贼丁广等人，因功升掌本卫之事。

但仕途通顺的周尚文随即迎来人生的第一次考验。御史刘天和因弹劾飞扬跋扈、危害一方的太监廖堂入狱，周尚文受到牵连，也下了狱。在狱中受尽折磨的周尚文始终坚称刘天和无罪，面对如此铁骨铮铮的一条汉子，朝廷也是无可奈何，只好将他释放出狱。

嘉靖改元，周尚文被任命为凉州副总兵。当时正好御史在庄浪巡边，不想突遇扰边的鞑靼人。周尚文火速分兵让人保护御史先行，自己另率一部士兵射击敌人，敌人逃走。明中期以降，边军的战力逐渐下降，多数将领只是扼守城池要塞，很少有人有勇气主动出塞追击蒙古人，但是这次周尚文做到了。面对蒙古人的挑衅，周尚文带兵击退他们，并秉承着除恶务尽的原则继续追击。结果敌人越来越多，反戈一击，而周尚文的部队只有一半人到达。在敌众我寡的危急情况之下，周尚文展现了大将风度。他不慌不忙，从容解鞍下马，背对山崖跟敌人血战，战果是敌我双方伤亡相当。关键时刻，部下丁杲来援救，敌人终于被击退。战后周尚文因为受伤比较严重，只好告假休养。

战场的召唤让周尚文无暇享受更多的安闲时光。一个战士只有战死沙场才是最光荣的归宿。回到战场的周尚文又遇到了一个强劲的对手——鞑靼的吉囊部。吉囊部屡次踏过结冰的黄河入侵大明，熟读史书战册的周尚文一定读过杨延昭浇水成冰的守城故事。他仿前贤之道，在筑好的一百二十里边墙之上，寒冬之日，浇水成冰，冰之滑让敌人根本无法攻城。但是冰总有化的时候，别急，我们的周将军还有办法。他让大力士在城墙之上，手持长杆铁钩，专门钩杀敢于渡河攻城的鞑靼人。鞑靼人遇到如此文武全才的周将军只好哀叹命运不公了。

嘉靖十六年（1537 年），周尚文跟儿子君佐在阻击吉囊部 4 万骑兵的战斗中，都受了重伤。很快，周尚文就还以颜色。嘉靖十九年（1540 年），在黑水苑之战中，周尚文斩杀吉囊的小儿子十王，让入侵者实实在在体会到了丧子之痛。此战获得敌人首级 130 余颗，在明朝与蒙古部落的战史上算是规模不小的胜利了。

随着时间的推移，战功累累的周尚文也逐渐有了“傲骄”之气，屡次跟文职官吏对着干。明中后期重文抑武的风气之下，文官当然对这个武将出身的“大老粗”看不惯，于是极尽各种打压之能事。皇帝听从巡按张光祖的建议，革了周尚文的职。

嘉靖二十一年（1542 年），周尚文被推荐为东官厅听征总兵官兼佥事后府都事。当时严世蕃跟周尚文在一个部门共事，因为傲慢无礼，曾经被周尚文当面训斥，并打算弹劾他。大学士严嵩爱子心切，为儿子求情得免。后来严世蕃被调到了治中的位置上以避开周尚文，周尚文因此得罪了严嵩父子。

嘉靖二十三年（1544 年），周尚文与来犯的吉囊部数万骑兵在黑山血战，又杀了吉囊的另一个儿子满歹罕，一直追击到凉城。他因功晋为右都督。周尚文又与总督翁万达一起商议修筑200多里的长城，后又增修400里，开垦屯田4万多顷，被嘉靖皇帝嘉奖，升为左都督。周尚文最终因为抓获了意图勾结鞑靼入犯的宗人朱充灼的使者，被朝廷晋封太保之衔。整个明朝以总兵官身份得到此衔者唯有周尚文一人，可以说，他到达了他人生功业的顶峰。

嘉靖二十七年（1548年），老将军周尚文已经年届74岁。鞑靼部强势首领俺答汗带兵在五堡设伏，引诱指挥顾相等出击，结果明军被围困于弥陀山。周尚文赶紧带两个儿子去救援，在野口遇到了鞑靼人的伏击。面对蜂拥而至的鞑靼人，老将军对手下将士大喊道："我从军五十多年，大小数百战，从不畏惧，我帐下大明将士都是热血好男儿，将士们拿起手中的刀，斩杀敌寇，保卫大明的子民，跟我一起杀啊！"明军将士听闻此言，个个热血贲张，如下山猛虎般冲入敌阵。老将军周尚文已经是白发苍苍，胡须眉毛皆白，对面杀来一个鞑靼将领，却见此人豹头环眼，膀大腰圆，掌中开山斧，一晃仿佛有千斤之力，胯下马一带，快如疾风，恰似闪电，眨眼间来到老将军面前，以泰山压顶之势，持大斧用力朝老将军头上劈来。说时迟那时快，只听"咣当"一声，周老将军双手举刀，将来将之斧挡了出去。敌将大喊一声，虎口发麻，掌中斧差点飞出手。此人不禁叹服，此老儿看似老迈，却也宝刀不老，有一身好力气。二人刀斧相加，战作一团，不出十个回合，周老将军大喊一声，震得敌将心惊胆战，刀光闪处，敌将首级早已被砍飞出去。大明将士齐声高喊：“周将军威武！……”

经过一场相持一月有余的激战，周尚文老将军终于打退了鞑靼人的进犯。当然这还不是老将军人生的最后一战，他的最后一战是在曹家庄，击败了俺答汗数万骑兵的进犯，老将军因功兼太子太傅。就在这一年将星陨落，周尚文以75岁高龄离世。老将军一生爱惜士卒，清廉俭朴，善于用间，能提前知道敌人的动向，因此百战百胜。嘉靖朝文武荟萃，济济一堂，因此能在南倭北虏的严峻形势下力保国势不衰，可见人才在任何时代都是最重要的。

从奴隶到将军，他让蒙古骑兵闻名丧胆

大明出了个铁血将军马芳，明末清初的大才子钱谦益赞叹说："观马公(马芳)出身，堪比仲卿(卫青)之寒微，更兼子卿(苏武)之精忠。"同时代的军事家杨博更是称赞他有汉李广之智勇，从出身到从军，他的军事生涯就是一部传奇。其实在真实的历史中，他的战功不亚于岳飞、戚继光，但是后世之人知道他的却不多。让我们从他的出身说起，回顾这位英雄的传奇一生。

正德十一年（1516年），马芳出生于大明北疆宣化的一家普通农户中。嘉靖四年（1525年），蒙古鞑靼部10万人入侵明朝大同、宣府边镇，明军大败，敌军长驱直入，攻破十几座城池，掠夺人口数万。时年8岁的马芳跟父母在逃难途中失散，被蒙古骑兵掳为奴隶。马芳目睹了蒙古骑兵在大明国土内烧杀抢掠的罪行，仇恨的种子在他幼小的心里萌芽，他暗中发誓，有朝一日，一定要让敌人血债血偿！他忍辱负重，从骑

奴到家奴，小小年纪受尽了凌辱，饱尝了人世间的沧桑。在最艰苦的时刻，他以无比强大的心理隐忍不发。他要活下去，有朝一日报这国仇家恨！他没有放弃任何学习的机会，他跟汉人奴隶学识字，跟蒙古人学骑射。他砍木头自制了弓弩，不断苦练，渐渐练就了“箭无虚发”的本事。快 20 岁的马芳终于找到了展示自己的机会。他追随当时的蒙古首领俺答汗狩猎时，突然蹿出一只猛虎，朝着俺答汗扑去。正在众人目瞪口呆之际，一支飞箭不偏不倚，正中猛虎脖颈，猛虎当场毙命。众人闪目观瞧，原来是奴隶马芳射死了猛虎。俺答汗对他赞赏不已，赐给了他良马劲弩。此后，获得了俺答汗信任的马芳追随他南征北战，在此过程中，马芳熟知了蒙古军队的战法和行动规律，对这一切，他熟记于心。“身在曹营心在汉”，马芳一刻也没有忘记回到大明投军，报仇！

机会终于来了。嘉靖十六年（1537 年），他利用跟随俺答汗到大同周边狩猎之际，成功逃出了虎穴，投往大明。在大同城，他遇到了总兵周尚文。周将军慧眼识英才，觉得马芳是可用之才，委任他为队长。不仅如此，周尚文还为他找回了失散多年的父母，接到大同跟马芳团聚。马芳感激涕零，他当场对周尚文立誓：“愿尽逐鞑虏，求一死以报国恩。”

从军后的马芳从队长做起，屡立战功，因为打仗玩命，人称“疯子马”。嘉靖二十八年（1549年），他献计抄袭蒙古军队后路，迫使敌人撤退，周尚文称赞他将来必然是能将，功绩也在自己之上。

嘉靖二十九年（1550年），是明朝的国耻年，这一年发生了著名的“庚戌之变”，京城被围，京军和各地援军却不敢一战，目送饱掠的俺答军从容撤退。军民死伤无数，却没有人敢给入侵者重重一击。作为一个军人，当时的马芳心中是淌血的，这耻辱必须还给敌人！他在当年九月的怀柔战场上，铁血亮剑，阵斩了俺答汗的部将，迫使俺答汗暂时退却。当年十一月，俺答军侵入山西威远，马芳将蒙古军引入埋伏圈，一举击败敌军。得胜之后的马芳并没有放松，他料定敌军会卷土重来，于是在野马川布防。果不其然，蒙古人杀了一个回马枪，马芳身先士卒，带领精锐将士血战沙场，把敌军一直赶到了山西泥河。凭借此次战功，他被破格升为正一品的左都督。当时明朝面对的最强劲对手，还是蒙古的俺答汗，他也是军事天才，几十年来，死在他手中的明朝高级将官有19人之多，被他攻陷的边城不下20座。

要保障北方边境的安宁，就要把俺答汗打痛。马芳清楚，必须把自己的手下训练成一支劲旅，才能实现这个目标。他在成为宣府守将之后，开始训练军队，他要把之前只会望风逃窜的军队打造成一支战斗力超强的铁血之师。首先，马芳实行连坐法。战场上，如果前队退缩不前，后队斩之。同时，他派心腹到军中密查克扣粮饷之事，有一个办一个，绝不留情。克扣军粮者不但会被重刑伺候，家产还要抄没。其次，他建议朝廷以宣府本地人守卫宣府，遣散外地兵，这也提高了军队保家卫国的热情。更绝的是，为了追回被征用的士兵300人，他用武力逼迫山西当地的某皇亲国戚，最终达到了目的。

在军事战略上，马芳不同于当时大多数明朝边将，他主张“以骑制骑”，而不是严防死守城池。他为边镇骑兵大规模配备火器，在作战中，火骑结合。每年冬春，派遣精锐骑兵组成小分队对蒙古草原进行反突击，焚毁敌军草场，劫走战马，破坏敌军后方。当蒙古军入侵边疆时，不要闭关消极防守，要以长途奔袭，断绝蒙古军后路，歼灭敌军精锐部队。针对部分明朝军队杀害良民冒功的恶劣行为，马芳坚决抵制，严令属下“敢有随之杀良冒功者立斩”。

整顿军队初见成效，而且马芳在朝中有支持者，方逢时、王邦瑞、赵锦、王崇古、杨博等朝中能臣都跟他交好。连严嵩之子严世蕃都告诫属下不要找马芳的麻烦。

挑战再一次来临。嘉靖三十四年（1555 年），俺答汗闪击京城外围怀柔。一时间京城大震，朝廷上下担心这一次要重演“庚戌之变”的耻辱。但是幸运的是，明朝有马芳，这次注定不会让悲剧重演。马芳率领两千精锐骑兵在保安与俺答汗激战，马芳身中 5 处刀伤，坐骑都被射杀，终于逼得俺答军队后撤十数里。嘉靖皇帝听闻捷报，不禁感叹：“勇不过马芳。”俺答军中也深知马芳威名，尊称其为“马太师”。

嘉靖三十六年（1557 年），马芳升任蓟镇副总兵，这一次他面对的主要敌人是蒙古土蛮部。他刚上任，土蛮骑兵十多万人就入侵驻地。马芳在敌阵之前，脱下头盔，蒙古人惊呼：“马太师来了！”明军乘机掩杀，十几万敌军仓皇北逃。

嘉靖四十年（1561 年），马芳移防宣府，他又一次面对俺答汗的挑战。马芳率领精锐骑兵连夜抵达大同外围，这一次他要打入侵的俺答军一个措手不及。马芳先选精锐家兵潜入蒙古军营中放火，然后乘敌军大乱之际，家兵大喊：“马太师来了！”蒙古军早就患上了“恐马症”，一听马太师，他们第一反应就是跑路。马太师，惹不起，我们还躲不起吗？事实证明，他们真的连躲都躲不起。马芳亲自率军强攻蒙古军营，一番冲杀，蒙古军自相践踏，死伤无数。但是俺答汗也不是省油的灯，他生生抵住了马芳的攻势，成功抽身撤退。在怀安地区，双方又展开了一场面对面的厮杀。马芳身先士卒，冲入敌阵，战斗中，马刀都砍坏了三把。经过一夜恶战，马芳彻底打败了俺答汗。这一次他正面跟俺答军交战七次，七战七捷，长途奔袭一千里，生生打得不可一世的俺答军没有了脾气！

立下奇功的马芳并不罢休，他之后依靠派遣到蒙古军中的情报人员提供的准确情报，实施“先发制人”战略。他的家兵几次打入蒙古军后方，抢劫马匹、焚烧粮草，沉重打击了南侵的俺答军。其他边将看到马芳这一战术的成功，纷纷效仿，一时间蒙古军后方狼烟四起。

俺答汗不甘失败，他在嘉靖四十五年（1566 年）七月，让长子辛爱为帅，纠集 10 万精兵，入侵明朝万全古镇。马芳在马莲堡大开城门，这摆明了告诉蒙古人，要打就快打，别浪费时间。面对马太师大开的城门，蒙古军反而不敢攻击了。第二天一早，一万马家军骑兵突然杀出，把 10 万蒙古骑兵杀得大败，这一次俺答汗又是损兵折将，马芳终于成为这位蒙古战神的命中克星！

隆庆年间，马芳又多次重创俺答部。万历五年（1577

年)，遭到俺答汗威胁的朝廷又想起了被罢官闲居的马芳，让他重新担任宣府总兵。马芳在宣府郊外进行了数次游猎，还没有打，蒙古人就吓破了胆，他们纷纷惊呼：“马太师回来了！”俺答汗连忙向朝廷谢罪，一场兵灾就此消融。

万历七年（1579 年)，马芳积劳成疾，向朝廷递交辞呈，解甲归田。两年之后，64 岁的马芳病逝蔚州，家人遵从他的遗嘱，把他安葬在了最初从军之地——大同北边的新平堡。

从奴隶到将军，他从军 40 多载，最终战胜了不可一世的俺答汗，用自己的鲜血兑现了保卫家园的誓言。他带领他的马家军跟蒙古人大小百余战不曾失败，他的战功不亚于戚继光和岳飞！他的后代同样是血性男儿，为国捐躯的男性成员就有七人之多。马芳和他的马家军是明朝历史上的一个传奇，满门忠烈正是他们家族最好的写照。马芳和他的家族这种爱国精神永远值得后人学习！

他凭什么与岳飞、于谦齐名，并称“西湖三杰”

康熙三年（1664年）九月初七日，杭州弼教坊。

这天白昼突然天色大变，刚刚还高挂的日头被漫天的乌云遮住了光芒。天突然暗了下来。刑场之上，一个遍体鳞伤、血迹斑斑的中年人被清兵推搡着，一步一瘸地朝刑场走来。此人40多岁年纪，虽然浑身满是伤痕，可是目光坚定。他身后还有一个年幼的侍童模样的孩子，也被清兵押送着来到刑场。

这汉子站立在刑场上，毫无惧色，他抬头看了一下远处葱郁舒缓的吴山，长叹一口气道：“大好江山，可惜沦于腥膻！”

旁边的清兵斥令他跪下，他坚决不从，监斩官只好容他端立受刑。临刑之际，他口吟一首绝命诗：

我年适五九，偏逢九月七。

大厦已不支，成仁万事毕。

吟罢，这汉子坦然受戮。围观的人中有人悄悄抹泪，有人则不顾清兵厉声弹压，高呼道：“张先生走好！”

旁边侍童模样的孩子痛苦不已，他大喊：“张公您慢走，冠玉随您来了！”监斩官员见这个孩子年幼，有心饶他一命，但被他严词拒绝了：“张公为国，死于忠；我愿意为张公，死于义。要杀就杀，何必多言！”言毕，跪在主人尸身前引颈就戮。

被杀的主仆二人中，那位张公正是张苍水，本名张煌言，苍水是他的号。而陪他殉国的是侍童杨冠玉。

张苍水，浙江鄞县（今宁波）人，官僚家庭出身。少年时代就聪明过人，在读书之余，也常常练武以健身。他胸怀大志，常常跟人讨论兵法韬略。在他 16 岁那年，应县试，当时有射术之试，他从容开弓搭箭，只见三发皆中靶心，引起人们一阵鼓掌称赞。

文武全才的他不久考中了崇祯十五年 (1642 年) 的举人。当时的明王朝已经是内忧外患，内有李自成、张献忠起义，外有清军叩关，局势一片糜烂。终于崇祯殉国，清军入关，甲申国难。

清军一路南下，接连攻破扬州、南京、苏州、杭州等地，伴随着多尔衮下达的剃发令的是无情的杀戮。不肯改变自己的衣冠发式、不甘于做亡国奴的南明军民奋起反抗。当时的宁波城中，以钱肃乐为首的军民在城隍庙举行誓师大会，倡勤王，一起拥戴鲁王朱以海监国。当时年仅25岁的张苍水参加了义军。后清军攻破钱塘，张苍水跟随鲁王渡海到了舟山，继续坚持抗清。

1647年，张苍水因为船遇到了飓风被清军抓获，囚禁了七天七夜。后来他逃出魔掌，在经过黄岩时又遇到了清军的追赶，精于骑射的张苍水一番血战之后，突出重围。

张苍水又发展了义军的势力。他军纪极严，军队战斗力也非常强悍，跟清军作战往往可以以少胜多。虽然他文人出身，但是少年时代就开始研读兵法，他的部队成为浙东沿海最令清廷头疼的抗清力量。

随后，张苍水三次带兵进入长江作战，其中1659年配合郑成功部攻打南京的战斗离胜利只有一步之遥。在郑成功围攻南京时，张苍水致信郑成功，建议平定沿江州县，在无后顾之忧的情况下，再从陆路攻击南京。可惜郑成功没有采纳他的正确建议，从水路进攻，这给了清军以宝贵的喘息之机来加固城防。

郑成功因为战略失误导致了大败，眼看一片大好的抗清局势毁于一旦。张苍水只好放弃收复的皖南一些地方，历经血战，好不容易退回到浙江沿海地区。

1661 年，为了消灭沿海的抗清力量，清廷下达了残酷的“迁海令”，强行迁徙沿海百姓入内地，不愿意离开世代祖业的沿海百姓多被清军残忍杀戮。义军被迫屯田自给自足。随着 1662 年 4 月汉奸吴三桂在昆明亲手杀害了永历帝朱由榔，5 月延平王郑成功病死台湾，次年 11 月鲁王朱以海又病死在金门，抗清力量逐一消亡，只有张苍水还在浙江沿海坚持。

在这种严峻局势下，张苍水为了避免部下更大的伤亡，含泪遣散了跟随自己多年的部下，他想给他们一条生路，跟着自己最后的结局只能是战死。他带着属下十几个人来到了悬嶴岛隐居起来。

在岛上临时搭建的茅屋里，张苍水准备好了棺材，并将宝剑悬挂在床边，他做好了随时殉国的准备。他坚持抗清 20 年，让清廷头疼不已。清廷下决心抓获他。由于叛徒的告密，清兵找寻到了他的住地，把他一举擒获。

在张苍水被押送到宁波之时，他身穿明服，头戴方巾，神色泰然，见者无不落泪。清朝官员多次以高官厚禄引诱他投降，都被他怒斥拒绝，他说：“吾生为大明人，死为大明鬼，断断不会降清！”

几天后，他被押赴省城杭州。宁波百姓纷纷出来送行，他向送行的百姓叩头四拜，大声说：“张煌言辞别父老乡亲了，各位珍重！”听闻此言的百姓们恸哭不已。

抱定一死决心的张苍水决心以岳飞、文天祥为榜样以死报国。清廷见劝降无效，只好把他押赴杭州杀害。

之后他的亲友把他的遗骸埋在了杭州南屏山北麓，使得他成为跟岳飞、于谦一起被埋葬在杭州的著名将领，这三人被后人赞为“西湖三杰”。

柳亚子有诗称赞张苍水曰：

廿年横海汉将军，大业蹉跎怨北征。

一笑素车东浙路，英雄岂独郑延平。

舆论暴力害死人！悲剧曾发生在这四位名将身上

回首中国古代，有四位战功赫赫的名将，在很大程度上，是受了舆论暴力极大伤害，从而导致了他们最终郁郁而终。

马超

一部《三国演义》深入人心，书中西凉虎将马超潼关大战许褚，追得曹操割须弃袍；葭萌关夜战张飞，马超之勇不亚于吕布，可是在他归入蜀汉之后，却没有立下轰轰烈烈的战功，而早早就病逝了。历史上真实的马超，确是一代勇将，他的死因，其实很大程度上，可以归结为抑郁症。

投奔刘备之后的马超，本想在汉中之战中建功立业，但是蜀汉却以张飞为主将，以其为副将。一代猛将马超在蜀汉无精彩表现。马超事后被封为凉州牧，此官职基本上是没有实际领地的荣誉头衔。马超深深感到了刘备对他发自内心的不信任。是啊，他几易其主，风头又过劲，换作哪个君主，对他这样的猛将都会有所猜忌吧。被人猜忌的马超开始变得郁郁不乐。

一件事情的发生加速了他的结局。早对刘备不满的彭羕找到马超，说了一些大逆不道的话，他希望马超跟他合作，有所行动。马超早已成惊弓之鸟，他把此事报告刘备。之后，彭羕被杀，马超的境遇却并无多少好转。蜀汉大臣对马超也议论纷纷。毕竟他不是嫡系，又是背叛张鲁投奔而来。彭羕事件，他虽然举报有功，但是朝臣们依然不放过他。关于马超不忠的流言蜚语四处散布，最终舆论压力压垮了马超，他抑郁成疾，于盛年之时离世，一代将星陨落。

李光弼

渔阳鼙鼓动地来，安史之乱惊破了大唐太平梦。这次动乱把处于盛世顶峰的大唐，从天堂打入了地狱。战乱破坏之大，令人触目惊心。但是安史之乱后，唐朝依然存续了 150 年之久，这在很大程度上要感谢两位名将：郭子仪和李光弼。

郭、李二将在唐军全盘溃败的关键时刻，力挽狂澜，尤其是李光弼，虽然是契丹人，但对大唐忠心耿耿，在常山、太原等地数次打败叛军史思明部。史思明是叛军中的“狠角色”，有勇有谋，他遇到了李光弼，也只能徒增叹息。郭子仪、李光弼二人通力合作，终于平定了安史之乱。可以说二人是大唐中兴的最大功臣。

叛乱平定后，君臣之间渐生隔阂。唐代宗在吐蕃攻破京城后，曾经召见李光弼，他却因为之前跟宦官矛盾尖锐，担心宦官害他，而没有去。对此，唐代宗十分不满。

之后，宦官们利用君臣之间的矛盾，添油加醋，不停挑唆。他们诬蔑李光弼自恃功高，试图裂土分疆。耳根子软的唐代宗对李光弼开始心生猜忌，不断涌来的谣言加剧了他对李光弼的不信任。代宗首先架空了李光弼的权力，而且时常抓住他的一些小问题，下旨申斥。一些朝臣也见风使舵，趁机落井下石，弹劾起他来。自尊心极强的李光弼心生抑郁，最终恹恹离世。

狄青

说起北宋大将狄青，借力评书小说的传播，可以说无人不知，无人不晓。他被民间称作“武曲星下凡”。狄青战西夏，平侬智高，从一介小卒做到了枢密使的高官，这在重文轻武的宋代，可谓一个传奇。可是几件事情的发生最终让他过早谢世。

先是他家的狗生角，于是有人就传言说他有异志，应该离开枢密院。

接下来，汴京发大水，狄青无奈举家搬到相国寺避水。不久谣言就散布开来，说狄青坐在相国寺大殿之上，身披黄袍！

三人成虎、众口铄金，朝廷也开始疑忌狄青。他被贬谪到陈州为知州。当地有一种梨子叫“青沙烂”，狄青闻知，心生不快。朝廷对他还不放心，时时派使者去陈州，名为慰问，实则监视。在此压力之下，狄青心中抑郁，最终在不满50岁的盛年去世，这也是北宋王朝的巨大损失。

王越

王越是明朝中期一代名将。明中叶，边军多是防御，不敢出塞与“北虏”一战。王越在威宁海和红盐池之战中，吊打蒙古军。如此军功，也为王越换来威宁伯的封爵。他为了实现自己的抱负，曾经结交太监汪直。随着汪直的失势，王越也受到牵连，被罢黜回家。

明孝宗继位后，王越被重新起用，他宝刀不老，取得了贺兰山大捷。然而，在他事业的顶峰之后，却是悲剧的结局。太监李广畏罪自杀后，王越被视作李广一党而遭到朝臣的弹劾。

也许此刻满口“仁义道德”的文人士大夫们，忘记了成化朝名声不错的文官商辂，也曾经为宦官钱能母亲写墓志铭，兵部尚书余子俊也曾经厚颜无耻地称赞太监王高是当代圣人……其实在明代，宦官是政治体系上不可缺少的一环，想做点实事，有时候不得不结交宦官，即使名相如张居正，亦不能免。

王越被弹劾，心理压力很大，最终郁郁而终，舆论又杀了一代名将！

不管古今，舆论都可以杀人。多一些宽容，少一些指责，某些悲剧也许可以避免。

中国历史上的纷乱与战争给百姓造成了极大的痛苦，这些战争也改变着历史的进程。血与火的考验，在有力地拷问着人性。漫天的战火中，一幕幕或悲或喜的历史话剧一直在上演。

辑五
帘子背后的奇葩事

历史的真相扑朔迷离，让人难以捉摸。但是只要我们做一个有心人，寻找各种史料，总能或多或少发现一些线索。那就让我们掀开历史的帘子，探寻背后一幕幕的奇葩往事吧！

导演空城计的不是诸葛亮，而是赵云

一部流传千古的《三国演义》，后半部分最大的看点就是诸葛亮。在罗贯中的笔下，他无疑成为智慧的化身，上知天文、下知地理，文治武功无所不能，甚至能掐会算，连自己的寿命都可以预测。拿鲁迅先生的话说，诸葛亮是多智而近妖了！

诸葛亮北伐中原是演义中的一个亮点。其中第一次北伐就上演了失街亭、空城计、斩马谡三场大戏。历代戏曲或者影视作品中，这几段也经常作为重头戏上演，屡屡博得观众们的喝彩。

在小说中，因为马谡的失误，丢失了街亭。魏军统帅司马懿乘机率领大兵长驱直入，杀向了西城。此时，西城城内只有老弱残兵，根本无力阻挡魏国虎狼之师。眼看得这样下去，诸葛丞相就要沦为魏军阶下囚。

关键时刻，诸葛亮使出空城计。城门大开，自己却悠闲地在城头弹琴。司马懿不愧为“司马疑”，疑心孔明城内有埋伏，大军抵达城下，却惊慌撤退。

空城计的故事由此千古流传，成为诸葛亮军事智慧的一个重要例证。实则，在三国历史上，确实有人导演过空城计，但不是诸葛孔明，而是“一身是胆”的赵云赵子龙！

汉建安二十四年（219年），刘备和曹操之间为了争夺汉中这一战略要地，展开激战。

曹军将领夏侯渊被刘备军斩杀。曹操为了争夺汉中，挥兵大举南下。当时曹军远道而来，在北山之下运送粮米。黄忠带兵想要截取曹军军粮。

黄忠大军出发，却迟迟不归。赵云担心老将军有失，连忙带上数十名骑兵出营探视消息。

半路上碰巧遇到了曹军前锋，赵云刚与他们交锋，曹军大部队就赶到了，赵云等人只好且战且退。赵云陷入敌阵，激战之中，还救回了受伤的将领。曹军追击赵云等人到了赵云军营之外。

此时，赵云手下部将张翼主张关闭营门，死死固守。赵云入营后，却下令大开营门，而且偃旗息鼓。

曹操领军杀到营前，他眼看得赵云营中静寂无声，也不见一兵一卒，心生疑虑。曹操用兵向来多疑。他怀疑是赵云诱敌之计，下令曹军不得入营。

正在此时，赵云下令军士们擂鼓呐喊，喊杀声惊天动地，同时，无数只箭镞如雨点般射向了曹军阵中。曹军大乱，自相践踏，无数人跌入汉水溺亡。

第二天，刘备来到了赵云营中。观看了昨日激战之处，他不禁发出感慨："子龙一身是胆！"

刘备下令军中盛摆宴筵，为赵云庆功，军中都盛赞赵云为虎威将军。

赵云作为一位有勇有谋的智将，确实为蜀汉政权添彩不少。

一碗鼋汤，一句玩笑，一条人命

公元前 7 世纪初叶，南方楚国正值春秋五霸中的楚庄王在位中期。楚国在北方最铁的哥们儿郑国换国君了，郑穆公薨，其子姬夷继位，是为郑灵公。

听说郑灵公继位，楚庄王送出了一只象征吉祥的大鼋表示祝贺。郑灵公初立，就接到了南方霸主送来的礼物，自然心中欣喜万分。此鼋在郑国比较罕见，长得又肥又大，爱好美食的郑灵公突发灵感：如果把这只鼋烹煮做成羹肯定很美味。当然了，作为国君，肯定不能吃独食，要与臣同乐，一起分享。

郑灵公一声令下，御厨开始动手杀鼋煲汤。搁下御厨们如何煮汤不表，话说此刻，郑灵公手下两名重臣公子宋和公子归生正往宫中赶来，他们有事求见国君。走在半道上，公子宋右手食指突然没来由地抖动了起来。原来公子宋自称每次食指大动，就会享受到超级美味，看来今天要大快朵颐了！

公子归生却不相信，还跟他打赌说必然无此事。

二人进宫之后，果然看到郑灵公眼前摆着一碗香喷喷的鼋汤。接着，大臣们陆续到达，他们都接到了国君的通知来一起品尝美食。此刻，公子宋用得意的眼神看着公子归生，笑出了声。郑灵公看在眼里，好奇地问二人怎么回事。二人说出了入宫之前的谈话，郑灵公不但是个美食爱好者，内心还装着个调皮孩子的逗乐之趣。他决定戏耍公子宋一番，偏偏不让他的预言成真。

于是乎，接下来，每个来到的大臣都分到了一碗鼋汤。大家津津有味地品尝着，赞不绝口："呀，这真是人间美味啊！""这汤，真是人间极品！"

汤分得很快，到了只有最后一碗的时候，还剩下两个人没分到，那就是公子宋和公子归生。郑灵公一脸坏笑，看着二人说："我看这碗就给公子归生喝吧。公子宋你没意见吧？"公子归生听了这话，抢先一步拿到那碗鼋汤，咕咚咕咚，一口气喝了个底朝天。此刻，公子宋面红耳赤，如果有个地洞，他都恨不得钻进去。当着满朝大臣的面，他跟公子归生夸下海口打赌的事情，大家都知道了。国君这不是故意为难人，看人笑话吗？

郑灵公看到公子宋尴尬的样子，还火上浇油："呀，公子宋，你的食指好像这次不灵了啊。看来，能不能喝到鼋汤还是寡人说了算的。”

出乎所有人的意料，受刺激的公子宋一下冲到了郑灵公面前，把手指伸入国君面前那碗鼋汤里面一搅。然后，他把手指吮吸了一下，得意地朝郑灵公说：“我的手指还是准的！”

此刻，换成了郑灵公脸色异常难看。身为大臣，胆敢在大庭广众之下染指国君的食物，触犯国君的权威。老虎不发威，你当我是病猫啊！郑灵公一声怒吼：“寡人不杀公子宋，就不姓姬了！”

大臣们一看开玩笑要酿成流血事件了，赶紧来劝说国君，郑灵公才暂时压下了火气。事后，公子归生也劝说公子宋消消气。没有想到公子宋竟然跟他说了自己的打算，他要弑君！公子归生对他这个想法竟然没有表示反对，假装糊涂，做了和事佬。

一个月黑风高的夜晚，郑灵公在郊外夜宿。次日，大臣们发现郑灵公已经变成了一具冰冷的尸体。公子宋果然弑君了。

一碗鼋汤，一场玩笑，竟然导致了一场弑君惨案，这在春秋乱世也不是怪事了。只不过，惨案的背后，有很多道理值得人们思考：作为国君，郑灵公不应该在大庭广众之下调戏大臣；作为大臣，也不能因一句玩笑杀害国君；作为好朋友，应该在矛盾冲突双方之间做好有效的调解工作。如果三方都能冷静理智地处理此事，惨案本不会发生。

唐中期的荒唐一幕：染匠造反事件

那是一个荒唐的时代，有荒唐的皇帝、荒唐的政局，更有一个荒唐的算命先生算了一个荒唐卦，忽悠一个染匠演出了一次荒唐造反闹剧！

话说那是唐敬宗时期，大唐王朝早已走过了它的辉煌时代，此刻如一个步履蹒跚的老年人，正拖着多病的身体迎接更加严峻的挑战。在最需要明君的时代，不幸的唐帝国却迎来了一位游乐顽童君临天下。唐敬宗李湛 16 岁继位，面临内部藩镇、外部番邦等复杂棘手的问题，但他毫不在意，只喜欢玩。

唐敬宗继位第二个月就开始荒废政事，连续两天打马球，第三天在宫中大摆筵席宴请群臣。有一次日上三竿他还不上朝，早早赶到的大臣们等待时间过长，以至于有些年老体弱的大臣都晕倒了。虽然唐敬宗对随后左拾遗刘栖楚的叩头流血直谏感动不已，但是事后依然我行我素，打马球，饮宴，捕夜狐……终于在这个荒唐皇帝的荒唐胡闹下，引出了那场荒唐造反事件。

长庆四年（824年）四月的一天夜晚，都城长安的一家酒店内，算命先生苏玄明正在神秘兮兮地附耳跟一个人说着什么：

“知道吗，昨天晚上我给你算了一卦。”

“卦上怎么说？”那人急问。

苏玄明不言，先到门外看四下无人，然后关紧门窗，转而压低声音说：“你老张要当皇帝了！昨天我卦象显示你会坐上皇帝御座，我俩一起享用皇帝御膳，饮用玉液琼浆，一醉方休。”

那个被唤作老张的人是宫营染署役夫张韶。这个染署专门制作并供给宫廷印染的丝织品，说白了，张韶就是个染布匠。

他闻听苏玄明之言，吓了一跳，赶紧捂住算命先生的嘴，战战兢兢地说：“你不想活了啊，老苏！这可是掉脑袋的事，不能乱说。”苏玄明看看张韶，微微一笑道：“老兄你不了解朝廷之事啊。现今天子年幼无知，只知道玩乐，登基才三个多月，就闹得天怒人怨，这正是绝佳的机会！”张韶被苏玄明的三寸不烂之舌忽悠得将信将疑，于是在昏暗的烛光下策划起事方案……

按照唐宫的规制，染织需要在宫内染署进行，但是染材要从外面运入。张韶经常负责染材的运送，因此跟皇宫很多门卫混得很熟。张韶和苏玄明游说其他染工，许诺说，如果占领皇宫，他们就会有享用不尽的荣华富贵。在苏玄明的忽悠和富贵的诱惑下，一些染工，还有一些街头小混混加入进来，就这样成功地拼凑起一支一百多人的造反队伍。

计划开始实施！

这一天苏玄明和张韶把参与起事的染工和兵器藏在运送染材紫草的数辆大车里面，打算从右银台门进入皇宫。但车刚刚顺利进入宫门，就有一个细心的门卫发现了问题。以往运送染材的车子车轮都没有巨大响声，而这一次却响声巨大，这显示车上运载的东西的重量超出太多。车上不单单是紫草！醒悟过来的门卫大喊“停下”！慌乱之中，张韶拔刀砍死一名门卫，同时车上的同伴一起动手，手持兵器冲下车来，边喊边杀，竟然一直冲到了大明宫的清思殿。

此刻16岁的唐敬宗正在清思殿打马球呢。听到了外间喊声大作，他情知有变，急忙逃往左神策军避难。

唐敬宗仓皇出逃，在殿内留下一大桌子御宴饭菜还没来得及吃。张韶和苏玄明率众杀入大殿，眼见这么多美食佳肴，顿时挪不动腿了，一百多号人干脆坐在殿内吃起来。

张韶得意扬扬地坐上皇座，他对算命先生说：“老苏，你的卦真灵啊！”二人相视大笑，然后甩开腮帮子，胡吃海喝。酒喝到一半，忽然苏玄明一拍大腿，说道：“难道我们造反就是为了吃顿饭吗？”

“那下一步呢？官军杀过来怎么办？”张韶也醒过味来，嘴里的饭菜全喷出来。

身处大殿之上，巨大的恐惧袭上二人心头。

此时，反应过来的神策军正在中尉马存亮的调度下气势汹汹地杀过来，瞬间已到殿前，那一百多位染工和无赖（反正已吃饱了），在张、苏二人的指挥下，拿起兵器拼死抵抗，最终寡不敌众，全部被杀。虽说大事没办好，但享用了一回皇帝的美食，倒也死而无憾了！

这场荒唐的叛乱被荒唐皇帝镇压了。一个算命先生和一个染布匠秉承着过把瘾就死的娱乐精神，给漫长的中国历史留下了一段小插曲。荒唐皇帝唐敬宗经过此次事变后，依然我行我素。他也秉承着娱乐到死的精神，最终死于宦官之手。

十七弱女子拼死也要杀皇帝

嘉靖二十一年（1542 年）某日，皇帝寝宫乾清宫。

嘉靖皇帝朱厚熜刚刚召幸了他的宠妃曹端妃，有些疲倦的他已经沉沉睡下，渐渐响起鼾声。曹端妃见状，轻手轻脚、小心翼翼地帮皇帝盖好被子，然后去内室洗漱了。偌大的寝宫，只有皇帝一人在酣睡。

正在此时，有十几个黑影一闪，快速走入寝宫。黑暗之中，一名宫女把一条用从细料仪仗上取下的丝花绳揉搓而成的大粗绳，递给了另一名宫女，她的手颤抖不已，在旁人的催促下，她才颤抖着双手把绳子系成了一个套，然后套在了皇帝脖子上。众多宫女一起动手，有蒙住脸的，有扯绳套的，有掐脖子的，有按住胸的，有按住身子的，有压住双手的，有按住双腿的……

当时在场谋杀皇帝的，一共十六个宫女。细心的看官已经发现了，这跟题目不符，不是十七个吗？别急，听我慢慢道来——

这十六人这么一折腾，惊醒了熟睡中的朱厚熜，他想喊，脖子却被套住了，怎么也喊不出来。他想反抗，手、脚、胸……整个身体都被宫女死死按住，动弹不得。但是求生的本能，还是让他用尽全身力气不停地挣扎。宫女再多，毕竟也都是柔弱的女子，禁不住他一个男人的奋力挣扎。

“怎么还没有死？”一个宫女开始大汗直冒，她害怕了，难道万岁爷真是天上来的，杀不死？这名叫张金莲的宫女动摇了，她害怕了，万一杀不死万岁爷，弄出动静来，我们都要死！不行，我得自首去，兴许有一丝活下来的希望。于是她乘其他十五个同伴在全力对付朱厚熜的时候，偷偷溜出寝宫，快步朝方皇后宫中跑去。

接到报告的方皇后大吃一惊，一刻也不敢耽误，火速带人赶到了出事地点。寝宫里面漆黑一片，隐约中方皇后看到一群宫女正按住皇帝，欲行弑君。方皇后欲解救皇帝，混乱之中，还被一个宫女姚淑翠打了一拳。多亏宫女陈芙蓉叫来了管事牌子（是管事的宦官），才把这些宫女全部制服。

事后才发现，因为宫女杨金英的慌乱，把绳子打成了死结，皇帝才侥幸躲过了一劫。尽管如此，受到极度的惊吓，再加上挣扎之时，身上受了很多伤，朱厚熜昏迷不醒，危在旦夕。

一开始，御医们束手无策，多亏了太医院使许绅用猛药才让朱厚熜苏醒过来。但是许绅却因此承受了巨大的心理压力，导致了自己重病不治而亡。

皇帝昏迷之际，方皇后主持宫中事务。抢救皇帝之外，第一要务是审问妄图弑君的宫女。因为事涉宫闱，不能交给刑部审问，于是一切事情由司礼监全权处理。经过严刑拷打，这群宫女招认了，说本月十九日，王宁嫔和曹端妃在东稍间点灯的时候，曾经商量说："咱们下了手吧，强过死在皇帝手里！"也就是谋杀事件的主使人是王宁嫔和曹端妃。简单审问之后，方皇后以还在昏迷之中的朱厚熜的名义下旨：这十六名弑君的宫女外加曹端妃、王宁嫔两个主使，不分首犯从犯，一起凌迟处死。他们的家人由锦衣卫查办，参与谋弑者依律处决，家产充公。

在方皇后的严令之下，十六名谋弑的宫女包括中途告密的张金莲一起被押赴西市，凌迟处死后斩首示众。《万历野获编》记载下了她们的名字：杨金英、杨莲香、苏川药、姚淑翠、邢翠莲、刘妙莲、关梅香、黄秀莲、黄玉莲、尹翠香、王槐香、张金莲、徐秋花、张春景、邓金香、陈菊花。而“首犯”王宁嫔和曹端妃毕竟是皇帝的嫔妃，不便公开处决，她们二人则被押到皇宫一个僻静的角落凌迟处死。

这件宫女谋弑的大案乃是亘古未有之事，因为审问的过程也比较隐秘，留下的文字记载很少，也给了后人以很大的想象空间，究竟是怎样一种仇恨让十几个弱女子一门心思要杀了身为皇帝的朱厚熜？

我们从片言只语的历史记载之中，还是可以推测出比较接近真相的结论。

事发之前，皇帝朱厚熜曾经让宫女杨金莲和邢翠莲等人负责养一个“五色神龟”。这其实并不是什么神龟，而是大臣赵文华为了讨好皇帝，故意涂抹了五种颜色在乌龟身上，说是神龟下凡。极端崇信道教的朱厚熜，对祥瑞之物是非常膜拜的。他对此龟是神龟深信不疑。只可惜，那龟娇气，不知怎么就养死了。惊恐之下的杨金莲等人害怕受到责罚，于是赶紧找到了王宁嫔。

王宁嫔一开始非常受嘉靖皇帝的宠爱，但是后来嘉靖又喜欢上了曹端妃。眼见得皇帝的宠爱被他人夺走，王宁嫔在皇帝面前也经常流露出抱怨之情，还背地里骂曹端妃是狐媚之女，迷惑了皇帝。这些话传到了皇帝耳朵里，嘉靖一追查，原来是王宁嫔所为，于是大怒，派人责打了王宁嫔。王宁嫔一想到嘉靖皇帝对待他身边女人的态度就不寒而栗，比如前面两个皇后——陈皇后和张皇后，陈皇后仅仅因为一件小事惹怒了皇帝就被训斥，惊悸而死，继任的张皇后则是因为替张太后的兄弟说情而被皇帝亲自鞭打。王宁嫔想到自己只是个嫔，而贵如皇后都是那样的下场，这番得罪了皇帝，肯定下场极惨，她又想到了曹端妃在皇帝面前的专宠。她暗下决心，就算自己没有好下场，也要拉个垫背的。

被责打之后的王宁嫔也曾经被罚做苦役，她认识了宫女杨金英和邢翠莲等人，在一起服役之时，有时候也无话不谈，建立了友谊。恰好此时，杨金英和邢翠莲等人因为养死了"神龟"找她来想办法，于是她干脆出主意，让她们再找些人来，一起找机会杀了皇帝，最好是乘着皇帝临幸曹端妃那天，然后嫁祸给曹端妃，把仇家消灭。于是杨金英和邢翠莲又找到了一些负责采露水的宫女一起参与这次行动。嘉靖听信道士的说法，清晨的露水可以做引子，来帮助服用丹药，往往效果会更好。但是长年累月的辛劳，让早起采露水的宫女苦不堪言。她们心中早就充满了对皇帝的怨恨。至于为什么要杀皇帝，就王宁嫔来说，她对翻脸无情的皇帝朱厚熜已经是恨入骨髓，一个女人的由爱生恨促使她下了杀心；对于因犯了错而担心受到责罚的宫女们来说，杀了皇帝然后嫁祸曹端妃，说不定还有一线生机。

就是抱着这样的想法，王宁嫔事先打听好了，那天嘉靖要召幸曹端妃。于是一个杀人计划就此实施了。但是没有想到的是根本没有接受过任何杀人训练的宫女们忙中出错，再加上张金莲的中途叛变，整个计划失败。不但如此，经不住严刑拷打的宫女们把王宁嫔和曹端妃一起招了出来。

事情自始至终都没有曹端妃的参与，但是一个关键人物看到案宗后却灵机一动，把她也拉入了鬼门关。这个人就是方皇后，方皇后对曹端妃的专宠也早看不惯了，正好可以借此机会除掉她。于是她“借力打力”，把曹端妃一起划入了谋逆者的名单，曹端妃在受刑之时不断喊冤，方皇后却在暗自冷笑……

整个事件的情况就是如此，所以我们题目说到是十七个弱女子要嘉靖的命，这里加上了主谋王宁嫔。苏醒过来的嘉靖听说了曹端妃也是主谋，非常惊讶。事后他还是怀疑，找来心腹太监张佐查了案宗，发现了很多疑点。他慢慢体悟到是方皇后冤杀了爱妃。他开始记恨方皇后了，但是毕竟她救了他的命，他也不好表现得太明显。

五年之后，皇后的寝宫起火，左右之人提醒皇帝赶紧救火，朱厚熜却冷笑不止，没有任何行动。事后，人们发现方皇后已经被烧死。嘉靖这才算吐了一口恶气，他终于可以告慰爱妃了。

让“江南第一才子”魂牵梦萦的奇女子原来是她

相思两地望迢迢，清泪临门落布袍。
杨柳晓烟情绪乱，梨花暮雨梦魂销。
云笼楚馆虚金屋，凤入巫山奏玉箫。
明日河桥重回首，月明千里故人遥。

这首诗的作者正是被人称作“江南第一才子”的唐伯虎。大家可能要问了，这首诗是写给谁的？从诗中看，有这样一个女子，让唐大才子进门之时突然想到了她，落泪沾湿布袍，梦里对其魂牵梦萦，期待与她重相聚。

受民间传说和戏曲的影响，很多人可能马上想到，这个女子莫非就是《唐伯虎点秋香》里面的秋香姐？但是笔者很遗憾地告诉大家，“唐伯虎点秋香”本来就是一出民间传说，据专家考证，秋香虽有其人，但是比唐伯虎年长十几岁，唐伯虎也断断不是那痴情的成化天子朱见深，会爱上一个比自己年长得多的女人。

唐伯虎，名寅，以诗、书、画三绝著称于世。他的感情生活其实没那么多浪漫，相反充满坎坷。唐伯虎一生共有三任妻子。第一任妻子徐氏乃苏州名门之女，曾经为他生下一女一子。但是唐伯虎 24 岁时，家中发生了一场重大变故。他的父母相继病故，妻子徐氏随后病亡，年幼的儿子也一起夭折。目送 4 位至亲之人的离去，唐伯虎痛断肝肠。

唐伯虎强打精神，在 29 岁那年高中乡试解元（按：解元就是省级考试的第一名），风光的他在同年迎娶了自己的第二任妻子何氏。何氏虽然貌不惊人，却也是持家能手，把唐家打理得井井有条。第二年他踌躇满志，准备入京参加会试。唐伯虎信心满满，觉得凭借他的才华一举拿下状元都不是难事，只可惜后来他人生中最大的一次挫折也恰恰缘于这种自信。

唐伯虎赴京赶考之前，妻子何氏和唐伯虎的好友祝允明在长亭为他饯行。跟随着祝允明一起来的还有两位青楼女子，一位轻展歌喉，宛若娇莺；一位以琵琶伴奏，恰似天籁。唱吴歌的那位女子不但美貌惊人，清丽脱俗，那歌声更是余音绕梁，让人回味无穷。唐伯虎陶醉其中，深深为她的歌声所吸引。彼时他岂能逆料，那女子将是他今生的最爱——沈九娘！

进京赶考的唐伯虎命运不佳，陷入了“科场舞弊案”，本来极有希望高中进士的他，被贬为小吏。胸中满腹才华无处施展，十年寒窗苦读一朝全休。那滋味对于旷世奇才唐伯虎来说，真个是生不如死！

唐伯虎身心疲惫地回到家里，又一个打击随之而来。他的妻子何氏一改往日的贤淑，对唐伯虎冷眼相待，非但没有半句好言安慰，反而留下一句话“若待夫妻重相聚，除非金榜题名时”，收拾行装回了娘家，这等于说她主动休了唐伯虎。

第二次婚姻的破灭、科场的失利，这一系列的打击让唐伯虎开始变得消极颓废。每日混迹于花街柳巷，醉生梦死，放浪不羁的他就此沉沦。如果这样下去，唐伯虎的一生就真的毁了。可是冥冥之中自有天意，恰在此时，跟他有一面之缘的沈九娘又出现在他的生命里。通过深入的交往，唐伯虎和沈九娘互生情愫。在唐伯虎最穷困潦倒的时候，沈九娘用她的温情抚慰他那颗支离破碎的心。每当唐伯虎打算作画之时，九娘就会把自己的妆阁打扫得一尘不染，同时为他研墨、铺纸、调色。唐伯虎很多画中的人物都是以沈九娘为模特而作。沈九娘还拿出自己的积蓄支持唐伯虎的艺术创作。

在爱情滋润中的唐伯虎一改往日的放浪形骸，开始专心进行艺术创作，他的很多传世名画都是在这一时期创作的。唐伯虎决定不顾世俗的眼光，要迎娶这个青楼女子作为自己的终身伴侣。弘治十八年（1505 年），苏州知府王鏊亲自主持了唐伯虎与沈九娘的婚礼。婚后，二人搬到了新修好的桃花庵中居住。不久二人有了爱情的结晶——他们的女儿唐桃笙。沈九娘全心操持家务，唐伯虎则一心扑在了书画创作上。唐伯虎名声在外，他的书画都能热卖，凭卖画的收入，一家人的小日子也算过得比较滋润。唐伯虎为妻子写诗一首："……镜里形骸春共老，灯前夫妇月同圆。万场快乐千场醉，世上闲人地上仙。"这真的是让人羡慕的一对"神仙眷侣"。

可是天有不测风云。明武宗正德四年（1509 年），苏州发生水灾。大灾之中自然没有几个人再有闲情逸致去买画。以卖画作为谋生手段的唐家算是断了经济来源。穷困之中，唐家甚至连柴米钱都拿不出来了。全家人的日子只能靠沈九娘苦心维持着。在巨大的压力和过度劳累之下，沈九娘积劳成疾，一病不起。来看诊的医生看到她的病情，只是摇头叹息。唐伯虎痛哭着哀求医生救爱妻一命，医生也只能开一些药物维持她的生命。

唐伯虎没有任何心情再继续自己的艺术创作了，他在床前照顾自己的妻子，只希望奇迹出现，她有朝一日可以康复。可是命运总是那么无情，离别的日子还是来到了。这一天是严寒的冬日，屋外雪花飞舞，地上已经是白雪皑皑。弥留之际的沈九娘紧紧握住丈夫唐伯虎的手，深情地望着他说："蒙相公今生不弃，给了九娘一个幸福的家，如今九娘就要走了，只希望相公珍爱自己，好好作画，不要想念九娘。相公，我舍不得你……"随后紧握唐伯虎的那双手开始变得冰冷，九娘已然阖目而逝。唐伯虎泣不成声。人世间痛苦的事莫过于在最艰苦的时候遇到了真心爱人，但是她却不能陪自己到老。

之后，唐伯虎再也没有续弦，他一人带着幼小的女儿唐桃笙生活，再艰难他也要把桃笙抚养成人，因为那是九娘跟他留在世间的唯一骨血。一代才子的感情生活并不顺利，最后一个妻子沈九娘虽然出身青楼，却恰恰是三任妻子之中对他用情最深的，对他而言，沈九娘也是他最深爱的女人。

在中秋月圆之夜，唐伯虎独自一人来到了那座小桥之上，往年此日，他都会跟九娘在桥上一起赏月。如今已是物是人非，天人永隔了。他独自抬头望着那天上的明月，泪水夺眶而出，"月圆团圆夜，挚爱的你却已不在我身边，只留我孤单一人在这人世间。九娘你在遥远的天际还好吗？就托明月带去我的思念，我只有在孤单的夜，沉沉睡梦中才能与你相聚，梦醒时分只有泪水还在诉说我的思念……”

白袍战神薛仁贵折戟大非川

大唐帝国自开创以来，武力强盛，兵锋所及，四海宾服。在历次征战中，唐帝国涌现出了一代代威震古今的名将：李靖、李勣、苏定方、侯君集、刘仁轨……

尽管取得了一连串的胜利，唐太宗李世民仍然不满足，他要完成高祖没有完成的伟业，那就是征服高句丽！贞观十九年（645年）六月，唐军前锋直抵高句丽安市。高句丽大将莫离支派军25万依山驻军，对抗唐军。两军交战之际，李世民站在高岗上举目远眺。只见万马军中，一员小将身着白袍，手持戟枪，一马当先带领唐军杀入敌阵。这位小将勇不可当，阻拦他的高句丽士兵倒下一片，一番血战之后，白袍被鲜血染成了红袍！此时的李世民感叹不已，不成想大唐军中有如此好男儿，赛过那百骑闯营的甘兴霸，更似那长坂坡七进七出的赵子龙！战后，李世民接见了这位白袍小将，得知其名叫薛礼，字仁贵。李世民爱惜不已，当即提拔他为游击将军、云泉府果毅。

薛仁贵在此战中一战成名。高宗永徽年间，突发山洪，洪水眼看要淹及皇宫，关键时刻，薛仁贵登高大喊，宫内人得到警报，才得以及时撤离，李治一直感激薛仁贵的这次救命之恩。

薛仁贵奉命于龙朔年间赶赴天山征伐九姓铁勒部。在阵前，薛仁贵连发三箭射毙对方三人，敌军慑于薛仁贵的虎威，纷纷下马请降。唐军中传唱:“将军三箭定天山，壮士长歌入汉关。”乾封年间，薛仁贵跟随李勣攻灭了高句丽，一举拿下了这个从隋文帝时代起，连续两朝四位皇帝对之都无可奈何的强硬对手。薛仁贵一生的功业达到了顶峰。

处于事业巅峰的薛仁贵没有想到，随着大唐西南边陲一个强势政权的崛起，自己很快就要面对平生最强大的对手！

几乎与大唐帝国崛起同时，在白雪皑皑的雪域高原，一个强大的政权正在悄然发展壮大。经过“天赤七王”与“上丁二王”等数位赞普的励精图治，吐蕃又迎来了自己的一代英主松赞干布。他继位后，迅速平定了象雄、工布、苏毗等部落的叛乱，接下来他把扩张的目光盯向了东方。贞观十二年(638 年)，松赞干布试探性地进军大唐的松州，“龙”与“牦牛”的第一次正面较量开始了。李世民命侯君集为当弥道行营大总管，右领军大将军执失思力为白兰道行军总管，左武卫将军牛进达为阔水道行军总管，右领军将军刘兰为洮河道行军总管，率步骑 5 万迎战。牛进达带领他的先遣部队，完美演绎了什么叫作“杀鸡焉用牛刀”，根本不用侯君集这样重量级的战神出手，就打得吐蕃军大败而归。松赞干布很识趣地率部退出党项、白兰羌及青海地区，遣使谢罪，并且再一次请求跟大唐通婚。战败的松赞干布很明白，现在吐蕃还不是大唐的对手，只能积蓄力量，等待机会。

之后，唐太宗李世民面见了吐蕃方面派来的求婚大使禄东赞，答应将宗室之女文成公主嫁给松赞干布，双方上演了一段唐蕃友好的千古佳话。文成公主到达逻娑（今西藏拉萨），她将大唐先进的医学书籍、文化典籍和丝绸、瓷器等也带到了吐蕃。文成公主带到吐蕃的先进汉文化促进了吐蕃社会经济的全面发展，这一段时间也是唐蕃蜜月期。

贞观二十三年（649 年），李世民病故，松赞干布还上书新帝李治说要为大唐讨伐不服的番邦。次年，松赞干布病故，因其子共日共赞早逝，遂由孙芒松芒赞嗣位，大相禄东赞摄政。由于赞普芒松芒赞年幼，吐蕃实际大权掌握在禄东赞手中。显庆三年（658 年），吐蕃派使者前往长安，替芒松芒赞求婚，可是唐朝方面这次却没有答应。碍于之前的友好关系，禄东赞隐忍不发，可是这件事给唐蕃关系蒙上了一层阴影。

经过几年的积蓄力量，吐蕃的实力已经今非昔比。禄东赞打算拿吐谷浑开刀了。吐谷浑是位于今青海境内的一个政权，它的位置正好处于大唐与吐蕃之间，是一个非常敏感的缓冲地带。龙朔三年（663 年），吐蕃开始发难，屡次侵入吐谷浑领土，滋扰一番后便回去。而此时的大唐对吐谷浑的求救却置之不理。在吐蕃军队的强大攻势下，吐谷浑可汗慕容诺曷钵被迫带领部众弃国而逃，投奔到了大唐的凉州，吐谷浑亡国。

吐蕃终于露出了它锋利的獠牙。吐谷浑的亡国使得凉州和河西走廊一带直接暴露在吐蕃大军面前，西域和中原的联系也时刻面临被切断的危险。此刻的大唐帝国被迫开始重新打量吐蕃，这个一直以来被瞧不起的西南落后番邦。唐高宗李治任命凉州都督郑仁泰、左武卫大将军苏定方为青海道行军大总管和安集大使，加强凉州一带的防御，随时准备迎击犯境的吐蕃军队。面对大唐重兵守边，禄东赞这一次选择了认错，并且再一次向大唐求亲。李治的反应是命令使者去吐蕃训斥，要求他们归还吐谷浑故地，并再一次驳回他们的和亲请求。禄东赞当然不会轻易把到嘴的肥肉吐出来，他对此置之不理。

唐蕃双方的矛盾越来越深，这一次西域地区成为引发双方战争的火药桶。在苏定方灭掉西突厥后，唐朝在西域设置了安西四镇（龟兹、于阗、焉耆、疏勒）。吐蕃方面，自乾封二年（667 年）禄东赞病死之后，其长子钦陵掌握了吐蕃军政大权，他是一名军事天才，在他的带领下，吐蕃军队的实力比禄东赞时期还要强大得多。经过几年的准备后，咸亨元年（670 年）四月，吐蕃在西域展开大规模的军事行动，攻占了唐在西域所设的 18 个羁縻州县。随后，吐蕃攻占安西四镇，唐朝不得不罢弃了安西都护府的设置，吐蕃第一次在西域取得了重大成功。

形势对大唐已经很不利了，吐谷浑被占领、西域丢失，这些大唐赖以与吐蕃对峙的缓冲地带丢失殆尽，下一步吐蕃的攻击目标就是中原了！为了确保大唐的利益，必须夺回吐谷浑和西域。唐帝国果断亮剑，唐高宗以右威卫大将军薛仁贵为逻娑道行军大总管，以左卫员外大将军阿史那道真、左卫将军郭待封为副总管，以“护吐谷浑还国”为名，率约 10 万唐军攻击吐蕃。唐帝国方面这次下定了决心要一举拿下吐蕃，从主帅薛仁贵的封官逻娑道行军大总管就可以看出唐帝国的坚定决心了。

唐帝国对胜利势在必得。此番吐蕃大举入侵西域，唐朝方面判断吐蕃国内必然空虚。薛仁贵只需拿下吐谷浑，便可以切断吐蕃与西域四镇的联系，进可直捣逻娑，退可与镇守安西的唐将会合夺回龟兹、疏勒、于阗、焉耆。唐帝国先前已遣大将阿史那忠在西域领玉河军，救援于阗。在薛仁贵出兵的同时，唐以西突厥领袖阿史那道真为左骁卫大将军兼匐延都督，以牵制吐蕃在西域的兵力，兵法上所说的“围魏救赵”即将在这一战中得到完美体现。

对于薛仁贵来说，他是第一次担任全军主帅，独挑大梁，如果能一举击败吐蕃，甚至灭亡吐蕃，他的名字就跟李靖、李勣、苏定方等老前辈一起为世人所传扬，并成为大唐新一代领军人物。肩负着大唐帝国重任的薛仁贵明白，成败在此一战！薛仁贵深知吐蕃兵多将广，战力强悍，唐军唯有速战速决，方能取胜。因此，他率兵昼夜兼程，取道鄯州（今青海乐都），抵达吐谷浑要塞——大非川（今青海共和县西南切吉草原）。薛仁贵的下一个目标就是乌海（今喀拉湖）城，但此地地形险远，带上辎重会严重影响行军速度，因此他留副将郭待封率两万后军于易守难攻的大非岭上构筑防线。薛仁贵的战略计划是，将唐军的粮草辎重放在大非岭的工事里，待他率主力夺取乌海城后，郭待封留下少量部队守卫大非岭，随后跟进，两路人马合军一处，必能击败敌军。在临行之前，他反复叮嘱郭待封要按计划行事。随后，薛仁贵率前军于河口（今青海玛多）击败吐蕃军先锋部队，占领了乌海城，计划取得了初步胜利，现在只待郭待封所部随后跟进了。

薛仁贵计划好了一切，就是没有想到问题会出在郭待封身上。郭待封出身于将门世家，他父亲是唐太宗时代的名将郭孝恪。而薛仁贵只是平民出身，在唐初人们仍然重视门第出身，出身豪门的郭待封自然看不起薛仁贵。他不服薛仁贵。在薛仁贵先行进军之后，他违反了薛仁贵让他持重保护辎重的安排，没有把众多粮草等物资留在大非川，而是全部带着向乌海挺进。郭待封没有想到的是，半路上他遇到了吐蕃主力大军，而且是20万人！人数上一比十的对比，唐军自然不是对手，郭待封丢弃了全部辎重，带军狼狈逃窜。

这时候的薛仁贵还在日夜翘首期盼着郭待封，不想等来的却是一连串的噩耗：郭待封违令不遵，行军缓慢；遭遇敌军，大败，粮草辎重尽失……最后，他等来了吐蕃大军。

这一次吐蕃战神级人物钦陵亲自带领40万大军来战，他将大非川围了个水泄不通。现在的薛仁贵已经身陷绝境，辎重全丢，而且无险可守。8万唐军面对5倍于己的敌军，只能孤注一掷，拼死一搏，这样或许还有生路。接下来对战中，唐蕃战争史上悲壮的一幕上演了。本来已经被高原反应所困扰的唐军，还要忍饥挨饿，强打精神，手持刀剑对战士气正盛的吐蕃大军。吐蕃军本来就战斗力强悍，这一次大非川更成了他们表演的舞台。只见空旷的战场之上，唐军战士和吐蕃勇士杀作一团。双方的士兵们都杀红了眼睛。兵器碰撞的声音，不时夹杂着刀剑砍断骨骼的清脆声响，哀号声、哭喊声、叫骂声、战马嘶鸣声汇集在了一起，惨烈的战争在这里上演，鲜血染红了大非川，双方士兵尸体堆积如山。这一战对唐军来说是惨烈的，8万唐军加上之前郭待封损失的2万军队，共10万唐军血洒高原。“可怜无定河边骨，犹是春闺梦里人”，10万唐军热血男儿殒命疆场，这是唐帝国自建立以来最惨重的失败！

此战中，薛仁贵、郭待封和阿史那道真勉强逃脱。面对已经无力挽回的败局，他们只能前往钦陵的大营请求停战。钦陵很爽快地答应了他们的请和要求。他们商定：大非川由吐蕃军控制；吐蕃方面释放所有被俘唐军，并提供必要的饮食与衣物；薛仁贵率残军退回唐朝境内。

三人带领残军还未到京，早已得知消息的唐高宗便派大司宪乐彦玮赴军中，将薛仁贵、郭待封、阿史那道真三人带上枷锁，押送京师。其实，大非川之败最主要是因为郭待封的违命，薛仁贵与阿史那道真充其量只有次要责任，但盛怒的高宗将三人全部“免死除名”。

此刻远在逻娑的文成公主已经双鬓斑白。听闻了 10 万唐军殒命大非川的消息，她悲泣不已，身为唐蕃友好使者的她为吐蕃的发展奉献了自己全部的青春，在年老之时，还要目睹母邦的兄弟们被吐蕃人斩杀，这是怎样一种悲怆啊！

大非川之战，唐军战神薛仁贵败给了吐蕃战神钦陵，此战失利的直接后果是吐谷浑被吞并，唐朝失去了与吐蕃之间的缓冲地带。同时唐军自开国后外战不可战胜的神话也就此被终结，这也直接影响了西域诸国对唐政府的依附程度。此后，吐蕃因为在此战中也损失巨大，暂时停止了大规模武装扩张，而改用蚕食战略。对此，唐政府曾多次出兵干预，双方再次进入了大战没有、小摩擦不断的相持阶段。

唐高宗念及薛仁贵曾经的战功，又于永淳元年（682 年）

起用他征讨入侵云州的突厥阿史德元珍部，薛仁贵取得大胜。次年，一代传奇名将带着大非川战败的遗憾，病重离世，永远告别了历史舞台。而吐蕃这个大唐最强劲的对手在之后的岁月里，不断地与大唐激战，直到双方国力耗尽，相继灭亡……

500 年前的南海问题，中国用两场海战霸气回应

近年以来，一些国家垂涎于中国南海的经济利益和战略价值，不断挑起各种事端，妄图达到它们不可告人的目的。一个不可辩驳的历史事实是，最迟在元代，南沙群岛已经归属中国管辖。明朝的海南卫管辖范围就包括了西沙、中沙、南沙群岛。距今大概 500 多年前，有一个国家已经悄悄盯上了中国的南海，它企图占据中国的一些沿海岛屿，进而控制南海贸易，从而一步步将中国殖民化，这个国家就是葡萄牙。

葡萄牙立国于 12 世纪，本是欧洲西南部的一个弱小穷国，直到 15 世纪末它的人口也不过 100 万人而已。葡萄牙人善于航海，1415 年，他们跨海袭击了非洲西北部的休达城，之后经过 80 多年的努力，葡萄牙人发现了可以绕过好望角抵达东方的航线。在当时西方人的观念中，东方的中国是一个遍地丝绸、黄金、牛奶、宝石的富庶天堂。达·伽马的舰队在 16 世纪初，在印度西海岸的科钦建立了海军基地。随后葡萄牙人的

侵略魔爪伸向了马六甲。1511 年，葡印总督阿尔布克尔克率领 17 艘战舰组成的庞大舰队占领了马六甲。有了马六甲这个进出太平洋的中转站，葡萄牙更加得心应手。他们在占领了香料群岛后，已经打算染指中国的南海诸岛了。

1513 年 5 月，葡萄牙驻马六甲总督派遣了若热 · 阿尔瓦雷斯前往中国。他们一行人一个月后到达了广州珠江口外的屯门岛，并在那里竖立了一块刻着葡萄牙国王徽章的石柱。他这是按照以往葡萄牙殖民者的做法，以为竖立一个标志，这块土地就是葡萄牙人的了。随后，有大量的葡萄牙情报人员到达中国沿海，他们一方面谈到了明朝的富庶文明，一方面又认为明朝人懦弱胆小，吹嘘只需要马六甲总督派出 10 条船就可以占据整个中国沿海。可是接下来的海战却结结实实给了葡萄牙人一记重重的耳光。

1516 年葡萄牙国王曼努埃尔一世阅读了关于中国的情报，便信心满满地开始实施他的“发现中国”计划。他派出费尔南 · 佩雷兹 · 德 · 安德拉德带领着一支远征舰队从马六甲出发驶往中国。随船而行的是葡萄牙使者托梅 · 皮雷斯。这次出使并不顺利，他们没有实现跟中国贸易的目的。而留在广州船队上的葡萄牙人很难改变他们的强盗行径，在沿海地区烧杀抢掠，引起了明朝方面的极大不满。

1521年4月，正德皇帝病死，在京城的葡萄牙使团也被明朝驱逐出京。新皇帝嘉靖对葡萄牙人在广东的行径早已不满，他下令驱逐葡萄牙人，不得让他们再入境。当时负责此事的是广东海道副使汪鋐，他对于葡萄牙的实力有一定的认识。他发现葡萄牙战舰由200多人撑驾，还配有30多门火铳，大的1000多斤、中等的500多斤、小的150斤，而且火力惊人。火铳被明朝称为“佛朗机铳”，是世界上最先进的火器。伸出船体两侧的40多支橹，从远处看像极了蜈蚣，所以这些船又被称为“蜈蚣船”。

为了对付这些战斗力惊人的葡萄牙人，汪鋐命令巡检何儒买通葡萄牙舰队上的华人杨三、戴明，他们二人答应为明朝效力，帮忙制造“佛朗机铳”。1521年6月，汪鋐下令进攻葡萄牙人占据的屯门岛，当时仿制的“佛朗机铳”还没有到位，明军还是用老式的舰炮应敌，因此在海战中失利。失利之后的汪鋐根据葡萄牙的战舰改装了缩小版的“蜈蚣船”，并且杨三、戴明仿制的“佛朗机铳”也装备在了明军战船上，这次汪鋐有把握跟葡萄牙人面对面掰一掰手腕了。

1521年9月，中葡之间爆发了屯门海战。当时葡萄牙10

多艘船在屯门停泊，方位在明军北面。一路明军从九径山而下包抄葡军后方，明军 50 多艘战舰自南向北包抄葡萄牙舰队。当时海面起了南风，汪鋐命装满火药的小船冲击敌军舰队，同时明军战船上的仿制“佛朗机铳”一起开火压制葡舰火力，葡舰大而笨重，再想转向已经非常困难了。只见喷着火舌的小船一起向着葡舰冲去，风助火势、火借风威，一瞬间葡舰纷纷起火，同时汪鋐派出的水性极好的水手潜入葡舰之下，把没有起火的葡舰凿漏，葡萄牙人只得纷纷跳海逃生。而此刻从九径山包抄的明军杀到了屯门岛上，他们消灭了岛上的葡军守军，葡军舰队司令西芒带领残余战舰狼狈逃窜。屯门海战明朝取得大胜。

葡萄牙人不甘失败，他们于 1523 年卷土重来。这次葡军舰队司令是梅勒 · 科迪尼奥，舰队由 6 艘战舰组成，总共 300 多海军官兵。虽然葡军人少但都是精锐，战斗力不容小觑。他们进犯新会西草湾，此地附近在 200 多年前曾经发生过崖山海战。面对来犯的葡舰，明舰队英勇抗击，火力丝毫不弱于葡舰。明军在备倭指挥柯荣和百户王应恩的指挥下最终击败了敌军，缴获了敌军战舰“西塞罗”号和“维多利亚”号，并生擒了“西塞罗”号上的舰长佩德罗 · 豪曼等 42 人，斩首 35 人。

梅勒·科迪尼奥带领3艘战舰又来支援，明军焚烧了之前缴获的两艘葡舰。在激战之中，百户王应恩壮烈殉国，葡舰大败而逃。至于抓获的葡萄牙俘虏，明王朝下令全部诛杀！在印度、马六甲、苏门答腊、巴西等地横行无阻的葡萄牙舰队，终于在明朝面前栽了跟头，两次海战的失利也让他们真正认识到了明朝的实力和反抗侵略的决心。借用万历朝抗日援朝之战胜利时，明神宗发布诏书上的一句话，那就是：义武奋扬，跳梁者，虽强必戮！

明朝用两次海战的胜利霸气回应了葡萄牙殖民者的侵略意图，自此以后，葡萄牙人再也不敢跟明朝海军发生正面冲突，而是参与到走私活动之中，跟沿海倭寇沆瀣一气。不过这也没有太长久，朱纨的双屿港之战再一次让他们受到重创。面对侵略，铁血大明用铁拳捍卫尊严，谱写了一曲壮丽战歌！

一只鸡引发的连环悲剧

一只鸡和王朝的毁灭，看似风马牛不相及，实则如同蝴蝶效应。“亚马逊雨林的一只蝴蝶偶尔振动翅膀，也许两周后，会引起美国得克萨斯州的一场龙卷风。”下面这个历史事件完美演绎了美国气象学家洛伦兹的这句名言。

公元 1631 年，明崇祯四年。当时的大明王朝已经是内忧外患。陕西的义军声势浩大，已经渐渐呈星火燎原之势。关外满洲强势崛起，他们正在皇太极的带领下，不断蚕食着大明的疆土。帝国境内四面八方的消息不断呈报到紫禁城，忧郁的崇祯帝此刻正辛苦地批阅各地的奏疏，战败、丢城、官员被杀、旱灾、水灾、饥荒……他揉揉充满血丝的眼睛，深深打了一个哈欠。他看了一眼还没有批完的奏疏，堆得如一座小山一样，他摇了摇头，振奋精神又继续看了下去。他拿起一封奏疏，此奏疏来自直隶的地方官吏，原来是吴桥地方发生兵变。兵变太多了，自从他继位以来几乎年年发生。他改元第一年就发生了宁远兵变，当时为袁崇焕所平定。这次吴桥又发生了兵变了，帝国此刻已经像一间破屋子一样，四处透风撒气，他疲于应付，他真的太累了。拿到这封奏疏，他只简单批复了一下，就顺手看下一封奏疏了。他并未预料到，这场兵变很大程度上加速了他的王朝毁灭，而引发这次蝴蝶效应的，却是微不足道的一只鸡。

崇祯四年（1631 年）八月，辽东战事紧急，明将祖大寿被满洲军困于大凌河城中。登莱巡抚孙元化连忙命自己收编的部将孔有德带骑兵八百赶往辽东救援。要说起孔有德，此人本是皮岛大帅毛文龙所部。袁崇焕于崇祯二年（1629年）擅杀毛文龙，导致他部下将领哗变，其中的孔有德、耿仲明、李九成等将领被孙元化接收。此次孙元化对孔有德委以重任，希望他能建功立业。

孔有德所部却行动迟缓。本来孙元化命令他们从海路驰援辽东，这显然是近途。不过出发不久，孔有德借口海上风大退回，孙元化只好让他们从陆路驰援。一行人磨磨蹭蹭，该年十一月才到达吴桥县。恰逢大雪，道路泥泞，部队粮草本来就不充足，这时候已经面临断粮了。饥肠辘辘的士兵们军纪涣散，四处劫掠，吴桥百姓家家闭户躲避，街市萧条。孔有德部下士兵本已经饥饿难耐，再加上县内无处买粮，军心更加动摇。这时候一个士兵实在忍不住饥饿，他也学那《水浒》里的鼓上蚤时迁，偷来了一只鸡。准确来说，应该是抢，因为偷的过程中被家仆发现，士兵强行带走了鸡。肚子吃饱了，可是祸事却惹下了。这只鸡可不是普通的鸡，它是当地望族王象春家的鸡。王家在朝中势力可不容小觑。王象春担任过南京吏部的考功司郎中，他从兄王象乾两次担任兵部尚书。

王家岂能善罢甘休，他们找到孔有德，在重压之下，孔有德只好把偷鸡的那个士兵捆绑并且贯穿耳朵，游营示众。事后其他士兵不满，杀死了王家家仆。王象春的儿子要求查明真相。消息传出，士兵们担心被追究责任，干脆全体反了。因为之前毛文龙被袁崇焕杀害，孔有德对朝廷早有不满，正好这次借着士兵们闹事，带领自己的部下造反了。

叛乱的孔有德跟李九成一起带领部下，倒戈一击，回头杀向了山东半岛，接连攻陷了好几座县城。叛军一路杀回了登州，城中的耿仲明跟叛军里应外合，攻陷了城池。孙元化欲自杀未成，孔有德念其有收留之恩，放他一条生路。

登州失陷，对于明朝可不是丢了一座城池这么简单。城中的西洋大炮三百多尊、红夷大炮二十多尊，悉数落入叛军之手。更糟糕的是被聘请来教练西洋火器的葡萄牙人，12 人死亡，15 人重伤。攻陷了登州的叛军后来败给了增援的明军，但是孔有德、耿仲明等却带领一万多叛军投靠了满洲皇太极。他们还带去大量的红夷大炮和熟练火器操作的技术人员。他们给皇太极的降书说："本帅现有甲兵数万，轻舟百余，大炮、火器俱全。有此武器，更与明汗同心协力，水陆并进，势如破竹，天下又有谁敢与汗为敌乎？"

吴桥兵变的后果极其严重，加速了明朝的灭亡。

其一，之前的明金交锋中，明军尚能凭借火器优势抵抗，这一次叛军带去了最新的火器技术和设备，改变了战场的态势，从此在明金对战中，明军的火器不再占据优势，日后的清军入关，凭借火器优势攻打防守坚固的城池，已经不用费太多力气了。

其二，兵变引发的叛乱持续了一年多，山东各地饱受战火蹂躏。本来登州、莱州是海路支援辽东前线的后方基地。一场大乱之后，登、莱的后勤基地作用已经荡然无存。这更加恶化了辽东的局势。

其三，叛军首领孔有德、耿仲明等人成为日后清军入关的马前卒，他们对于清朝能迅速统一天下也立下了大功。

反思吴桥兵变的原因，我们可以多一些思考。首先，明代后期尤其是崇祯朝，军队的粮饷问题一直困扰着大明。如果不是部队缺乏粮饷供应，孔有德部下士兵就不会骚扰地方百姓，那场兵变也就没有了导火索。追根溯源，明代的财税体系以及江南士绅集团的避税行径才是明末财政困局的罪魁祸首。其次，如果不是袁崇焕擅自杀害抗后金有功的毛文龙，他的部下就不会有不满情绪，就不会哗变。孔有德、尚可喜等悍将离开毛文龙的驾驭，真的就是一颗颗随时可以引爆的定时炸弹。

鸦片战争200多年前，中英冲突中，赔款的是英国

很多人学历史都不喜欢晚清这一段，为什么？答曰：此乃中华之耻辱史也，一场场战争的失败，一次次割地赔款，一次次看得人气愤不已。清朝经过所谓“康乾盛世”，进入了“嘉道中衰”，道光朝的鸦片战争更是将表面依旧强大的清王朝打回了原形。尽管清军抵抗也算英勇，无奈中英两国之间的差距是巨大的，最后的结局还是割地赔款，丧权辱国。可是很少有人知道，在鸦片战争200多年之前，中英两国也曾经有过一次军事冲突，但是结局却大不相同。

自从马可·波罗的游记畅销欧洲以后，几百年间，欧洲各国开始对传说中遍地是黄金和牛奶的中国发生了巨大兴趣。黑死病、无休止的战乱已经让欧洲人厌恶了欧罗巴大地，他们亟须寻找海外市场和殖民地来发展自己。大航海运动应运而生，最初是葡萄牙，然后是西班牙、荷兰，西方人饱含热情，一次次探索跟遥远的东方帝国交往的航线。

还处在都铎王朝治下的英吉利人也不甘寂寞，投入了这股东方淘金的大潮之中。1576 年，以海盗马丁为首的英国商人试图通过西伯利亚探索通往中国的陆上通道，最终却以失败告终。7 年之后，英女王伊丽莎白派遣心腹带着她写给中国万历皇帝的亲笔信前往中国。女王在信中提到希望中国皇帝能宽待英国臣民，并给予贸易方面的特权。但是送信人却在半路被葡萄牙人抓获，并扣留在了印度。不甘失败的伊丽莎白女王再次写信，于 1596 年派遣使者再次前往中国，使者在半路还是遭遇不幸，信件又没有送到。

接下来的斯图亚特王朝国王詹姆士一世应国内商人开通对华贸易渠道的要求，再次写两封信给中国皇帝。天不遂人愿，此事又中途作罢。中国市场有巨大的经济利益，英国人不可能轻易放弃。1620 年，英国商船“育尼康”号在澳门附近被风浪所毁，这也是来华的第一艘英国船只。1635 年 12 月，英王查理一世派遣约翰 · 威德尔船长来华，命其带领 6 艘船组成的船队寻求对华贸易。当时葡萄牙人跟荷兰人为了在华经济利益之事，争斗得十分激烈。这次对于英国人的到来，葡萄牙人是存有戒心的，他们不希望英国人染指在华贸易，从而从他们这里分得一杯羹。

1637年6月，也就是明崇祯十年（1637年）五月，英国船队抵达澳门附近停泊。葡萄牙驻澳门总督派人告诫英国人不要继续向前。经过交涉，澳门的葡萄牙人拒绝给英国人提供对华联系的中介，英国船队只好开船到了潭仔。在那里他们遇到了一个中国官员，该官员带着随从来到英国船上，听取了他们的要求，并答应把他们的意思转达给广州官员。7月底，英国船队沿着广州方向航行，这引起了明朝方面的警觉。英船到达了南头寨，守卫的明军施放火铳，打死了几个英国人，英船只好退却到了南湾。8月8日，英国船队又来到了虎门亚娘鞋停泊。守卫虎门炮台的明军鸣炮示警，威德尔船长下令英国船队炮轰虎门。因为英国军舰炮火凌厉，虎门炮台失守，英国人攻上炮台，搬走了一些明军留下的大炮到船上。

此次冲突之后，明朝方面派出通事李叶荣与英国人接触。第一次李叶荣警告英国人即刻离开虎门。第二次李叶荣警告如果英国人再不离开，明军就要实施军事行动了。9月10日，明军对拒绝离开的英国船队发动火攻，却因为风向不顺没有烧到英船，英方发现后快速逃脱。为了报复，威德尔带领他的船队在虎门附近烧毁3艘中国帆船，同时还焚毁了一个市镇，抢走了30多头猪。9月21日，英军再次攻占并烧毁了虎门的亚娘鞋炮台。之后，英国人得知了大规模的明朝船队正在调集赶来，他们担心寡不敌众，于是举起白旗跟明军喊话说开船回国，永不再来。不久，中英在白沙海面发生了冲突，战斗中双方互有死伤。明朝方面扣押了在广州的英国商人，威德尔为了救回英国商人，转求葡萄牙人代为转圜。经过斡旋，英国人在10月9日跟明朝方面谈判，威德尔在永不再来中国海岸的保证书上签字。之后，11月22日，在广州的英商答应了中国的要求，赔偿了白银2800两。随后，被囚禁在广州的英国商人被明朝政府释放回到澳门。11月30日，英国人又在澳门签订了一份正式的保证书，保证遵守中国法律，如果有违犯，愿意接受明朝官方的任意惩罚。1638年1月10日，英国人最终登船回国，终明之世，他们兑现了承诺，再也没有来过。

在明朝方面军事和外交谈判的双重努力之下，英国人心服口服地离去。整个事件的当事人，英国人芒迪通过跟中国人的交往，在他的日记中记载了中国的优点。他感叹中国古老、广大、富饶、健康，人文和政府形式是世界上任何一个政府都无可比较的。想想清朝“康乾盛世”之时，马戛尔尼使团对当时中国的评价，差距明显。所谓盛世之中的清朝人在外人眼中还不如即将灭亡的明王朝的人，这本身也是很值得玩味的事情了。

明朝在崇祯末世之时，应对此次英国人“虎门事件”，主旨是允许贸易，但是不可威胁中国海防和安宁。整个事件处理中，明朝不卑不亢，有礼有节，保持了国格，还让英国人赔款，比之 200 年之后的清朝，真可谓高下立判！

3000∶5：阵亡比悬殊的惨烈战役

1860 年 9 月 21 日（清咸丰十年八月初七），通州郊外八里桥。英法联军的滑膛炮和线膛火炮不停地发射，向前冲锋的一排排清军骑兵不断倒身落马，尸体已经堆满了阵地，后面的清军还在不断地向前冲，他们手持弓弩、刀枪，不顾一切地大喊着杀向敌军。他们用血肉之躯迎接着敌人的猛烈炮火，多数人还没有冲到敌军阵前就已经殒命疆场。这简直不是一场战争，用屠杀来描述更为恰当。

清军骑兵的视死如归让英法联军军官为之震撼，这就是两个时代的战争，一场不对称的较量。

第一次鸦片战争之后，闭关锁国、闭目塞听的清王朝仍然如一头沉睡的病狮，那些洋人的海上入侵对他们来说只是癣疥之疾，盲目自大的结果是第二次挨打，1856 年 10 月，第二次鸦片战争爆发，只不过这一次清帝国面对的不只是英国人，还有法国人。

一开始战事不利，清军节节败退，但是在1859年6月的第二次大沽炮台之战中，在僧格林沁指挥下，清军战术得当，击沉英法联军10艘敌舰，毙伤敌军500多人。这次难得的胜利却引发了英法更大规模的报复，增兵之后的英法联军18000多人气势汹汹地杀向中国。他们于1860年8月间，先后攻陷天津、大沽炮台。天津议和失败之后，英法联军再次整军杀向北京。

1860年9月18日，英法联军攻占通州。英法联军下一步剑指北京，清军也在八里桥集合防守，一场大战不可避免。

八里桥是京城最后一道屏障了，英法联军如果再占此地，北京将无险可守。八里桥原名永通桥，因为距离通州八里，故名八里桥。当时朝廷最信任的将领就是蒙古科尔沁王爷僧格林沁，咸丰皇帝对他委以重任。

僧格林沁部下蒙古铁骑来自哲里木盟、昭乌达盟、察哈尔、吉林、黑龙江等地，总共一万多人，他们的武器以马刀、弓箭等冷兵器为主，除此之外，还有两万多步兵，以绿营兵为主，他们的武器主要是大刀、长矛，还夹杂着一些老旧的鸟枪、抬炮等。

退守八里桥之后，僧格林沁跟瑞麟协商后，决定兵分东、西、南三路拦击敌军，一万名满蒙骑兵被部署在了八里桥一带严防死守。清军构建了土垒、战壕等，打算跟洋人决一死战。

1860年9月21日凌晨5点多，英法联军8000余人杀到八里桥。上午7时许，联军分东、西、南三路发动进攻。东路为雅曼率领的法军第一旅，西路是格兰特指挥的英军，南路为科林诺率领的法军第二旅，他们是攻打八里桥的主力军。英法联军的总指挥是法国人孟托班。其实此战之前，清朝廷曾经命令僧格林沁夜间派出骑兵骚扰敌军后方，然后利用熟悉地形之优势给予敌军痛击。但头顶着第二次大沽炮台之胜利光环的僧格林沁，这次显然小瞧了洋人。他对于敌军火力并不熟悉，认为骑兵的冲击力和速度将使得敌军无暇施放炮火，利用间隙可以冲击敌阵，近距离砍杀敌人，从而给敌军造成重大伤亡。

僧格林沁不懂英法联军的军事部署和火力配备。经历过工业革命洗礼的英法两国军事实力有了进一步增长，他们配备装有刺刀的前膛燧发火枪和滑膛炮，更有当时最先进的线膛火炮。英军使用一种后装线膛火炮发射锥头柱体炮弹，这种火炮被称作阿摩士壮火炮。法军使用拿破仑12磅弹前装线膛铜炮，阿摩士壮火炮射程精准，而且重量轻，相对于以往的滑膛炮有诸多优势。在八里桥之战，阿摩士壮火炮轰击清骑兵阵中，特殊的制法使得炮弹在爆炸时可以分为42块相同的锥形炮弹，这样一发就可以瞬间夺去至少42名清兵的性命。大范围的杀伤力，火炮3500米的超远射程使得清军未到英法军阵地前就已经殒命炮下。

战役开始后，蒙古骑兵在僧格林沁一声令下，迎着洋人的炮火，奋不顾身地杀了过去。他们企图以血气之勇杀到敌军阵地，从而战胜敌军。曾经在13世纪战无不胜的蒙古骑兵在先进的枪炮面前已经无能为力了。联军采用三排射击法，第一排卧倒射击，第二排单腿跪地射击，而第三排站立射击。不间断的射击以及远射程、高杀伤力的火炮让清军骑兵大片大片倒在了阵地前。偶尔有几个冲击到英法军前的士兵也如同投入大海的浪花，瞬间消逝。

与此同时，法军第二旅进攻八里桥，防守的清军与敌军展开白刃战，激战中，主将胜保受伤落马，清军溃退。这场战斗持续了5个小时，清军在敌军优势炮火打击下，损失惨重，3000多人战死，而英军只阵亡两人，受伤29人；法军阵亡3人，受伤17人。

巨大的战损比，已经宣告了单纯依靠冷兵器的骑兵时代的终结，战无不胜的蒙古骑兵输给了时代，清朝统治者不得不低下骄傲的头颅，重新审视枪炮时代的最新利器，由此也引发了一股学习西方器物的热潮。

在漫长的中国历史上，有着太多的奇人奇事。他们的传奇仿佛不可复制，他们的神秘又让人惊叹。学历史有时候就像在看一部侦探小说，当你剥开层层迷雾获得真相时，那种幸福和满足是无以言表的。

明代版缇萦：十岁女孩告御状为姐申冤

嘉靖四年（1525 年）夏天，北京奇热无比。连续多日不见一滴雨水，干涸的地面渴望甘霖的滋润，路边的杨柳纹丝不动，那躁动的蝉鸣让人感觉更加闷热。

北京西城通政司（通政司是明太祖朱元璋时代，为了下情上达，收各地奏疏、受理民间上书以及各地百姓冤状等事务而设置的机构）衙门门前，一个衣衫褴褛的小女孩跪在地上，她头顶一本奏本，大声喊道："冤枉啊！"刚才还在打盹的门吏，被这突如其来的一喊惊醒，他闪目观瞧，这个小女孩 10 岁左右，个子瘦小却眼神坚定，泪水顺着脸颊不断流淌。"看样子，像个有冤屈的啊。"门吏心想。他不敢怠慢，连忙接过奏本，撒腿奔向大堂。通政司堂官接过奏本，细细读来。读完以后，他叹息一声："如此才女，却蒙受不白之冤，本官定当为其讨回公道！"

奏本送到了嘉靖皇帝面前，当时的嘉靖帝还是不满 20 岁的青年。他刚登基不久，勤政爱民，打算有一番作为。这年夏天奇热无比，按照往年惯例，有恤囚查冤之举。嘉靖下旨“特以天气太炎，在监军民未获发落，仍差审录太监研审，凡有事枉人冤，许通行奏”。没有想到圣旨刚下不久，果然就有人来通政司衙门告御状了。熟读史书的嘉靖帝知道汉朝有缇萦救父的故事，如今大明朝也有10岁女孩告御状，难道确有冤情？

带着疑问，嘉靖开始细细阅读奏本。奏本题名是顺天府锦衣卫千户李雄之女李玉英，而那告御状的10岁女孩据通政司衙门奏报，名叫李桃英，正是李玉英的妹妹。奏本文采很好，字字珠玉。事情原委是这样的：正德年间，北京顺天府有一锦衣卫千户，名叫李雄。他娶妻何氏，生得三女一子。长女李桂英，次女李玉英，幼女李桃英，一子李承祖。何氏不幸病故之后，李雄续聘焦氏为妻，她哥哥焦榕在衙门当差。李雄续娶焦氏，本指望她能善待自己的三女一子，把他们拉扯成人。没有想到焦氏本不是良善之人，她对李桃英姐弟四人经常冷眼相对，甚至拳脚相加。但是在李雄面前，她又装作对姐弟四人问寒问暖，体恤周到，这样李雄自然被她蒙蔽。不久，焦氏也为李雄生下一子，名李亚奴。

正德十四年（1519年），在陕西一次战事中，李雄为国捐躯。按照规制，李雄 10 岁的儿子李承祖可以继承千户职位。焦氏希望自己刚周岁的儿子李亚奴继承职位，于是心生毒计。她打发李承祖去陕西寻找亡父遗体。焦氏心中的如意算盘是，此去陕西，路途艰险，她希望李承祖在途中死掉，这样职位自然就由自己的亲生儿子继承了，却没有想到小小年纪的李承祖一年之后，竟然成功带回了父亲的遗骸，安然无恙地回到了家中。焦氏一计不成，又生一计，她干脆一不做二不休，下毒毒死了李承祖，并残忍地将承祖的尸体肢解掩埋。焦氏为了掩人耳目，对外宣称李承祖是得了恶疾离世。

正德十六年（1521 年）四月，嘉靖继位，朝廷下诏，民间选女入宫。时年 12 岁的李玉英因为相貌出众被顺天府选为候选人，后因为年幼体弱，又被打发回家。李玉英虽然年龄不大，却非常聪慧，她觉得弟弟的死一定跟后母有关，而恶毒的焦氏也打算斩草除根，把李玉英姐妹三人统统害死。

两年之后，大姐李桂英被焦氏卖给权贵家为婢女。焦氏还动不动就毒打李桃英，并逼她沿街乞讨。李玉英对继母的行为极其不满，言语间也有所表露。焦氏怀恨在心，伺机报复。李玉英从小聪慧，并由教师教授诗文，面对生活的不幸，她时常写诗词发泄心中的郁闷。她的一首《送春诗》，读来哀婉动人：“柴门寂寂锁残春，满地榆钱不疗贫。云鬓霞裳伴泥土，野花何似一愁人。”另一首《别燕诗》，更是写绝了她的心情：“新巢泥满旧巢敧，泥满疏帘欲掩迟。愁对呢喃终一别，画堂依旧主人非。”这两首诗作无意中被焦氏发现，焦氏借题发挥，污蔑李玉英跟男人私通，对其棍棒相加，并让弟弟焦榕将李玉英押送到锦衣卫衙署。他们以通奸加不孝之罪名控告玉英，而事先已经被焦榕买通的锦衣卫官员，把李玉英关押入狱，拟问凌迟处死。

此刻的李玉英万念俱灰，本打算就此认命。当她得知嘉靖帝许蒙冤者重新申冤的诏旨之后，心中又燃起了一丝希望。在暗无天日的诏狱中，每当她想起姐姐、妹妹、弟弟以及自己的悲惨遭遇，心中的愤懑便油然而生。她不甘命运的安排，她要为自己、为家人拼死一搏。于是她借来笔墨，在监狱中洋洋洒洒写下千字奏本，把事情原委细说，请求皇帝为其申冤，并把两首诗附在其中，请有司来判断有无通奸之事。在监狱中的李玉英受尽了折磨，有一狱卒垂涎她的美色，欲行不轨，多亏她大声喊叫，惊动了监狱里的其他人，那个狱卒才仓皇离去。

奏本写好了，玉英却苦于无人代为传奏。正好此时，妹妹李桃英来探监，于是她嘱咐妹妹藏好奏本，带出监狱，送往通政司衙门喊冤。10岁的桃英非常懂事，她没有辜负姐姐的嘱托，成功把奏本递交给了通政司。

“十岁之弟，有何罪乎？数岁之妹，有何辜乎？臣母之过，臣不敢言。《凯风》有诗，臣当自责。臣死不足惜，恐天下后世之为继母者，得以肆其奸妒而无忌也！伏望陛下俯察臣心，将臣所奏付诸有司。先将臣速斩，以快母氏之心。次将臣诗委勘，有无事情。推详臣母之心，尽在不言之表。则臣之生平获雪，而臣父之灵，亦有感于地下矣！”读到这里，嘉靖皇帝的眼眶也已经湿润了，他本是至孝之人，如今他看到李玉英的遭遇，一股同情心陡然而生。他下旨三法司重新会审此案。

案件的线索是清楚的，三法司奏疏：“李玉英所诉属实，李承祖确被焦氏谋害，李玉英和人私通则是子虚乌有、不实之词。”嘉靖皇帝当即下旨批复：“李承祖死于无辜，焦氏妒忌之心，罪实难容，依律处斩。李玉英着锦衣卫选才婚配。”一场冤案终于得以昭雪，李玉英不但为自己和家人成功申冤，还顺带解决了自己的终身大事，算是因祸得福了。

她的那篇申冤奏本，引经据典，至今读来仍然让人赞叹不已。文辞可以打动通政司堂官和皇帝，这也是她冤案得以昭雪的一个原因吧。看来，要胜诉，诉状写得好不好，真的很重要！

“外公”来寻，引出太子身世之谜

明朝正德十四年（1519 年）六月十四日，宁王朱宸濠在宴请江西地方官员的宴会上，突然放声大哭，拿出一篇檄文在席间宣读：当今皇帝朱厚照并不是明孝宗朱祐樘之子，太祖皇帝大统断绝已经 14 年之久。当年太监李广，拿民间所生之子糊弄孝宗皇帝，使其误以为是自己所生之子，这是古代莒人灭郑的伎俩，现如今他奉了太后密旨，起兵推翻皇座上的冒牌朱氏后人。

之后，檄文被南京兵部尚书乔宇递交朝廷，皇帝朱厚照把奏疏和檄文一起秘密保留，未予公开。更令人奇怪的是，对于朱宸濠对自己身世的肆意攻击，朱厚照并没有公开反驳，而是发布旨意：只要是朱宸濠发布的文字，哪怕是一张小纸条，也不许传递，要即刻烧毁。朱宸濠的檄文引出一个涉及宫闱秘闻的敏感话题，即皇帝朱厚照的身世之谜。

弘治四年（1491 年）九月二十四日，在朝廷上下期盼已久中，皇子朱厚照出生了。已经被舆论压力压得喘不过气的明孝宗朱祐樘和张皇后夫妇终于长出了一口气。明孝宗朱祐樘继位后，创历代皇帝未有之例，后宫只有一位张皇后，别无嫔妃内宠。登基后 4 年，跟他伉俪情深的张皇后却并未给他生下一儿半女。朝廷上下焦虑万分，皇亲宗室、文武官员甚至太监郭镛都纷纷上疏，建议皇帝多纳嫔妃以便广诞皇嗣。朱厚照的诞生恰逢其时，这个孩子的生辰跟开国皇帝朱元璋非常相似，而且自大明开国以来，还未有皇后嫡子登上帝位的先例，如果将来他登上帝位，将是第一人，这在极重礼法的明朝，可是无上的光荣。

头戴光环的朱厚照无忧无虑地成长，直到有一天，一个惊天大案掀起了骇人波澜。弘治十七年（1504 年），郑旺妖言案案发。

郑旺，本来如大明朝芸芸众生一样，会泯灭在历史长河之中，但是他却以独特的方式把自己的名字“镌刻”在史册之上。他本是武成中卫中所军余（意即正军的替补），家住京城附近郑村镇。他跟妻子赵氏本生有一个女儿，他女儿在 12 岁时就因为家贫被卖给了东宁伯焦家做婢女，不久被转卖给沈通政家，之后又被卖掉。郑旺家境贫寒，他做梦都想着脱离贫穷。偶然之中，他打听到驼子庄的郑安家里有一个女孩在宫里得宠，被认作皇亲。郑旺认为那个得宠的女孩很可能是他的女儿，于是他进京打探此事。

到了京城，他找到往日故旧，锦衣卫的舍余妥刚和妥洪兄弟。郑旺拜托他们代为查访，妥家兄弟让他写下帖子，带在身上。郑旺在妥洪带领下，一路畅通无阻，竟然来到了皇城玄武门外。他们找到了乾清宫的内使刘林（《万历野获编》作刘山），拜托他玉成此事。郑旺把女儿的身体特征告知刘林：小女幼时右肋有一疮瘢，脊背之上也曾经被热水烫伤，留有溃痕。刘林当场答应下来，为郑旺寻找女儿。一个月后，心急如焚的郑旺带着米面来探望刘林，希望得到消息，但是刘林却告知他回家等候。刘林在宫中暗中寻访，找到了一个叫郑金莲的宫女。郑金莲告诉他，有一个名叫黄女儿的宫女很像他要找的人。刘林兴奋地找到黄女儿，告诉她她父亲苦苦寻觅她的事情。黄女儿却回道："我父亲姓周，并非姓郑。"刘林计上心头，他找到郑旺，骗他说女儿已经找到，现在已经改名黄女儿，而且黄女儿托他转告郑旺说自己幼年被卖过，现在心怀疑惧，并不敢马上相认。郑旺听闻此言，对于黄女儿是自己女儿更深信不疑。

此后，郑旺经常带着果品绸缎之类给刘林，托他转交女儿。刘林把这些什物隐匿起来，又送给郑旺一些衣靴布绢之类，诡称是其女的回馈之礼。

一日，刘林告诉妥洪一个好消息说："黄女儿现在升上人，入了乾清宫了，你们将来都是皇亲，但是千万别泄露这个消息。"妥洪告知郑旺，郑旺欣喜万分，立即在乡间夸耀。信以为真的宗亲乡党600多人纷纷赶来给郑旺送礼，郑旺专门制了一本《聚宝历》，记载了送礼人的情况。

为了给女儿庆祝生日，郑旺送了一些酒肉，拜托刘林帮忙带入宫里。刘林又隐匿起来，回送郑旺一些褥鞋绢帕之物。郑旺去孝宗皇帝妹妹仁和公主驸马齐世美府上拜访。齐驸马的儿子对郑旺的皇亲身份也深信不疑，送给了郑旺夫妇豹皮、马鞍、纱罗、衣襦等礼物。郑旺收到贵重礼物，摆起皇亲的派头来，在乡间作威作福，结果事发，被厂卫缉事官校逮捕。明孝宗下令将郑旺夫妇、刘林、黄女儿等一干人犯关入监狱，他要亲自御审。《明孝宗实录》对审问的情况记载不详，只知道刘林在审问过程中说黄女儿是明孝宗没有定名分的妃子。明孝宗也问不出究竟，于是指令下锦衣卫诏狱审讯。锦衣卫审讯后启奏皇帝：黄女儿父母的姓氏以及她的生辰、入宫来历都与郑旺所言相抵牾；再令郑旺妻赵氏辨认，发现黄女儿脊背和右肋也没有郑旺所说的瘢痕。案件到此定性为：黄女儿姓周，不是郑旺的女儿，郑旺在刘林引导下，为了获利，妖言惑众。郑旺、妥洪、妥刚以妖言惑众之罪，定为斩首，其他判处徒刑等刑罚。狱词奏上之后，孝宗皇帝特批：刘林交通内外，罪行深重，免去法司覆奏的程序，立即押赴刑场，凌迟处死，而且宫中大小宦官都要观刑，以儆效尤。

事情并没有结束。被判了斩刑的郑旺却并没有被处死，而且在武宗朱厚照登基后大赦天下时，被放了出去。正德三年（1508 年），郑旺在街坊王玺的帮助下，又回到皇城东安门内，大声高呼："国母郑氏，被幽居多年，不能得到天下的奉养！现今国母之父在此，希望面奏陛下！"二人立刻被东厂拿获，下刑部大狱以妖言案定罪。两人不服，最终他们被下诏斩首示众。

案件至此结束，整个前因后果似乎清晰明了，但是仔细分析，却也有些疑点。首先，明代皇帝亲自御审的案件非常少，除非是极其重大之案，皇帝才会亲审。以孝宗朝为例，弘治初年，李父贵、李祖旺兄弟冒充皇帝生母纪太后亲族，如此大案，孝宗皇帝也没有亲自审问，案件判决，没有一个人被处死。郑旺之案，孝宗异常重视，不让外廷官员参与，就是因为此案事涉宫闱，关乎皇家脸面。

其次，孝宗对此案中主要人犯的处置也让人生疑。郑旺妖言案，主犯郑旺虽被判死刑，却没有处斩，后来还被大赦释放，作为从犯的刘林却被孝宗亲自下令凌迟处死。按照《明武宗实录》的说法，刘林在跟郑旺接洽时就提到宫女郑金莲就是郑旺之女，如今在周太后宫中，皇太子即为其亲生。御审之时，刘林仍然坚持这套说辞，触怒了皇帝，让孝宗丢尽了脸面，最终才被以凌迟酷刑处死。心中有鬼的孝宗又下令所有宦官去观刑，杀鸡儆猴，防止他们再一次泄露宫廷秘闻。万历朝史家沈德符分析：罪魁郑旺之所以没有被杀，是因为孝宗知道他是冤枉的，但是碍于张皇后，孝宗只能下旨令刑部尚书闵珪判处郑旺有罪，孝宗本意是不想杀他的。而刘林之所以被杀，跟他泄露宫廷内幕有关。如果这是一起纯粹的妖言案，为何皇帝不将郑旺他们一网打尽，全部杀掉了事，反而要留下其中最重要的几名要犯？

最后，民间哄传太子非张皇后所生由来已久，而郑旺认皇亲的活动大概从弘治四年（1491年）到十八年（1505年）也有14年的时间了，在此期间，此事在民间盛传，朝廷不可能一无所闻，而弘治末年锦衣卫、东厂奉命抓获人犯，按照沈德符的说法是张皇后在背后下令指使的。陈洪谟《治世余闻》也提出大家认为厂卫抓人肯定是背后有人指使，如果郑旺所言之事不是跟孝宗宫闱有牵涉，厂卫人员又为何十几年放任不管？而张皇后下令捉拿人犯，又从一个侧面验证其心虚之情，此事必定不是空穴来风。

案件结束后，曾经有好事之人看过存放在刑部福建司的案卷抄本。孝宗皇帝对此案的内批赫然在目："刘林依律决了，黄女儿送浣衣局，郑某已发落了，郑旺且监着。"这里提到的郑某极有可能就是宫女郑金莲，"发落了"这三个字含糊不清，是杀是关，给人无限遐想空间。至于被送到浣衣局的黄女儿，据当时在司礼监教书的翰林院编修王瓒讲：一日，他从司礼监教书出来，看到两个小太监押着一个妇人从左顺门匆匆而过。那个妇人身裹一件红色毡衫，看不到长相，只远远看到一双小小脚。有好奇者悄悄跟随，只见妇人被送往浣衣局。奇怪的是，浣衣局守门宦官一看妇人来到，都显得毕恭毕敬。此后几天，传出郑旺案的判决结果，大家知道被送往浣衣局的妇人就是太后宫中的宫女黄女儿。而当时孝宗给这个黄女儿定的罪名是"假借名义骗取财物"。陈洪谟是弘治年进士，案发之时也在刑部任官，他笔下记载的这则故事的主角王瓒经常出入宫中，因此所记当有很大的可信度。对此，万历朝史学家沈德符就说过：这是当时目击者记录的，比国史更加准确。

事情至此更加扑朔迷离。郑金莲到底跟郑旺是什么关系？是不是他的女儿？《明孝宗实录》记载郑旺妻赵氏验看时，黄女儿身体特征跟郑旺描述的并不相符。显然黄女儿并不是郑旺的女儿，而从浣衣局小太监对黄女儿毕恭毕敬的表现来看，黄女儿极有可能跟皇帝朱祐樘和太子朱厚照有着千丝万缕的联系。至于郑金莲，《明武宗实录》明载刘林曾经宣称她是郑旺的女儿，并且在周太后宫中，是当今太子的生母。而且此事盛传，宫内外尽人皆知。《明武宗实录》虽然明确宣称黄女儿就是郑旺的女儿，可是依照《明孝宗实录》记载，黄女儿又确实不是郑旺之女，而后面刘林宣称郑金莲是太子生母的消息传到孝宗耳中，孝宗皇帝大怒并最终下令凌迟刘林的表现，又恰恰说明刘林所言有可能是真的。《明武宗实录》虽然是朱厚照堂弟朱厚熜所修，基调也以秉笔直书武宗的荒唐事为主，但是事涉皇家脸面，朱厚熜应该不会随意抹黑武宗，官方基调是并不承认武宗是郑金莲所生，无意中却记录下了刘林的一段话语，这或许是破解朱厚照身世的一个重要突破点。至于刘林为何一开始宣称黄女儿是郑旺的女儿，很可能他一开始想糊弄郑旺，应付了事。后来，宫中风言风语传闻太子非张皇后所生，又有说法是太子生母现在周太后宫中。而黄女儿正是周太后宫中宫女，刘林最初误认为跟皇帝有染的黄女儿就是皇子生母，因此就一直跟郑旺说黄女儿就是他女儿，只不过入宫后已经更名改姓。后随着事情的发展，刘林又在宫中进一步探听到了消息，得知黄女儿虽然跟孝宗有染，却不是太子生母，真正的太子生母是已经被接入太后宫中居住的郑金莲。不久，他和郑旺等一干人犯已经被关押审讯，为了保命，他在审讯中说出了太子生母的秘密，结果没有想到，这恰恰是孝宗、张皇后最忌讳的事情，因此他必然难逃一死。至于郑金莲到底是不是郑旺的女儿，这也是一大疑点。如果是，为何最初刘林找到郑金莲时，她并没有承认，而是让刘林去找黄女儿？根据驼子庄郑安家有女儿在宫中受宠之事来看，郑金莲极有可能是郑安之女。而郑安、郑旺之下场如此不同，跟郑旺太过于高调，口风不严、处处宣称，为自己惹下杀身之祸有关。事情的真相有可能是这样的：孝宗皇帝和张皇后婚后四年没有生育，朝廷上下舆论哗然，矛头纷纷指向张皇后专宠后宫，而孝宗别无嫔妃成为大臣们焦虑的事情。在家天下的帝制时代，皇储问题绝对是头等大事。在如此压力之下，张皇后也只好默许丈夫跟宫女有染，而黄女儿、郑金莲正是跟皇帝有染的宫女，后郑金莲生下太子，张皇后养育为己子。有论者以张皇后后来生下一子朱厚炜和太康公主为理由驳斥此说。可是并不能以孝宗和张皇后婚后 8 年生了一个儿子就来否定之前他们面对巨大压力时的无奈。毕竟那时谁也不知道张皇后到底能否生育。本案另一个关键人物黄女儿虽然没有生育，但在郑旺案发后，因为跟皇帝的关系，所以宫内听闻这些内幕的小太监才对其毕恭毕敬。而郑金莲确实极有可能不是郑旺的女儿，郑旺之前误以黄女儿为己女，已经陷入皇亲梦中无法自拔。因此在正德年被释放之后，他依然冒着生命危险来到皇宫，宣称郑金莲是自己的女儿，并且是当今天子生母，被幽禁。若上述想法成立，为何孝宗没有杀郑旺，而武宗最终杀了他，原因也就很明白了。

当年的孝宗皇帝并不知晓郑旺非郑金莲生父，他内心觉得郑旺所言是真，因此为他保留性命，以便于日后处理。弘治十八年 (1505 年)，孝宗驾崩之后，太子朱厚照继位，大赦天下。刑部尚书闵珪就释放了郑旺，当时有人提醒他：“此事干系太重，是否需要请旨定夺？”闵珪却坚持己见，最终释放了郑旺。很可能他得到过孝宗的密旨或者他自己也认定郑旺所言并非完全妖言。正德三年（1508年），闯宫的郑旺之所以丢了性命，是因为张太后为了保守当年的秘密，授意皇帝杀死了他，而对自己身世之谜不可能一无所知的明武宗，在确认了郑旺并非自己亲外公的情况下，最终举起了屠刀。

其实，张太后跟明武宗之间的母子关系似乎不是太好。考诸明实录，几乎找不到一处可以证明母子情深的记录。相反，《明神宗实录》《万历起居注》等文献就有多处记载明神宗和生母李太后之间母子情深的逸事。明武宗继位不久，就搬出了皇宫，居住在豹房。而后来他病重，张太后身为母后，竟然没有探望过儿子一次，以至于朝臣都看不下去了，刑科给事中顾济上奏疏说：“人间至情莫过于母子，如今皇帝孤身在外，两宫隔绝。”张太后对儿子生死不闻不问，在儿子死后，全无悲戚表现，反而积极张罗着立藩王朱厚熜为新君。从情理上分析，对于儿子的病重离世，生母不该是这样的表现。

尽管《明实录》《明史》等正史明确记载了明武宗朱厚照生母就是张皇后，可是通过对郑旺妖言案的分析以及后来张太后跟明武宗母子关系的梳理，我们还是有理由怀疑张皇后不是朱厚照生母，而朱厚照真正的生母或许就是郑金莲，只是她自郑旺妖言案后就无声无息了，是死是活，已经成为永远的秘密泯灭在了历史长河之中……

辑六
历史的犄角旮旯

看多了帝王将相、宫廷密谋、金戈铁马，让我们换个口味，关注历史中那些不引人注意的角落。大历史的犄角旮旯，让生活变得鲜活有趣。

锦衣卫：明朝被误解最深的群体之一

影视剧中的明朝有这样一个群体：他们武功高强；光天化日之下入平民之家，随意杀人抓人；他们听命于奸佞阴险的太监；他们衣着华丽（绣春刀、飞鱼服）；他们无恶不作，善良百姓恨之入骨……这个群体就是影视剧中的明朝锦衣卫。很多人把影视剧里面的锦衣卫形象作为明朝黑暗腐败的一个证据。另外丁易先生在特定历史环境下写就的一部《明代特务政治》，又使得很多人把锦衣卫看作了一个纯粹的特务机构。让我们拨开历史的迷雾，从对锦衣卫的五大误解入手，来看看真实的明朝锦衣卫。

误解之一 锦衣卫个个武功很高强，是绝世武功高手。明初期，太祖朱元璋确实有严格的选拔标准：锦衣卫官校要从孔武有力、无不良记录的良民里面挑选，可是随着时间的推移，挑选标准不再严格，一些趋炎附势之徒和勋贵子弟渐渐占据了锦衣卫上层官职。比如在土木堡之变后，朝廷把失败的罪责归于太监王振。当时王振之党羽锦衣卫指挥使马顺呵斥群臣，激起了众怒，一帮平日苦读四书五经、整天之乎者也的文弱书生出身的文官，竟然一起拳打脚踢，打死了马顺！如果马顺会一些功夫，哪怕不能和群臣对打，最起码逃跑是没有问题的，但是他就是活活死在了一帮文官的手下。这说明锦衣卫不是人人都是武功高手。另外明中期以降，随着勋贵、佞幸和太监子侄等加入锦衣卫，尽管他们都是挂职带俸而且不理事，跟实任掌事是有区别的，但是这些人充斥了锦衣卫的队伍，对于锦衣卫整体武力水平都是一个拉低。

误解之二　锦衣卫无法无天，随意抓人杀人。锦衣卫镇抚司确实有刑狱，但是不代表他们自己就可以随便杀人抓人。皇帝下令，他们才能不通过法律程序捉拿、审讯犯人。但是必要的程序他们是绕不开的。《万历野获编》里提及，按照祖制，锦衣卫拿人，必须有驾帖，驾帖相当于今天的“逮捕证”（这个驾帖只能一帖抓一人，而不能一帖拿多人，规定还是相当严格的）。而且锦衣卫要经过刑科给事中的批签才可以抓人。“若科中遏止，即主上亦无如之何。”刑科给事中可以行封驳之权，如果他们不批签，就是皇帝有时候也无可奈何。明中期，锦衣卫如果到外地捉拿犯人，还需要多个部门会同签帖以防假冒。《殊域周咨录》卷九《云南百夷篇》就记载：驾帖需要司礼监印信，刑科签帖后，锦衣卫人员持驾帖出京之前，还需要在皇城各门验证关防。程序之严格也说明了锦衣卫不是随随便便就可以抓人的。

误解之三　锦衣卫听命于太监。影视剧中那一个个大太监对锦衣卫颐指气使，仿佛锦衣卫人员都是他们的奴仆似的。明代宦官权势最大者为兼掌东厂的司礼监，这是从嘉靖朝麦福开始的，权势大如王振、刘瑾、魏忠贤者也从来没有兼掌过锦衣卫和东厂。厂卫虽然经常并称，但是二者是相互制约、相互监督的两个不同部门。掌锦衣卫的官员称作锦衣卫指挥使（正德朝以后是左都督），正三品武官。从首任洪武朝毛骧到最后一任永历朝马吉翔，见诸史册的33名指挥使或者左都督以及属下所有官校和办事人员，都是纯爷们儿，没有一个宦官。在明朝历史上，东厂和锦衣卫也是矛盾重重，这是政治制衡的需要，不让一家独大。

误解之四　锦衣卫人员都是身着飞鱼服，佩带绣春刀。近年有一部反映明代锦衣卫历史的大片《绣春刀》，片中锦衣卫成员不管官职如何，都是飞鱼服、绣春刀，虽然从视觉效应来说，满足了观众的审美情趣，可是真实的历史上，锦衣卫的服饰还是很有讲究的。就飞鱼服（所谓“飞鱼”其实是尾巴像鱼尾的四爪龙）来说，有资格穿这种服饰的基本都是锦衣卫的正三品堂上官，他们的飞鱼服来自皇帝的赏赐，必须是重大场合如祭祀时才能穿。至于绣春刀，因为没有实物出土，只能根据记载和图片来判断样式。绣春刀的样式和明代常见的腰刀相仿，刀身较一般腰刀短小，且有弧度。绣春刀是锦衣卫官校佩带的，不是所有锦衣卫人员都装备的，当然它也不是锦衣卫独有的装备。留守卫、旗手卫等亲军都可以佩带，大臣获得皇帝特许后也可以佩带。

误解之五 锦衣卫无恶不作，危害民间。明朝个别时期确实发生过锦衣卫缇骑危害民间的事情，比如永乐朝纪纲、天顺朝门达、正德朝钱宁、天启朝田尔耕、永历帝时期马吉翔等，因为这些人多是贪残之辈，他们治下的锦衣卫对于朝政确实产生了一些负面影响，也祸及民间。但多数时间，掌管锦衣卫的指挥使基本都能奉公守法，恪守职责。比如朱骥、袁彬、牟斌、王佐、陆炳、骆思恭、李元胤等人都各有功绩，这些人或者能力超群，或者宽宏仁恕，或者谨慎刑狱，都在史册留下了美名。

锦衣卫的职责不仅仅是特务、侦查，他们对明朝历史起到的正面作用也是颇为突出的。第一，锦衣卫要负责大型典礼的侍卫和仪仗工作，比如祭祀、上朝、经筵、科举殿试等，这些场合都少不了锦衣卫的身影。第二，他们还负责北京城的街道和市容市貌，比如修理街道、清理沟渠、城防治安等。第三，锦衣卫还有驯象所，专门负责喂养大象，而这些大象是皇家典礼仪式中必不可少的成员。第四，执行廷杖也是锦衣卫的一项职责，具体执行杖责者为锦衣卫校尉，在一旁监督者为司礼监、掌印太监和锦衣卫指挥使。第五，反腐败和监督官员也是他们的重要职责。打击贪腐和监察不法官员，一直是锦衣卫的重要职责，这也是保证权力制衡和防范政治风险的一个方式。第六，军事情报工作也是锦衣卫的职责。在对蒙古人和万历时期援助朝鲜抗击日本侵略的战争中，锦衣卫人员也发挥了收集敌方情报的作用。

由此可见，影视作品中把锦衣卫描述得一片黑暗是没有历史依据的，人们对锦衣卫也有诸多的误解误读。锦衣卫在明朝近三百年历史长河中有功有过，需要我们客观分析判断。

这个王朝喜欢打大臣屁股

中国历朝历代都有各式各样的弊政。而明朝仿佛特别多，《明史・刑法志》论曰：“刑法有创之自明，不衷古制者，廷杖、东西厂、锦衣卫、镇抚司狱是已。是数者，杀人至惨，而不丽于法。踵而行之，至末造而极。举朝野命，一听之武夫、宦竖之手，良可叹也。”清人笔下的明代社会俨然是刑法滥用、无法无天的一个“黑暗世界”，而其中最为人诟病的一个暴政就是廷杖。历史的真相如何？廷杖到底是帝王专横的暴政还是另有隐情？让我们先从廷杖的起源说起。

杖刑本是古代王朝处罚罪犯的五刑之一，帝王将杖责用于朝堂之上，对文武官员实施棍打或者鞭抽，以示侮辱和惩罚，统称之为“廷杖”。《明史・刑法志》说，廷杖始于明太祖朱元璋，首先此说不确。考诸史册，廷杖事件屡见不鲜。一向以仁义著称于世的汉光武帝刘秀就曾经杖责过大臣。丁邯以疾病为借口，不愿意就职。光武帝大怒，在朝堂之上，对其杖责数十，逼其就范。但丁邯宁死不从，光武帝只好不了了之。东汉明帝刘庄严峻治国，九卿中多有被鞭杖者。后左雄谏言后，东汉王朝始废杖责之刑。三国东吴大帝孙权因为废立太子事件，将尚书仆射屈晃杖责一百。北周宣帝宇文赟经常用杖刑来处分官员，甚至后宫嫔妃也多有受刑者。到了隋文帝时期，杖责官员更是上升到了国家法律层面。隋文帝在朝堂上杖责官员，一日多时可达四次，参军李君才因为劝说隋文帝不要对高颎过于宠信，被当庭用马鞭抽死；兵部侍郎冯基因为谏言，被杨坚活活廷杖而死。开皇十七年（597年），杨坚更是发布了诏书说："各司属下官员，如果有过失，并没有触犯法律，上司官员也可以律外用杖责之刑。"唐明皇李隆基更是不顾张说等人以"刑不上大夫"为辞的劝阻，多次在朝堂上当众杖责官员。

宋代文官士大夫待遇之厚，几为历代之冠。"与皇帝共治天下"的文官们待遇优厚，生活潇洒，在朝廷上意气风发，自然没有廷杖之事发生。金元以降，风气又为之一变。金元为塞北王朝，少数民族政权的主奴习俗被带入朝堂。元世祖忽必烈时期，朝廷内外大臣被视作奴仆，说打就打，说杀就杀，君臣关系开始变为主奴关系。这种治国理念不能说没有影响到明朝开国皇帝朱元璋，于是就有了廷杖最为严重的时期——明代。

廷杖在整个明代实施的频率和次数是由少变多，到达一个高峰后，又由多变少的。明朝从洪武到弘光十七帝，只有建文、永乐、洪熙、宣德、弘治、泰昌、弘光等七帝在位期间没有对大臣实施过廷杖。总体来看，可以将廷杖的发展分为三个时期。第一个时期，从洪武到景泰年间，廷杖总体趋势是由少变多，相比来说，在整个明朝算是低潮期。洪武八年（1375年），刑部主事茹太素陈时务，上万言书，言语之间多有忤旨，明太祖朱元璋怒，召茹太素当面责备，并杖责于朝。这也是明代记载的第一次廷杖事件。洪武十三年（1380年），永嘉侯朱亮祖父子因罪大恶极，被明太祖下令当廷鞭打至死。第二年，工部尚书薛祥因亲属犯罪受到牵连，被廷杖而死。洪武六年（1373年），朱元璋在工部尚书王肃坐法当笞时说过："六卿贵重，不宜以细故辱。"随着明朝政治经济形势的发展，吏治贪腐、开国功臣不法之举渐渐增多、文武官员沿袭前元故习……这些都成为阻碍大明王朝健康发展的社会问题。出身民间的开国雄主朱元璋为了保朱家江山之长久稳定，只好以重典治国为圭臬。严以治官吏，成为朱元璋的治国思想，廷杖恰在此时出现并不是偶然的。但洪武朝廷杖的实施只是偶尔为之，并未成为常态。明太祖的这种重典治国的思想跟洪武祖制一起，成为后世皇帝治国的不二法门，这也是廷杖得以延续的一个原因所在。建文到宣德四朝，多种因素导致廷杖并未见诸史册。直到正统朝，因为权宦王振的掌权，文官集团和皇权时有冲突，这时候廷杖渐渐开始增多。景泰朝，大臣对易储事件的诤谏，引发了一系列廷杖事件。天顺朝，复辟的明英宗出于树立权威的目的也有过几次廷杖事件。第一个阶段，廷杖并未成为明朝皇帝惩戒大臣的常态。

第二个时期从明宪宗成化朝到明世宗嘉靖朝，廷杖次数逐渐变多，直到整个明朝的高峰。成化一朝，史载廷杖大臣达十余次之多，原因有时政谏言、谏阻传奉官、谏阻崇信僧道和专宠万贵妃等。这一时期廷杖事件增多，与后世不同的是，此时并未出现大臣被杖毙的事件。廷杖之目的是当众羞辱并惩戒大臣，受杖之时，大臣可以穿上厚厚的棉服或者用毯子保护臀部，一般刑后休息三到五个月即可痊愈，因此并无死亡事件发生。继位的弘治皇帝是整个中国历史上都难得的宽仁之君，所以他在位期间，并无廷杖发生。正德年间成为明史上廷杖事件的第一个高峰期，大致原因一是群臣谏阻南巡，二是正德皇帝支持的太监刘瑾与文官集团的冲突。脱衣受杖成为增加廷杖伤亡率的原因。没有了厚毯子和棉服的保护，被廷杖的官员能否存活就看自身的体质了。刘瑾擅权背后是明武宗整饬吏治、振兴帝国的雄心，作为皇权的代理人，刘瑾革新的措施中多有损害官僚集团利益之处。廷杖作为直接的人身惩戒，有利有弊，在惩处一部分确实存在不法之举的官员的同时，刘瑾为了私人恩怨也打击了一些正直官员，而廷杖的大规模实施，无疑加重了明代的君臣冲突。正德皇帝和刘瑾也因此被钉上了“历史的耻辱柱”。

继位的嘉靖皇帝更是创造了明代廷杖的纪录，左顺门“争大礼”事件一次性杖毙 17 名官员，他在位 45 年间，明代的廷杖到达一个最高峰，谏阻炼丹、弹劾严嵩等一系列事件使得整个嘉靖朝廷杖不断，嘉靖帝“严以治吏、宽以待民”的治国理念也得到了淋漓尽致的体现。

第三个时期从明穆宗隆庆帝到明安宗弘光帝，廷杖次数逐渐变少。隆庆六年间，廷杖次数相比于嘉靖一朝，不啻天渊。万历年间，影响最大的廷杖事件是万历五年的夺情事件，其他则因立储和言官谏言事件偶有廷杖之举。一月天子泰昌帝在位时间短，并无廷杖之事。天启年间，因为魏忠贤有皇权的支持，与东林党为敌，酿成了多次廷杖事件。崇祯帝期间廷杖只是偶然存在。到了弘光时，祁彪佳上疏言廷杖、诏狱和辑事之弊，大学士姜曰广鼎力赞成，此事朝廷却并未允准。但是终弘光一朝，也没有发生过廷杖之事。

廷杖的地点一般在北京午门之外，有明一代，大概在午门廷杖官员500余次。成化朝有过在文华殿实施廷杖的记载，南京在成化和正德两朝有过两次廷杖御史的事件。廷杖虽然没有被列入《大明律》明文律令，但也有一套程序。廷杖由皇帝下令，司礼监出帖并加盖印信，刑科给事中签批，厂卫人员负责抓人，锦衣卫执行廷杖。执行廷杖是个技术活。那些行刑者需要经过严格训练：他们先捆扎两个草人，一个中间填砖块，一个用纸张包裹，然后给它们穿上衣服，再用大棍开打。打在包着砖的草人上面，看起来非常轻巧，可是打开草人的衣服一看，里面的砖石却已经碎了；打在纸包裹的草人上面，看起来很重，但是纸张却丝毫无损。只有达到这样的境界，才能当选廷杖的行刑者。廷杖之时，一般由锦衣卫官和司礼监太监一起监刑。行刑的轻重完全取决于他们的眼色和暗号，如果监刑官脚尖张开，其意即为“用心打”，受刑者并无性命之虞；如果监刑官脚尖闭合，意为“着实打”，则受刑者必死无疑。廷杖之前，先要宣读皇帝诏书，然后由一人用麻布兜把受刑者从肩脊之下绑住，使其动弹不得；另有一人绑住受刑者双脚，向着四方牵拽。受刑者的臀部和大腿露在外面，头和脸都跟地皮“亲密接触”，尘垢塞满了口。崇祯时候，姜埰受到杖责，头和脸着地，实刑之杖几次被打折，最后他昏迷不醒。在万历朝夺情事件中，受到杖责的吴中行被医生剜去腐烂的肉几十块，大的如手掌般大小，整个大腿上的肉几乎被剜空，才侥幸保得性命。

明代廷杖制度对整个明代政治影响深远，它反映了明代君臣关系的激烈冲突。各次廷杖原因不同，除去皇帝为了强行实现自身意志之外，意气之争也是导致君臣关系冲突的重要原因，在这方面，大臣们也要负相当一部分责任。很多官员饱读诗书，空有一腔报国之志，却拘泥于教条礼法，并不懂得灵活变通。例如明代最大规模的一次群体性廷杖事件——左顺门“争大礼”，以杨廷和为首的“护礼派”，不顾父子人情，极力主张朱厚熜不认生父，而要称从未谋面的伯父明孝宗为皇父，改称生父兴献王为皇叔父。而另一派以张璁、桂萼为首，顺应天理人情，主张以朱厚熜生父为皇父，并上兴献王帝号。两派互不相让，争斗了3年，直到嘉靖三年（1524年）七月，九卿、翰林、给事中、御史、诸司郎官等220多名官员跪伏左顺门，一致要求嘉靖皇帝改变旨意，称明孝宗为皇考，自身生父为皇伯考。众多官员集体造势，给皇帝施加压力。其间，嘉靖听到殿外哭声大作，便派太监好言劝阻群臣回去，但是群臣却不听从，以杨慎为首的众人甚至“撼门大哭”。嘉靖震怒，命令锦衣卫逮捕了为首的8名官员，其他官员仍然不肯罢休，冲到殿门外擂门大哭，声震宫阙。忍无可忍的嘉靖下令对134名官员廷杖，一片哀号声中，17名官员因伤重不治而亡。在礼法之争的背后，那些表面上固执于礼法、不近人情的“护礼派”官员，他们的真实目的其实是迫使皇帝顺从他们，纳入文官们为其设定好的治国轨道，乖乖地做一个“垂拱而治”的“好好皇帝”。出身藩王的小皇帝并不那么容易就范，为了牢牢掌握权力，才有了这一次左顺门廷杖事件。

至于万历朝首辅张居正的夺情事件，更是一场无谓的意气之争。万历五年（1577年），张居正主持的改革事业已经进入关键期，在此关键时刻，因为其父亲去世，按照传统礼法，他要回家守制3年。但是此刻如果他离去，改革大业就有可能中断，因此万历皇帝下旨夺情。群臣对张居正之权势早已不满，于是以此为契机，上疏弹劾其不孝、贪恋权位，甚至攻击其为禽兽。万历皇帝不得不下旨，廷杖为首的4名官员。这次事件中，文官们坚持的原则其实更多的是墨守成规或者说是党派之争。而景泰皇帝痛失独子不到半年，吏部郎中张纶就上疏请求更换太子，这对心情糟糕透顶的景泰帝来说无异于当头一棒，盛怒之下，皇帝下令廷杖也是可以理解了。

嘉靖朝的君子杨继盛，被廷杖也有可议之处。杨继盛在庚戌之变后，朝廷军政处于低谷，需要休养生息之际，极力上疏反对马市这一权宜之计，后来上疏写了内阁首辅严嵩十大罪过，要求皇帝诛杀奸臣，最终惹怒皇帝，被廷杖，乃至处死。虽是道德的模范，但不能取得政治的实效。

明代的言官是把双刃剑，风闻言事制度使得他们无所顾忌，大事小情，他们无所不管，甚至皇帝的宫闱隐私也难以逃脱。万历朝大理寺评事雒于仁上疏说皇帝有酒色财气四大病，这多是捕风捉影之言。委屈的万历皇帝找来内阁大学士诉苦，却也不能对其严惩，生怕弄巧成拙，导致天下人以为雒于仁所言为实，反而成就了他的诤谏之名。最后万历皇帝只好将其罢职为民了事。从此，万历在跟群臣相处过程中学会了应对，他看穿了多数言官上奏都是指摘细故。为了博取名声，对他们的套路，万历学会了置之不理，也就有了后世的万历怠政。

明代廷杖虽然酷烈，但是文官们却如飞蛾扑火，奋不顾身，一次次投入跟皇帝的博弈之中。其中，有真心为国者，也有为博取名声者。青史留名的诱惑是不可阻挡的，于是众多的文官们对于皇帝宠幸哪个妃子，甚至冷落了皇后这样的隐私之事也要过问，脾气再好的皇帝恐怕也难以忍受了。

总之，明代的廷杖很多是因为文官们意气之争，激怒了皇帝，也有皇帝自身为了打破束缚，实现意志的事例，简单将其归结为帝王暴政恐怕不是实事求是的解读。

当然，另一方面，我们也要看到，这一制度确实也在某种程度上摧残了文官士大夫的尊严，加剧了君臣之间的矛盾冲突，是引发一系列政治问题的根源之所在。

解密清代乞丐的真实生活

蓬松的乱发、漆黑的面庞、衣衫褴褛，一手拄拐、一手拿着破碗要饭，浑身散发着让人“退避三舍”的独特气息……这就是乞丐留给人们的印象。乞丐是社会最底层的人员，饱受人们的白眼和人间的苦难，同时他们也在以自己的方式影响着历史，他们身上也发生了种种趣闻逸事。让我们以清代为例，看看历史上乞丐们的真实生活。

别小瞧传说中的“丐帮”

丐头，就是各县管理乞丐的头目，他们是有权有势的管理者，类似于武侠小说中的“丐帮帮主”，他们负责管理本地和外来乞丐。其产生方式有三：(1) 乞丐们推选出当地地痞流氓或有钱有势者为之。(2) 破落的世家子弟，他们凭借手中的人脉来执掌丐帮。(3) 丐头指定的世袭者，或者是亲属及其他指定继承人。

那做生意的卖家，最怕乞丐来门前乞讨，如若遇到那不讲理的乞丐，就地撒泼打滚，影响了市容市貌事小，干扰了自家生意就不划算了。于是就有商店花钱买平静，拿一些金钱来孝敬丐头，丐头给店家一葫芦样纸张，贴在门口，上面赫然几个大字“一应兄弟不准滋扰”。乞丐见此，犹如见到圣旨，定会离此店铺远远的，不敢滋扰。若有那不识眼的乞丐再来叨扰，商家找到丐头，丐头会对其进行惩处。

新入职的乞丐，必须以3天的乞讨所得，敬献丐头，这称作“献果”。之后，乞丐乞讨所得，大概要献十分之二给丐头。当然丐头也不单单享受权利，如果乞丐有疾病或者死亡，丐头有拿钱体恤的义务。那丐头以何物为其权力象征呢？不是打狗棒，而是杆子。乞丐中有违反规矩者，丐头就用杆子打死犯事者勿论。杆子不方便时时携带，丐头外出时会携带旱烟管来代替杆子，作为自己权势的象征。这些丐头，不但每年从一众乞丐那里分红，还掌握着他们的生杀大权，其权势真不容小觑啊！

清代的乞丐种类名目繁多，超出你的认知。有行走江湖的乞丐，他们浪迹江湖，打一枪换一个地方，是乞丐中的苦行者。有残疾的乞丐，有的残存一目、一耳，有的全瞎，有的是跛子，有的是腿溃烂者，还有的手脚都长在了一起，在地上旋转挪动。这些都是背后一些凶恶之人所为，把他们折磨成残疾人，让他们行乞来换取利润。有强行索取的乞丐，他们多是犯罪之人，被发配远方，路过城市乡镇时，如果乞钱，别人不给，他们拿刀自残，血流满面来吓人。还有卖东西的乞丐，他们多是卖掏耳朵的耳朵刷子。更有那庆吊乞丐，他们专门向举办红白喜事的店铺或者人家索要赏钱，主人往往会为了耳根清净而给他们施舍。

乞丐住哪里？在地方上，乞丐群居之所被称作“花子院”。京城有专门为乞丐冬天居住而设的场所，称作“火房”，每天要钱一文，也有不要钱的慈善之地。还有称作“鸡毛房”的地方，地面铺满鸡毛，乞丐躺在上面可以度过寒冬，每夜要钱三文。

清代乞丐众生相

清顺治朝华亭县令陈鉴，心术险恶，喜欢攻击人，他后来因为侵夺国家存粮而被夺职下狱。出狱后他仍然作威作福，经常去自己之前的下属家里索要饮食，稍稍不如意，就把人家告到官府或者到处散播别人的隐私，人们都很厌恶他。后来他年龄大了，为了糊口，无奈之下，只好跟他夫人一起行乞道旁，80岁时被活活饿死。看来，做人还得多给自己留条后路啊，凡事别做绝了。

有个叫毛瘫子的乞丐，出生就瘫痪，他用手拄地，坐着行乞。顺治时，海盗攻打江宁，县令被迫上吊死了。好几天了，没有人收尸，正好毛瘫子经过，他哭着喊："这是县太爷啊！"然后他把县令入殓在了演武厅。新县令到任，听闻此事，就委任毛瘫子为养济院的院长。此后，毛瘫子每次出行，都坐在一个乞丐的肩上，其他乞丐都行注目礼。县里每月都给他钱，他还盖了三间草屋，娶得一妻一妾，过年过节，乞丐们都会为他敬酒祝贺。

武训，初名武七。7岁丧父，行乞为生。14岁时，离家做佣工，雇主欺负他不识字，用假账来欺骗他说工钱已经支付完了。他争辩，反而被毒打。于是他立志行乞兴学。他行乞的时候有自己的唱词："谁推磨，谁推磨，管推不管罗，管罗钱又多。赢得钱，修义学。"如果有人问他，他会唱："左边剃，右边留，修个义学不犯愁。"行乞所得的比较好的衣服和饭食，武训都会卖掉换取钱财，来慢慢积攒。行乞30年后，他建立了第一所义学，学费全免。后来他又继续行乞，接着兴建了两所义学。他的事迹震动了朝廷。山东巡抚张曜召见了他，并下令免征义学田钱粮和徭役，另捐银200两，并赐名“武训”。同时奏请光绪帝颁以“乐善好施”的匾额。清廷授以“义学正”名号，赏穿黄马褂。武训做乞丐做到入了《清史稿》，有自己的传记，也是千古奇人了！

清代的“犀利哥”们是一群可怜人，他们生活在社会的最底层，他们的辛酸眼泪也是大历史的组成部分。

清代平民私闯宫禁趣闻

紫禁城是清王朝的统治中心，皇室之居所。以武力夺取天下、以少数民族入主中原的清朝统治者一向非常重视紫禁城的护卫。紫禁城有严格的禁卫制度，森严的戒备、星罗棋布的护卫。别说普通百姓，就连王公贵族、文武高级官员要想进入紫禁城，都需要经过严格的登记和检查。

用“固若金汤”来形容紫禁城的防卫似乎是比较贴切的，但是这也只是“似乎”。清朝中期以降，随着王朝中衰，各种奇事怪事层出不穷。作为清朝最高权力中心所在地的紫禁城，竟然也接连发生了多起平民闯入宫闱之事。其实早在清朝最强盛时期，所谓“康雍乾盛世”时就发生过闯宫事件。

康熙五十七年（1718 年），俄国传教士菲力蒙醉酒以后，竟然私闯了皇宫，结果被禁卫军当场拿下。他的下场还算不错，被皇帝勒令收拾铺盖走人，遣送回了俄罗斯。雍正八年（1730 年），俄国传教士约阿瑟夫也是醉酒闯宫，结果这次后果比较严重，遇到了严厉的雍正帝，他只能自认倒霉，被雍正下令关押，最后下落不明。乾隆二十八年（1763 年），疯癫和尚洪玉欲强行闯宫，被打了屁股不说，还被判处终身监禁。

康雍乾三朝毕竟是清朝全盛时期，紫禁城的防卫还是非常严格的，尽管有零星的闯宫事件，但是最终没有一个人能成功闯入，无一例外都是在宫门外被当场拿下。可是从嘉庆朝开始，平民闯宫的成功率开始大大提高了。

嘉庆九年（1804 年）十一月二十四日，一个和尚冒着凛冽的寒风，哆哆嗦嗦地站立在东华门外，还不停地向里张望。负责守卫的禁军见此人鬼鬼祟祟，便将他呵斥走。这个和尚法名了友，是安徽宁国府泾县人士。因为妻儿相继离世，悲痛欲绝的他剃度出家。嘉庆九年正月，了友参拜普陀山后，心生奇念，他想让皇帝把他封为住持，并邀请皇帝南巡普陀山。于是他一路化缘北上，三月间到达北京。抵达京师以后，他数次跪拜在东华门，想乘机入宫，但是宫闱森严，几次都没有如愿。了友坚持不放弃，一条道走到黑。十一月二十四日这天，他被禁军赶走，但是他没有回去。在瑟瑟寒风中，他在景山东门外蹲守到了深夜五更时分。又冷又饿的他缩成了一团，正在此时，灯光一闪，几个人由远及近走来。他定睛一看，原来是几个人拿着食盒要入宫。他判断这些人肯定是给宫内送食物的，就悄悄跟在了身后。他竟然就这样进入了神武门，一路之上并没有禁军盘问。入宫后的了友紧张而兴奋，但是进了宫，他才发现宫内太大了，一时间迷了路，不知道皇帝在哪个寝宫。像无头苍蝇在紫禁城内乱转的他，被巡查的护军发现并拿获。得知消息的嘉庆皇帝勃然大怒。去年失业的厨役陈德带刀在宫门行刺，当时一大帮子禁军护卫竟然目瞪口呆，事后他追究宫廷防卫责任，处分了很多护军。没有想到今年，一个和尚竟然在众目睽睽之下，轻轻松松进入了紫禁城，他怎能不气。嘉庆帝勒令了友还俗，并杖责六十，流放一年。相关责任人一干禁军人等被杖责的杖责，枷号的枷号。但是积弊难返，紫禁城的防卫工作并没有多少起色，之后又发生了内阁中书在紫禁城景运门被小偷割破皮褂事件、宫门外百姓放羊事件，尤其是天理教攻入紫禁城事件，让嘉庆皇帝哀叹，汉唐宋明以来，从来未有之事，竟然不幸发生在了大清朝！

这还不算，到了道光朝，又发生了东华门内銮驾内库失窃事件，大内宫门上的铜瓦门钉被人屡次窃取，东华门楼上存放的兵丁盔甲被贼人洗劫。之后，形形色色的平民闯宫事件屡见不鲜。

咸丰三年（1853 年）三月二十三日这天，紫禁城又发生了一件令人啼笑皆非的事情。在紫禁城养心殿附近，一个挎着篮子的小贩正在向太监宫女们出售馒头，结果被巡查人员当场拿获。要知道养心殿可是咸丰皇帝的居所，皇帝的卧室附近有人卖馒头，这个玩笑开大了。经过审讯，皇帝终于明白了事情的原委。原来这个小贩名叫王库儿，他本是顺天府宛平县一个靠做小买卖为生的农民。三年前，王库儿在大栅栏捡到过一块宫中的腰牌。腰牌的主人是校尉袁士栋，背面标明了他的相貌特征“身高六尺、黄面黑须”。王库儿一想自己的相貌特征跟这个袁校尉太像了，如果带着这个腰牌能混进紫禁城去瞧一瞧，也不枉此生了。想到这里，胆大包天的他竟然真的开始行动了。他换了一身好行头，大摇大摆地进入了神武门，他朝禁军扬了扬手中的腰牌，进入了宫内。在紫禁城溜达了一圈，竟然没有人对他起疑，他心满意足地又从神武门出去，回到家中。这次宫廷一日游，可让他大开眼界。初次入宫如此顺利，他的胆子也变得越来越大。之后，他频繁入宫，并跟宫内的杂役和小太监们成了好朋友。在攀谈之中，他得知宫内很多太监宫女经常吃不饱，于是作为小贩的他开动自己的商业头脑，让自己的媳妇蒸了一大篮馒头，自己带着馒头入宫去卖。没有想到，他的馒头极其畅销，被宫女太监们抢购一空。他看到了这是条来钱的门路，于是在此后的一年内，他通过卖馒头、针头线脑等杂物，竟然也赚了几百两银子。到了咸丰二年（1852 年），王库儿的过继给亲戚的哥哥张贵林也得知了此事。“有钱兄弟一起赚啊。”张贵林找到兄弟，想“入股”。王库儿爽快应允，他把腰牌上的名字刮去，刻上了张贵林的名字。于是张贵林就代替王库儿入宫，继续做着贩卖杂货的生意。与此同时，王库儿跟宫廷厨师张春成混熟，张厨师就让他帮自己做饭并住在自己那里。王库儿、张贵林兄弟二人竟然在宫内安然无恙，安心“工作”了一年。咸丰三年（1853 年），王库儿要回腰牌，打算继续贩卖馒头。在三月二十三日这天，他被一伙不认识的禁军拿获。一个小贩在宫内卖了两年多馒头，竟然没有人发现，咸丰皇帝岂能不怒？相关禁卫人员受到了严厉处罚。

清朝的宫廷禁卫一开始不可谓不严，但是再严格的制度，随着王朝渐渐衰落，也开始变得徒具其表。执行制度的人多是人浮于事，因循之风从地方到中央已经深入了帝国的骨髓，因此晚清以降出现了多次平民闯宫的事件就不足为奇了，当然这也是一个王朝没落的象征。

清朝大臣上朝有多苦

随着近些年众多清宫剧在荧屏上的“扑面而来”，我们看到各种上朝的场景，大家都觉得场面宏大、庄严肃穆，可是真实的历史上，清朝大臣上朝是什么样的？看完下面的几件事情，相信很多人就会改变看法了。

首先，清代上朝的时间极早。跟历朝历代比，清朝皇帝是比较勤政的，这也是清代极端专制的政治体制所决定的。皇帝不勤政，整个国家就玩不转。通常是凌晨三点，皇帝就要起来办公了。被召见的第一批大臣通常是军机大臣，这也有专有名词，称作“叫起儿”，之后皇帝再召见其他大臣。一般早上的五点到六点，其他京官基本都要上朝了。明朝时候北京内外城没有分别，而清朝内城只许满族人居住，汉族官员基本住在宣武门外，他们离紫禁城远，所以通常凌晨两三点就要起床出发了。

从大臣们的家里前往紫禁城上朝途中，对很多人来说，就是一个考验。据晚清詹事府官员恽毓鼎回忆，他上朝途中常常要花费两三个小时，如果遇到雨雪天气，车中没有取暖设施加之长途颠簸，还很容易感染风寒。如果是赶去颐和园上朝，就要起得更早。有一次恽毓鼎为了赶往颐和园给慈禧祝寿，凌晨一点就起来赶路了。长路漫漫，为了打发旅途的无聊，很多官员在车中读起了书，有时候两天就能读完一本，这也足见上朝旅途之漫长了。另外因为起床的时间比较早，大臣们只好在路边摊子上随便买点诸如馄饨、豆腐、包子、米粥之类的吃食，先垫垫肚子。

起早摸黑的各位京官到了紫禁城外，不好意思，还不能立刻进入，他们要在东华门候着。到了东华门的“下马碑”，不管您是多大的官，有多大的派头，都要乖乖地下马下轿步行，这就是规矩。当然也有例外情况。一是大臣被皇帝特赐“紫禁城骑马”殊荣的，可以骑着“穿朝马”进入；如果是皇帝特恩赐给肩舆的，则由两人抬着一把椅子，官员坐在上面进入，这称作“穿朝轿”。清代大臣能得到这两种殊荣者少之又少。道光朝时候，汉官林则徐被道光皇帝特赐“紫禁城骑马”，在当时还引起了很多满族权贵的不满。

时辰一到，大门开放，守候已久的京官们依次进入。下面的事情更悲催了，这时候相当于凌晨五点多，日头没有出来，按照规矩，除了当天需要提前送达各式公文和报告的官员以外，其他大臣从东华门到隆宗门是不准点灯的！据说这是为了宫中安全考虑和防止火灾。怎么办？大臣们只能摸黑进宫，如果有特许点灯的官员入宫，很多官员就会乘机跟在后面“蹭灯”，摸黑赶路摔倒还算轻的，还曾经有官员因为在雨天摸黑步行，路滑而不慎跌入了御河淹死了。清代皇帝有时候还会驻跸三海，这时候官员就要从西华门到勤政殿上朝。这一段路足有两里之遥，如果遇到雨天，泥泞的土道让人苦不堪言。年轻者尚可以闪转腾挪，对于上了年纪的官员来说，跌倒摔跤就是常事了。

经过在黑暗中摸爬滚打，狼狈不堪的官员们终于到了太和殿。此刻会有一个太监用力鸣鞭三下，这是在提示大臣们，皇帝即将驾到，各位大臣要保持肃静了。皇帝驾到，朝会开始。除了个别地位极高的亲王重臣，其他人基本是在大殿之外的，而不是我们平常看到的清宫剧里面演的那样，所有大臣一起挤在大殿里面。如果是御门听政，只有皇帝一人端坐乾清门内，其他官员按照品级分列在乾清门两侧。朝会中一系列的繁琐的礼仪规矩又是严峻的考验，怎么说话、怎么着衣、举手投足、站立的位置……都有严格的规定，甚至还不能大声说话、咳嗽、吐痰等等。如果有不合规矩的行为发生，随时都会有言官记录下来，事后会受到相应的处罚。

不说别的，如果大臣上朝之时遇到内急就是个大考验。紫禁城内没有厕所，从皇帝到宫女太监都是用马桶方便的。大臣们如果有内急，而此刻皇帝正在跟他们谈话，这时候倒霉的大臣只好咬紧牙关。如果真的有不幸的情况发生，又免不了言官的一番弹劾，所以各位大臣上朝之前都是不敢暴饮暴食的，以防止意外情况的发生。

清代官员如果遇到祭祀大典的朝会，对于他们的胃口又是一个很大的考验。清朝祭祀尚食猪肉，宰杀后的猪被放入大锅煮熟。然后皇帝带头吃，而且吃的都是白花花的大肥肉，更可怕的是一点盐都不放！下面陪祀的大臣们当然要跟着一起吃肥肉片，那不放盐的肥肉片是什么滋味就不用说了，能忍住恶心吃下肚的大臣们都是好样的。这时候人际关系又发挥了很大的作用，如果你跟太监关系好，可以事先偷偷要一点盐，趁人不备撒进肥肉里面一点，总是聊胜于无，可以压一压那让人反胃的肥腻味道。

对于上朝的大臣来说，其实还有一个最大的考验，那就是跪功。明朝君臣之间是“五拜三叩”之礼，而且多在新皇帝登基或者祭祀天地的大典中使用，一般殿上面君时，只需要双手抱拳对皇帝四到五拜即可。清朝对于君臣礼仪的规定相当严格，《清会典》规定：“大朝，王公百官行三跪九叩礼，其他朝仪亦如之。”也就是说，只要是朝会，大臣就必须给皇帝施三跪九叩之礼，这个没得商量。任何一个上朝的官员都要练好跪功。如果一个大臣有幸被皇帝在朝会上召见谈话，或者赏赐给他本人或他父亲、祖父封爵等恩典的时候，他必须摘下顶戴花翎，以头叩地，要发出响声，能让皇帝听得到，这叫作“叩响头”。太和殿或者养心殿都有专门的覆甑，在这上面叩头可以很轻松发出响声，否则的话就是叩破了头也不能发出响声，因此很多大臣事先都会贿赂太监，以便知晓覆甑的具体位置。

有时候，年老体衰的大臣因为跪着奏对的时间过久，会导致意外事件的发生。乾隆十三年（1748 年），时年七十四岁的吏部尚书刘于义因为跪着奏对的时间过久，起立时候体力不支跌倒，当场就死了。很多大臣为了保护膝盖，都有自备的护膝，是用厚约一寸的丝绵制成，每天上朝就绑在膝盖上，如果没有这套设备，恐怕膝盖跪久了会落下终身残疾！如果大家看过电视剧《还珠格格》，应该对剧中小燕子发明的“跪得容易”那套装备记忆犹新吧！就是有了这套设备，跪得久了也难保万全。李鸿章在慈禧六十大寿来临之前，每日练习三次三跪九叩的大礼，以便于从容应对。而两朝帝师翁同龢每天晚上睡觉前，都要练习五次三跪九叩。

相信经过了一次上朝以后，饥饿、疲乏、困倦是所有大臣共同的体会。

如果你认为一年三百六十五天都是这样上朝，那也错了，别说人，就是机器也受不了啊！清朝上朝分为三种。一是大朝。每年元旦、冬至次日、万寿圣节和国家庆典，皇帝在太和殿上朝。这种大朝是京官基本都要参加的。第二种是常朝，每月逢五逢十，皇帝御太和殿，这基本是一种礼仪性大于实际性的朝会，很少涉及具体朝政的处理。这种常朝也是京官基本都要参加的。第三种是御门听政，康熙朝最常见，同治、光绪两朝已经名存实亡。听政的频率、地点不固定，以乾隆朝为例，基本是每个月三到四次。这种听政是重要的京官参与。由此可见，清朝官员上朝确实比较苦，可是并不是天天为之，否则皇帝也承受不住。对于普通京官来说，一年之中，这样痛苦的上朝就算按照最高的频率来说，也不会超过 150 天。对于养尊处优的官员们来说，上朝这件事真是需要极大的体力精力来应对的。

科举史上的那些高龄考生

2001年开始，我国教育部宣布废除25岁以下青年才能报名参加高考的年龄限制，从此之后，高考对任何年龄阶段的考生全面开放。2015年，南京出现了高考史上年龄最大的考生汪侠，他当年已经86周岁高龄了。其实，在中国1000多年的科举史上，比他年龄大的考生比比皆是，最高年龄的考生甚至已经达到了人瑞之龄——103岁！

科举时代对考生也没有年龄限制。在实行科举制度的漫长岁月里，各朝各代的读书人为了功名不惜皓首苦读，“朝为田舍郎，暮登天子堂”，激励着一代又一代读书人。中国科举史上曾经出现过很多高龄考生，他们对于考取功名的痴迷着实让人感叹。

“三十老明经，五十少进士”，相对来说，又以进士科最为难考。唐昭宗光化四年（901年），这一年的进士科考场中，有一个引人瞩目的场景。考官巡视考场，一眼望去，满场以青年学子居多。可是在几乎满场青丝乌发的考生中，竟然有五位满头白发的老者。为了功名，他们也是蛮拼了，5 人之中，最老的王羽希已经 73 岁，最年轻的郑希颜也已经 59 岁。唐昭宗听说了有 5 位老人参加此次进士考试，同情心陡然而生，破例把 5 人同时录取为进士及第。不但如此，他还下令免除他们的吏部铨选，授予他们校书郎之职，时人称这一科为“五老榜”。

宋朝同样不乏老年考生。宋神宗元丰年间，参加进士考试的老儒陈胜年逾古稀。一生追求功名的他已经多次参加科考，这一次，在考场上老眼昏花的他实在是答不出试题了。他竟然突发奇想，在试卷上写下了这样一句话：“臣老矣，不能为文也，伏愿陛下万岁、万岁、万万岁！”然后他就干脆交了白卷。没有想到，宋神宗看了这句话之后，竟然心生同情，破例给了这位考了一辈子的老人家以功名，并食俸禄终身。

南宋绍兴八年（1138 年），朝廷举行殿试进士唱名仪式，宋高宗赵构亲自参加。之前，唱名了状元黄公度、榜眼陈俊卿，两位都是青年才俊，赵构予以亲切接见，嘘寒问暖，其乐融融。当唱名到探花陈修时，只见一位白发苍苍的老者伏身跪倒，口中高喊“万岁”。赵构问他今年高寿，陈修回道已经 73 岁了。赵构心想如此高龄，还能高中探花，真是毅力惊人，心中暗暗佩服。然后赵构又问他儿孙几何。没有想到，陈修回答说为了考取功名，他至今未婚！惊诧不已的赵构，随即也做出了一个惊人决定，他把一位30多岁姓施的宫人许配给陈修做妻子，并给予她金银财帛作为嫁妆。陈修这也算老来得福，金榜题名并洞房花烛，人生两大喜事一起，就这样毫无征兆地“扑面而来”了！此事传到民间，大家还编了一首打油诗：“新人若问郎年几？五十年前二十三。”

明朝万历年间，有一个名叫刘珠的荆州人，他沉迷于科考36年，直到66岁才考中了进士。还有比他牛的，董又莘直到70岁古稀之年，才考中了进士。不过他运气不差，后来官做到了南京大理寺卿，一直活到90岁才去世。如果不是长寿的话，他这功名还真白考了。

到了清朝，因为医疗条件的改善，人的寿命也大大增长。由此，科举高龄考生也越来越多。康熙三十八年（1699年），乡试考场上，竟然出现了一位99岁的耄耋考生，他是来自广东的贡生黄章。他已经为了科举整整奋斗了70年！从明朝崇祯年间一直考到了清朝顺治、康熙年间，把明朝崇祯皇帝都考没了，60多岁才仅仅是一个秀才，83岁那年他成了贡生。黄章身体硬朗得很，这一次，他以99岁高龄参加考试。他特意让曾孙提着一盏写着“百岁观场”的灯笼在前面开道，进入考场。他曾经说自己今年才 99 岁，还不是人生最得意之时，今年估计比较悬。下一次考试，也就是他 103 岁的时候，才能考中。不过史料中没有记载他这一次的成绩，也没有记载他有没有参加下一次考试。

光绪年间，更出现了 102 岁参加乡试的考生莫如瑗。他三场考完，文笔、书法俱佳，被授予了举人。光绪二十年（1894 年），他又被恩赐进士，官做到了国子监司业。

乾隆五十一年（1786 年）,94 岁的谢启祚参加了广东乡试。别人在考前劝说他放弃，他却说科考是决定名分的大事，绝不可轻易放弃。凭着这样的信念，他高中了举人。欣喜欲狂的他高中之后，作诗把自己老年中举比作老女出嫁。但是之后的会试他却落榜了。乾隆听说了他的事迹，非常感动，授予了他国子监司业职衔，据说谢启祚活到 120 岁才去世。

这些还不是年龄最大的考生，有史以来，史料记载年龄最大的考生是 103 岁！他就是广东人陆云从。他 102 岁参加了道光乙酉科（1825 年）的广东乡试，因为高寿被赐予了举人。在参加鹿鸣宴时，考官问他何年考中秀才，答曰“去年才考中”。考官戏问道：“三场辛苦，还能耐否？”他回答说“没有问题”。果然，次年，年已103岁的陆云从北上，参加在北京举行的会试。此事引起了全国轰动，京城之人争相一睹其风采，只见老人家耳聪目明，步履矫健，仿佛60多岁的人。会试他坚持考完三场，虽然未中，但道光皇帝怜他年老却有如此恒心，特意授予他国子监司业职衔。

可以想象，古代的这些高龄考生，他们的科考之路真的非常艰辛，他们这种毅力确实值得人们钦佩。当然，得以高中的只是极少数的幸运儿，更多的人是带着落榜的终身遗憾离开了人世。

剥皮楦草：传闻还是历史

话说大明宣德年间，承太祖、太宗两朝遗绪，加之仁、宣两代帝王励精图治，明朝国势正如日中天，外无强敌、内无祸患，真个是四海升平，百姓安居乐业，一片繁华景象。

这一日，御史升座公堂，提犯审案。大堂之下，跪着一人，此人白发苍苍，自称曾在御史台工作，知晓法律。御史问他曾经担任何官职，姓甚名谁。此人回答："洪武年间，我曾经担任御史台长官，名叫严德珉。"御史听后大惊，连忙上前将他搀扶起来。次日，公布了判决结果，严德珉被轻判。当时有教授跟他饮酒，看到他脸上黥字，戴着一顶破帽子，就问他："老人家，你曾经触犯过什么法律？"严德珉陈述往事，并且说："洪武年间国法非常严厉。当官的保住脑袋都很不容易，像这样的破帽子也不容易戴上啊！"说完了，严德珉连连向北面拱手，嘴中还念念有词："圣恩！圣恩！"

洪武年间，出身平民的明太祖朱元璋确实以严法治官，严德珉只是因病求辞职回家养老而惹怒了朱元璋，从而被黥面流放。如果是贪污的话，恐怕就不是这么简单了。因为朱元璋对官员贪污最为痛恨，曾经对贪官施以剥皮、抽筋、凌迟等各种酷刑。

其中，最让人惊悚不已的莫过于“剥皮揎草”。吴晗在大作《朱元璋传》里提到：官吏贪污六十两以上的要枭首示众，而且仍然要处以剥皮之酷刑。府州县衙门左边的土地庙，就是剥皮的刑场，这里也被叫作皮场庙。这里引自清代学者赵翼的《廿二史札记》。

后世有的学者提出：《大明律》《大诰》等明代典制律书里面并无关于剥皮之刑的记载，剥皮揎草说只见于各稗官野史中；另外各地地方志中也没有关于皮场庙的记录，因此剥皮揎草之说可能是民间传说，并不足为信。

但我们掀开历史的帘子，抽丝剥茧，却发现此事还是有迹可循的。首先，稗官野史不一定都是妄言。祝允明的《野记》谈到明朝初年的酷刑时，有这样的记载：“有剥皮，剥赃酷吏皮置公座，令代者坐警。”明末才子沈德符的《万历野获编》被公认为史料价值极高的野史笔记，书中法外用刑之条言：“太祖开国时，亦有赃官剥皮囊草之令，遭此刑者，即于所治之地，留贮其皮，以示继至之官，闻今郡县库中尚有之，而内官娶妇者亦用此刑，末年悉除此等严法，且训戒后圣，其词危切，况臣下乎？”也就是说洪武年间有对贪赃枉法的官员剥皮揎草之刑。而且贪官们被剥下的皮会留在他们当官所在地的府库内。到了作者沈德符生活的年代，也就是万历年间，一些地方的府库里面仍然保留着一些贪官的人皮！而且洪武时，如果宦官娶妻，也会被处以这样的酷刑。

其次，《大明律》《大诰》为何不记载此种刑罚？明太祖在留给后人的祖训中，就明确提出后代继位各帝不许法外用刑，包括黥、劓、阉割等酷刑。比这些残酷百倍的剥皮揎草自然不会出现在明朝国家大法的记载中。明太祖不希望后世子孙学习并运用这些酷刑，因为他明白在非常时期才能运用非常刑罚，以猛治国更多是他在他所处的时代无奈的选择。因此，他在洪武末年废除锦衣卫并焚毁锦衣卫刑具，这也体现了他对后世帝王为政以宽的期许。

各地方志的记载中之所以没有皮场庙这样的字眼也很正常。既然朱元璋的法外用刑是时代不得已的选择，而且他在祖训中又孜孜告诫后世不得重拾这个酷刑，后代编志自然对此不会涉及。那些洪武年间名义上祭祀土地，实则用来给贪官剥皮的场所自然也消失在了后世的记载中。官僚集团对洪武年间严厉治官一直就有异议，那段残酷岁月，士大夫们不愿意再提起。况且，地方志虽然没有皮场庙字眼的记录，可是土地神祠的方位却有记载，位置恰恰是在府县衙门之左！这也暗合了赵翼所言：府州县衙门左边的土地庙，就是剥皮的刑场。

如果这些还不足以说明问题，我们可以来看万历十四年（1586 年）的一条奏疏：“……太祖初，剥皮囊草，洪武三十年定枉法八十贯绞之律。弘治，士多廉介之节，民无渔夺之忧。政刑原非德礼外事。士乎？民乎？太祖之权冲审而两全之矣。”上疏人鼎鼎有名，他就是海瑞海刚峰。当时他人已暮年，在目睹了大明帝国肌体内触目惊心的贪腐之后，他决心上疏万历皇帝，要求恢复洪武时代的酷刑，严厉打击贪污。其中就提到了剥皮揎草之刑。此疏一石激起千层浪，文官们纷纷上奏对他进行反驳。这些反驳的奏疏记录在了《明实录》中，如果海瑞提到的洪武朝剥皮揎草之事为子虚乌有，反对派必然会抓住这一点攻击他造谣之罪，可是通篇不见此记载。而且明代官员上疏言及祖宗之制、先朝故事都是极其严谨的，如果有一点差错就会被言官弹劾。反过来，我们可以说海瑞的这篇奏疏说明了洪武年间确实存在剥皮揎草之事。

洪武年间著名的大将蓝玉被处死后，人皮也被剥下。永乐年间朱棣靖难之后，也曾经剥下了刺客景清的人皮。正德时，明武宗痛恨义军领袖赵燧等六人，也将他们的人皮剥下，做成了马鞍马镫。迟至天启年间时，魏忠贤还曾经把四个骂他的老百姓给剥了人皮！这些事情的发生，说明剥皮之刑并不是传说，朱元璋时代给贪官们剥皮，确实极大地澄清了吏治。试想：新上任的官员看到自己公座旁那张塞满了稻草的人皮，办公时，脑中浮现的是前任官员被处死时的哀号，心中该是多大的震撼！

只可惜前期清廉的明朝，到了中后期贪腐严重，最终仍然不能摆脱历史的周期律。

古代中秋佳节的那些趣事

中国是一个重视传统的民族，我们有四大传统节日：春节、清明节、端午节、中秋节。中秋佳节代表团圆，不管游子走到哪里，心中牵挂的依然是家乡的亲人。说一句暖暖的祝福语，吃一口甜甜的月饼，赏一眼圆圆的明月，那幸福是溢于言表的。在南京，中秋月圆之夜，很多人都会站在秦淮河的文德桥上赏月。小桥、流水、古色古香的建筑，让人们暂时忘却了现代都市的摩天大楼和快节奏，仿佛穿越到了悠闲恬静的古代，内心得到无比的放松与愉悦……

此刻的你一定好奇，中国古代人是怎么过中秋节的呢？从时令的角度来说，中秋节是“秋收节”，古人在这个季节饮酒起舞，充满喜悦地庆祝丰收。早在周代，根据《礼记》的记载，中秋夜就有祭月和迎寒的仪式。到了魏晋时期，贵族文人已经有了中秋赏月之事，但是还没有形成普遍的习俗。魏晋乐府《子夜四时歌》中，就有一首描写道：“秋风入窗里，罗账起飘扬。仰头看明月，寄情千里光。”

到了唐代，中秋节开始成为固定的节日。唐代赏月和品尝月饼成为中秋的一个节日符号。至迟在唐僖宗时，月饼就已经成为一种美食。《洛中记闻》载唐僖宗在中秋节吃月饼，感觉味道极好，于是派人把用红绫包裹的月饼赏赐给新科进士，这也是见诸文字的月饼的最早记载。唐代大户人家还会在中秋之夜摆下香案拜月。祭品里面西瓜和月饼是不能少的，西瓜切成莲花状。月亮神像要放置在月亮所在的方向，然后燃起红烛，全家人依次拜祭月神。最后是切分月饼，根据家中总人数，哪怕有的家人不在现场也要算入他们的一份，而且大小要切得一样，可见唐人对于中秋佳节的考究。

宋代中秋节更加热闹隆重。北宋，正式确定八月十五为中秋节。孟元老的《东京梦华录》记载了中秋之夜京城的热闹场景。富贵之家要把台榭装饰一新，普通百姓都要争着抢占酒楼的有利位置观赏“玩月”。说到“玩月”，也就是大型的晚会表演活动和夜市游玩。宋代的夜生活本来就是极其丰富的，中秋之夜，更成了狂欢之夜。各种笙箫乐器的演奏之声传出很远。远处的人们听到后，都觉得这是来自云间天堂的天籁之音。儿童在嬉戏，人们在欢庆，夜市通宵达旦。南宋吴自牧笔下的南宋临安中秋节的热闹程度不次于北宋汴京。中秋之夜，王族贵胄、富家公子都会登上高楼赏月，彻夜饮宴、观赏乐舞，就是贫苦百姓也会买上一壶酒，赏月饮酒，全家团圆，暂时忘却一年的辛酸劳苦。家中如果有十二三岁的孩子，不管家中贫富，都要给他们穿上成人装饰，让他们焚香拜月，男孩祈祷早步蟾宫，高攀仙桂，取争取一个美好前途之意；女孩则愿貌似嫦娥，圆如皓月，祈祷可以嫁到一个好人家。

至于皇室的中秋之夜，周密的《武林旧事》记载了南宋淳熙九年（1182）的一场皇室中秋宴。宴席摆设在香远堂内，里面御榻、屏风等一应器具都是用水晶制成，满室幽香。外面就是水池，池里的荷花盛开，一眼望去，美不胜收。月光初上，50个女童演奏清乐，北边岸上还有教坊乐伎200多人相和。参加夜宴的有皇室加在京六品以上的所有官员。太上皇赵构点歌一曲《霓裳中序》，歌声婉转动听，音乐动人心扉。君臣在歌乐声中，一起赏月和享用美食，一直玩到深夜才结束。

元代，陶宗仪的《元氏掖庭记》中记述过元武宗过中秋节的情况。中秋之夜，元武宗与诸嫔妃泛舟在皇家的太液池，设宴取乐，宴席上海陆备陈，十分丰富，其中就包括月饼。

明清两朝，中秋佳节的受重视程度愈来愈高。民间盛行中秋“祭月”活动，各家都要设置“月光位”，向着月出的方向跪拜。田汝成《西湖游览志馀》记载：中秋之夜，杭州的百姓家中都有赏月宴，有人乘坐游船，在西湖上彻夜游玩。苏堤之上，人们出游唱歌，灯光亮如白昼。富察敦崇《燕京岁时记》又记载了清代北京的中秋习俗。京城的月饼以前门致美斋的为最美味。中秋节，富家大户多用月饼果品相互馈赠。月圆之时，大家把果品月饼摆设出来，一起享用，女子拜月，男子多不参与其中。

就是晚清国家多难之时，慈禧太后的中秋节也是奢华异常，而且她过中秋节是从八月十三到八月十七，一共5天。在庚子国变之时，八国联军入京，慈禧一行人仓皇西逃。到达了山西，恰值中秋，慈禧还摆了一回谱。山西的大小官员为了让慈禧过好中秋节，特意布置了奢华的行宫，又让忻州城中几家大的蛋饼店，联合赶制了月饼。各式美味并刻有吉祥字眼的月饼，让慈禧非常满意。因为她是女人，觉得“月饼”音同于“月病”，于是改月饼名为“月菜糕”。

在古代的京城，买房需要多少钱

俗话说，安居乐业。安居才能乐业，然也。衣食住行，人生四大事，件件少不了。今天各个热门城市房价惊人，也许很多人倾尽一生积蓄，也难以买到大城市的一套房，更遑论首都北京的惊人房价。更有那在京漂流者戏称，这辈子的积蓄能在京城买个地下室，足矣！很多在北京的上班族无奈之下，只好在河北、天津买房，这也把京畿一带房价炒得火热。

那么问题来了，如果在古代，想在京城买套房，需要准备多少钱？这是个有趣的话题，当然朝代不同，答案也不同。就让我们以中国历史上最有代表性的四大王朝——唐、宋、明、清为例，来说说首都房价问题。

“九天阊阖开宫殿，万国衣冠拜冕旒”，大诗人王维笔下的长安大明宫何等气派。大唐以包容万邦的气魄傲视天下，作为首善之区的长安不仅是大唐帝国，同时也是当时世界上最大的城市。当时世界上靠前的三座城市是：唐帝国长安城、东罗马帝国君士坦丁堡、阿拉伯帝国巴格达。长安的规模是同时期君士坦丁堡的7倍，巴格达的6倍多！长安人口最多的时候超过了百万，长安无疑是当时世界的中心。这样一座超大城市的房价如何呢？别人咱不说，单说大诗人白居易。他29岁中进士，32岁成为秘书省校书郎，他当时月薪18000文，这在当时也算高薪了，可是他还是买不起房，只好暂时在长安东郊长乐里租了4间茅屋作为居处。但是这样一来，上班就远了，白居易只好又租了一匹马作为代步工具，另外又雇用了两个保姆。这样一来，他每月要开销7500钱，剩下的钱存起来用于买房。结果存了10年，还是买不起房。郁闷的他写下了"游宦京都二十春，贫中无处可安贫。长羡蜗牛犹有舍，不如硕鼠解藏身"的诗句。瞧瞧我们的大诗人被长安的高房价逼的，都开始羡慕蜗牛和老鼠了！白居易觉得长期租房不是办法，于是他到陕西渭南县买了一处宅子。好在这地方算是京畿地区，白居易平时上班就住在单位宿舍，节假日就回渭南的房子里住。这类似于今天在北京上班的白领们，很多人在市内买不起房，只好在京郊或者河北买房。直到50岁时，白居易才靠积攒的钱在长安买下了房，也就是为了长安这套房，白居易整整奋斗了

18 年！另一位大文豪韩愈，做官做到了京兆尹的位置，也就是相当于今天的北京市市长，就是这样还整整攒了 30 年的钱，才在长安置办了一套房子。那到底具体房价如何？根据唐玄宗时一份朝廷拍卖房产的记录，一套包括 39 间房间的别墅，折合 13.8 万文。数字看起来不大，要知道古代物价水平比现在也低，钱币的购买力高多了，所以这个价格对唐代人来说可不低！如果不是当官或者经商的富人，终其一生，根本不可能在京城长安买房的。

一幅《清明上河图》刻画出了北宋都城开封的繁华富庶，作为当时世界上人口最多、规模最大的城市，开封的房价之高无疑是惊人的。御史中丞翁彦国曾经说过一句话："纵得价钱，何处买地？"意思是宋朝的首都开封土地紧张，就是有钱都不一定能买得到"宅基地"。宋徽宗时，开封一栋普通住宅房价就要 9400 贯，这价格是唐玄宗时代长安房价的 3 倍多！北宋 9400 贯，这个价格有多高？看看下面几个大文豪的京漂生活就知道了。

欧阳修从 24 岁中进士一直到 38 岁官做到知谏院兼判登闻鼓院的位置上，也相当于今天的副局级官员了，可还是买不起房，只能在京城租房。后来他写诗回忆起自己的京漂生涯：

“嗟我来京师，庇身无弊庐。闲坊僦古屋，卑陋杂里闾。邻注涌沟窦，街流溢庭除。出门愁浩渺，闭户恐为潴。”这首诗写尽了欧阳修在开封租房时不堪回首的悲苦往事。再看著名的大文豪苏东坡，他们父子三人在有了官职和俸禄之后，依然买不起开封的房，只好在西郊租房。苏东坡后来收下四个弟子——秦观、张耒、黄庭坚、晁补之，他们并称“苏门四学士”。这四位在京城开封也买不起房，只好靠租房度日。宋太宗时的诗人王禹偁，就用一句话描述了开封不动产的昂贵程度：“重城之中，双阙之下，尺地寸土，与金同价。”而朱熹在说到北宋开封房价时，也说：“且如祖宗朝……虽宰执亦是赁屋。”看看，就是宰相一级的官员都有在开封租房的！ 9400 贯的房价对普通的宋朝人来说，更是天文数字。洪迈《夷坚丙志》记载，一个没有技术的青年农民出外打工，每月能挣 900 文，还不到一贯钱。《宋会要辑稿 · 食货》记载，宋太祖时国营纺织厂“绫锦院”的熟练女工每人每月能领工资两贯铜钱。《欧阳修全集》第 153 卷收录了一封欧阳修写给大儿子欧阳发的信，提到欧阳修家里雇的几个男仆的工资，每人每月 5 贯铜钱。这样一换算下来，欧阳修家的一个男仆，不吃不喝靠自己的工资，150 多年才能买一套开封的普通住宅；绫锦院的熟练女工不吃不喝400年才能靠工资买开封的房子；如果是没有技术的农民工，他得不吃不喝800年才能买得起！由此可见，北宋京城房价之高可谓历朝之最了。

明朝京城北京的房价如何？崇祯十三年（1640年），北京有个普通百姓傅尚志卖房，“破瓦房一所，系边房，前后共五间，坐落南城正东坊二八铺，三面议定时值价银三百一十二两整”。北京南城5间破瓦房，卖了300多两银子。如果是小户型的京城普通住宅是80多两白银，而明朝一个七品县令的年薪大概有350两，也就是说买一套普通住宅对一般官员来说都是没有什么压力的。曾经有一位清官海瑞，他在京城没有买房，靠租房度日。那个时代清廉如海瑞，当然也是特例了。

清朝北京房价也不是太高。乾隆十二年（1747年），北京内城西北角太平湖东七间半85两。乾隆十三年（1748年），北京内城新帘子胡同，四间瓦房70两。也就是说清代一个小小的七品芝麻京官，年薪为31两白银。省吃俭用刨去生活开支，大概三年收入也足够在京城买一套私宅。

在古代首都买房置业，各个朝代情况不同，相比于唐宋两朝，明清两朝的首都房价算是大众能承受得起的了。

为何从这个朝代，猪肉开始统治了饭桌

记忆中的20世纪80年代，逢年过节老百姓能吃上一顿猪肉馅的饺子，或者能吃上一顿红烧肉，真个是心花怒放，高兴得跟什么似的。随着人们生活水平的提高，肉食越来越丰富，平时人们吃肉也习以为常了。当今中国，餐桌上的主流肉食还是猪肉。

那猪肉是从何时起统治了中国人的饭桌呢？这是一个有趣的历史话题。

先秦时代，猪、牛、羊被称作“太牢”，国君和士大夫才有资格和条件经常享用这些动物的美味肉食，而普通百姓只有在最重大的庆典或到了一定的年寿，才能尝到肉食。

古代农耕离不开耕牛，历朝历代多禁止宰杀耕牛。汉代就立法禁止杀牛，犯禁者要处以死刑。唐武宗明确提出：“牛者，稼穑之资也，中国禁人屠宰。”唐宋时代人们基本只能等到牛自然死亡，才能品尝那老牛肉的味道了。至于《水浒》中

的英雄好汉动辄来上几斤熟牛肉的豪爽，则反映出他们对社会秩序的蔑视和内心对美味肉食的向往。

魏晋时代，家猪的饲养减少，羊肉开始统治中国人的饭桌。南北朝的《洛阳伽蓝记》就说羊肉是陆地上最美味的肉食。到了唐代，“羔羊美酒”更是成为顶级美食的代名词了。

到了宋朝，上到皇室，下到民间，羊肉成为肉食的主流。宋真宗的御厨每天要宰杀羔羊350只，而素号节俭的宋仁宗后宫一天需要的羔羊是280只。

元代以蒙古族入主天下，上层统治者对羊肉的喜爱影响到了民间，直到这个时期猪肉还是低档的饮食。直到明朝，中国人肉食的主流开始悄悄发生了变化。

《明宫史》中记载了明宫皇室的饮食中猪肉已经占据了肉食的主流，过节的主食里面就有烧猪肉、猪臂肉、猪肉包子等。明代后期光禄寺一年消耗18 900头猪，羊是一万多头，猪肉消耗量超过了羊肉。就是明朝中期的武宗朱厚照提出了“禁猪令”，禁止屠猪食猪，也没有制止民间食用猪肉的潮流。此条法令出台仅仅三个月便被废止就是很好的例证。

猪肉为何在明朝逆袭，成为国人餐桌上的主流肉食？

首先，猪粪作为肥料可以促进农产品的增收，而且猪肉更有营养。据蒲松龄说，一头猪可以提供二十车肥料，这些肥料有力地促进了农业生产的发展。养猪对于场地的要求低于养牛羊，因此在明清时代猪的养殖更加普及，猪肉的供应量也随之大大增加。

其次，猪的繁殖快，明朝已经有母猪一胎产 14 崽的记录。猪肉产量高，对于饲料要求低。因此猪肉大量的生产为国人提供了主要的动物蛋白营养。而猪肉也随着家猪的大量饲养成为国人餐桌上的主流肉食。

明朝、清朝、民国直到现在，猪肉一直是百姓餐桌的主要肉食。

古人如何应对食品安全问题

在古代，古人们也面临食品质量安全问题，他们的一些富有成效的做法或许可以为今人所借鉴。

古人很早就认识到食物的重要性。《汉书》提到“一曰食，二曰货。……二者，生民之本，兴自神农之世”。《管子·牧民》记载“仓廪实而知礼节，衣食足而知荣辱”。既然食品跟民生息息相关，作为政府，做好食品安全工作是关系国计民生和国家稳定的头等要务。一直以来，饮食的洁净卫生是传统中国饮食文化中的重要部分。“食不厌精，脍不厌细。食饐而餲，鱼馁而肉败，不食。色恶，不食。臭恶，不食。失饪，不食。不时，不食。割不正，不食。”“祭肉不出三日。出三日，不食之矣。”孔子就提出过腐败变质的食物不能食用，而且祭祀用的肉如果超出三天，就会变质，也是不能食用的，可见周代人对于食品质量安全问题就有高度的重视了。周代也发生过因为采摘的食物未成熟而中毒的情况。根据《礼记》记载，周代对食品交易的规定为："五谷不时，果实未熟，不粥（yù）于市。"周代严禁未成熟的果实进入流通市场，以防引起食物中毒。这大概是历史上最早的关于食品安全管理的规定了。周代还有一项有意义的规定："禽兽鱼鳖不中杀，不粥于市。"即不在狩猎季节和狩猎范围内的禽兽鱼鳖，不得在市场上出售。

进入汉朝，政府对于食品安全防范做出了明确的规定。这一时期，随着商品经济的发展，食品造假问题开始出现，严重损害了百姓的身体健康。2000 年前的汉朝也存在类似于今天的"死猪肉"问题，为此，汉朝《二年律令》特别规定："诸食脯肉，脯肉毒杀、伤、病人者，亟尽孰（熟）燔其余。其县官脯肉也，亦燔之。当燔弗燔，及吏主者，皆坐脯肉臧（赃），与盗同法。"意即肉类腐败或者有毒而导致有人生病、受伤或者死亡的中毒事件，相关责任人员应该尽快焚烧掉这些问题肉，如果处理不及时，应该焚烧而没有焚烧的，要追究肇事者和相关官员的法律责任，按照盗窃罪予以处罚。这个规定不可谓不严格，处罚不可谓不严厉。

相比于汉代，唐代是食品质量安全管理较为全面和成熟的时期，这一时期法律规定更加详细，惩罚措施更加严厉。唐朝律法《唐律疏议》规定："脯肉有毒，曾经病人，有余者速焚之，违者杖九十；若故与人食并出卖，令人病者，徒一年，以故致死者绞；即人自食致死者，从过失杀人法。盗而食者，不坐。”知道脯肉有毒，食品所有者必须立即焚烧处理，否则要杖责九十。如果明知道脯肉有毒还出售给他人，并且导致食用者生病的，要判处徒刑一年；如果情况更严重，导致了食用者死亡的，要判处食品所有者绞刑；如果他人在不知情的情况下食用了未被焚毁的问题脯肉而造成死亡的，食品所有者以过失杀人论罪，赎铜偿死；他人盗窃而食致中毒身亡者，食品所有者不负责任。相比汉朝律令来说，唐代开始更重视人的生命，如果因为出售有毒食品造成了人身伤害事故，对于相关责任人的处分更加严厉，而且分为几种情况，法律条文更加具体明晰。

不仅是民间，唐代宫廷还有一套专门的食品安全法令。唐代行政法典《唐六典·内官宫官内侍省》记载：唐朝宫廷设尚食局，管司膳，主膳食。设尚食二人，掌供膳馐品齐之数。若供应饮食不洁净则会受到严厉的惩罚。法律规定：“若秽恶之物在食饮中，徒二年；简择不精及进御不时，减二等。不品尝者，杖一百。”意即如果饮食不洁净，相关责任人会判处徒刑两年；如果食物选择不精或者进御膳不及时，会减罪二等处罚；如果皇帝御膳提前不品尝，相关责任人要杖责一百。此外，一般人亦不得随便出入御膳之地，不应入而入者也将受到法律惩处。监管之官员若误将杂药等物带至御膳所，则将被处以绞刑。唐代对于政府官员饮食的安全卫生也有相应的法律规定，由官厨负责百官饮食，称为“外膳”。供应官员的食物“若秽恶之物在食饮中及简择不净者，笞五十。误者，各减二等”。如果在官员的饮食中有污秽之物或者事先食物选择不精的，责任人要被笞五十。

唐代的大文豪柳宗元还遭遇过“假药事件”。永贞革新失败后，“二王八司马”被贬斥边地。柳宗元流放的地方是永州，他心情郁闷加之水土不服，得了脾胃肿大、消化不良的病症。他遵从医嘱，到了市场上买到茯苓服下，没有想到，病情却更加严重，后来才得知卖茯苓的人以芋头来冒充茯苓。柳宗元气愤至极，写了一篇抨击制售假药的文章《辨伏神文并序》，他在文中痛斥：“呜呼！物固多伪兮，知者盖寡，考之不良兮，求福得祸。”意思是现在假货太多，发觉的人不多，而本来想买一些东西求福，却因为假货遭祸！

宋朝时商品经济得以大幅度发展，尤其是城市经济高度繁荣，各种出售食品的商铺、小摊比比皆是。商品经济的繁荣也带来了一系列问题，出现了食品以次充好和掺假问题。《袁氏世范·处己》中就提到有不法商贩“且如小人以物市于人，敝恶之物，饰为新奇；假伪之物，饰为真实。如……米麦之增湿润，肉食之灌以水……巧其言词，止于求售，误人食用，有不恤也”。这些商贩昧着良心使得大米、小麦变潮湿、在肉中注水以增加分量。另外他们还用往鸡肚子里面填沙子、往鹅和羊肚子里面充气、在盐里面掺沙子等伎俩来骗取钱财。北宋开封曹门外有一大批专门加工死马肉的黑作坊：作坊主收购死马，埋入地下（可以减缓腐烂时间），第二天刨出来，用豆豉炖熟，再做成肉干，冒充獐肉和鹿肉流入市场。所以深知内情的宋朝遗老周密从来不买鹿肉，因为：“今所卖鹿脯多用死马肉为之，不可不知。”（《癸辛杂识》续集“死马杀人”）另外华亭等地还有售卖假酒的，只不过不是现在的掺入工业酒精，而是在酒中掺水。

宋代法律对此行为的处罚相当严格。《宋刑统》规定，如果卖肉者无意中将变质的肉卖出，导致买肉者食用后中毒，剩下的肉要迅速焚毁。如果不按规定焚毁，则杖打九十。如果卖肉者明明知道肉已经变质，还要卖给他人，则流放一年；致他人死亡的，要处以绞刑。另外，宋代茶叶贸易比较发达，有很多投机分子乘机弄虚作假。宋朝政府采取“开汤审评”以辨真假。勘验的办法是职业监察官员现场泡茶，观察茶色、茶味、茶形以及有无杂质等，如果发现掺假，则对造假茶贩严惩不贷。除了法律之外，宋代还有严格的行业协会监管。北宋规定按行业登记，经营者名单入册，以便于互相约束和监督，这样，会员便成了“一根绳上的蚂蚱”，一损俱损，一荣俱荣，其实就是“连坐”。若出了问题，整个行业都要进行集中整顿。食品、药品质量也由各个行会把关，行业协会会长（当时叫“行首”“行头”“行老”）是“法定担保人”，负责评定商品成色和价格，出了问题，会长还要承担后果。

有了法律和行业协会的双重监管，宋代的食品安全质量管理变得更加规范。

明清两代的食品安全问题也不容乐观。明人田汝成在《西湖游览志余》中描述了杭州当地的弄虚作假之风：“杭州风，一把葱，花簇簇，里头空。”当地奸商“又其俗喜作伪，以邀利目前，不顾身后，如酒搀灰，鸡塞沙，鹅羊吹气，鱼肉贯水，织作刷油粉”。为了牟利，这些奸商在酒里面掺灰、给鸡塞沙子、给鹅和羊吹气、往鱼肉里面注水、在纺织品上刷油粉。当时繁华的都市苏州也不能避免这种恶风气。叶权在

《贤博编》中提到："今时市中货物奸伪，两京为甚，此外无过苏州。卖花人挑花一担，灿然可爱，无一枝真者；杨梅用大棕刷弹墨染紫黑色。老母鸡捋毛插长尾，假敦鸡卖之。浒墅货席者，术尤巧。大抵都会往来多客商可欺。"苏州紧跟北京、南京之后，成为造假第三大城市，卖花的一担花里面没有一枝真的，杨梅用刷墨方式染成了紫黑色，老母鸡插上了假的长尾巴，冒充敦鸡卖！

清代大文人纪晓岚在他的《阅微草堂笔记》中讲道："又灯下有唱卖炉鸭者，从兄万周买之。乃尽食其肉，而完其全骨，内傅以泥，外糊以纸，染为炙煿之色，涂以油，惟两掌头颈为真。"纪晓岚的从兄万周买了一只烤鸭，烤鸭身上的肉之前都被人吃光了，然后用泥巴包住身子，外面糊上纸，然后染成烤熟的颜色，再涂上油，只有两个鸭爪子和头、脖是真的！这样的欺骗手法真是让人防不胜防。

在食品质量安全方面，唐宋两代的做法最值得今人借鉴。只有从源头上立法，并严格执法，对食品造假者进行严厉的惩罚，同时加以行业约束，才能防止食品造假，还百姓一个放心的"菜篮子"！

古代打拐：看法律如何打击人贩子

最近，“朋友圈”里很多有孩子的朋友纷纷刷屏，各种人贩子拐卖小孩的最新招数层出不穷，心急如焚的家长们见招拆招，提高安全意识，防止悲剧的出现。确实，一旦孩子被拐，就会造成家庭无法弥补的悲剧。于是，很多网友纷纷支招，有人甚至建议恢复古代的严刑峻法，对人贩子严厉打击，把这些社会不良人员消灭干净！那问题来了，古代中国，是如何打击非法拐卖人口的？对人贩子，法律又有哪些严厉处罚呢？

首先，我们需要厘清，中国古代社会的人口贩卖分合法和非法两种。秦到西汉时，奴婢的买卖都是合法的。东汉光武帝刘秀对此就多次发布禁止奴婢买卖和释放奴婢的诏令。但之后的各个朝代，奴婢买卖一直以公开化、市场化的形式进行。一直到清末，合法、公开的人口买卖都是引起社会有识之士重视的问题。

古代的法律用语将人口买卖分为“和卖”、“略卖”和“掠卖”。和卖指的是买卖双方经过协商同意进行的人口买卖，这是法律允许的一种买卖。略卖和掠卖说的是用欺骗、威胁、绑架等手段来掠夺、买卖人口的非法行为，而历朝政府打击的也是这两种非法拐卖人口的行为。

古代的拐卖人口之事时有发生。拐卖的手段跟今日也多无二致，无非是一些让人难以防范的招数。比如清朝时，人贩子拐卖农村女性常用的招数就是让他们自家女人骑着驴，在各个村落之间游弋。一旦看到有乡间女性单独骑驴外出的，女人贩子就故意献殷勤，与被害人策驴同行，一路上不停攀谈。在此期间，女人贩子暗中让驴逐渐加速，这样就使得被害人所乘之驴也被带动加速。这样不知不觉间，乡妇被七绕八绕迷了路，跟亲人也越来越远，就落入了人贩子的魔掌。在拐卖儿童方面，他们常用招数就是在饼中下迷魂药，给儿童食用。儿童食用后，任凭他们摆布，由此落入彀中。

妇女儿童是被拐卖的主要群体。妇女被拐后，往往会被卖到青楼妓馆。而儿童会被卖给他人为奴或者从小就成为乞讨的工具。乾隆五年（1740 年），江浙一带曾经破获一起令人发指的拐卖儿童案。此案受害儿童多被杀害并被食用，骨头还被制成了药丸出售！

历代名人中也不乏被拐卖者。西汉著名开国功臣栾布年少时就曾被拐卖到燕地为奴。汉文帝的皇后窦漪房的弟弟窦广国也曾经有过一段被拐经历。在四五岁时，他被拐卖，因家中贫困，也无力再去寻找。他被辗转卖了十几家，最后到了河南宜阳山中为人烧炭，成为典型的“黑窑工”。经过九死一生，他最终跟随主人到了长安。凭借童年时代记忆，他得以和姐姐窦漪房相认并被封侯赐田，窦广国的结局还是美好的。

再说一个《红楼梦》里的人物。香菱，生在一个小康之家。父亲甄士隐视她为掌上明珠。就在正月十五仆人带她去看花灯时，因仆人去方便，就把她一人放在了门槛上，回来发现，香菱已经被人贩子抱走多时了。香菱的被拐也造成了甄家的悲剧。

针对非法拐卖人口，历朝政府都曾出台专门的法律来严厉打击。汉代专门将拐卖罪和群盗、盗杀伤人命、盗挖掘坟墓等重罪相提并论，处罚就是磔刑，也就是把犯人肢体分裂处死。南北朝时，对于拐卖人口的打击十分严厉。南朝梁的女人贩子任提就被判处了死刑。北魏时，甚至连皇帝也参与到对人口拐卖定罪量刑的讨论之中，由此可见统治者的重视程度。

唐朝时，人贩子也走向了专业化、职业化。他们被称作

“人牙子”“牙婆”。随着唐朝对外开放交流的扩大，贩卖人口甚至出现了国际化的趋势。很多外国人被贩卖到中国为奴，统称为“昆仑奴”。《唐律》规定，非法贩卖人为奴婢者，绞刑；为部曲者，流放三千里；为妻妾、子孙者，徒刑三年。唐代一个显著的进步就是注意到了对人口贩卖买方市场的打击。明知道人口是被贩卖而来的，还继续交易的买方，一旦被发现，就要按照卖者罪减一等来处罚。对于贩卖亲属的行为，《唐律》往往会加重处罚。

到了宋代，官员如果对拐卖行为有渎职，还会被处以渎职罪。除了刑罚之外，宋代还注意从宣传方面入手，来预防拐卖人口行为。宋太宗时期，针对北方边境人贩子猖獗的情况，就曾经下令在边关各种粉壁告知民众提高警惕。宋孝宗也下令四川各地粉壁，告诫民众要小心拐卖。

宋代政府还注意到了对被拐卖的受害人进行救助，体现出了一定的人本主义色彩。宋太宗就曾出钱赎回了被拐卖到西番的人口，让他们跟家人团聚。

元朝时，曾经有大量高丽女子被贩卖到中国权贵之家。元代律法规定贩卖人口和强盗、造假币、故意纵火一样是同等重罪。

明清律法继续加大对拐卖人口的打击力度。《大明律》规定，如果是将良家之人卖为妻妾子孙的，杖责一百，徒刑三年；如果拐卖的是别人家的奴婢，可以减轻一等处罚。

尽管历代政府都出台过严厉的打击措施，可是拐卖人口之事还是屡禁不止。究其原因，跟社会上存在合法的买卖人口行为有一定关系，同时帝制社会腐败的吏治和疲软的执行力度也是拐卖大行其道的一个重要原因。

古代行医不容易，最强医闹竟是皇帝

医闹事件频频见诸报端。在中国古代，医生行医也不容易，经常会遇到这样那样无理取闹的病人和病人家属。

名医扁鹊就曾经说过六种病人不可接诊，第一种就是“骄恣不论于理”，也就是不可理喻、蛮不讲理之人，这种人最有可能成为医闹之人。扁鹊在给蔡桓公看病时，就发现病人很傲慢。于是一代神医对他也望而却步了，找了几个理由就“跑路”走人了。扁鹊是聪明人，他明白再看下去，这国君医闹起来可不是好玩的。

不过，确实有些庸医罪有应得。清代陆以湉在他的《冷庐医话》中记载了这样一则小故事：苏州医生曹某，在当地名声不小，看病的人都排成长队。很多时候，这位医生还不给贫寒之人看病。恰好当地一个士绅之女生病，派仆人来请曹医生看病。仆人家境贫苦，早就对歧视穷人的曹医生愤恨不已，于是他来请曹医生时，故意说还待字闺中的士绅女儿已经怀孕数月。

结果曹某隔着帘子给大小姐号脉，连说是喜脉。士绅惊讶不已，他让儿子伪装成女儿，又让曹医生诊脉，结果曹医生竟然还说是有喜了。士绅和他的儿子大怒，把这个庸医一顿暴揍，还给他灌粪，骂他满口喷粪。从此之后，再也没有人找这个曹医生看病了。

唐代法律规定，医生医疗事故治死人的，处以流放；伤人的，以故意伤害罪论处；即使没有伤人，但只要有过失，就要处以杖责之刑。

明清针对医患纠纷，出台了“第三方调查”制度。官府要委派其他医生鉴定医疗事故，如果认定是医疗事故，医生就要被取消行医资格并赔偿病人的经济损失。

古代最大的医闹还是皇帝。所谓“天子一怒，血流漂杵”。远的如曹操杀华佗，之后又有魏明帝诛杀“登女”事件。不过这个登女也够倒霉的，在民间自称用符水可以治疗各种疑难杂症。魏明帝曹叡生病，请她入宫，结果“洗洗没有更健康”，反而病情加重。曹叡一怒之下，诛杀登女。

最有名的医闹还是唐懿宗。他最心爱的同昌公主生病，经御医全力抢救无效死亡。驸马韦保衡为了撇清自己的责任，不让皇帝迁怒自己，就污蔑御医没有认真救治公主，用药不当，导致了公主离世。爱女心切的唐懿宗果然暴怒，不问青红皂白，就下令诛杀御医 20 多人，捉拿他们的家属 300 多人下了大狱。

古代行医难，医闹闹起来也是要出人命的！

后记

这本书是我从事写作一年以来的结晶。很多地方并不成熟，但是文字却是真实质朴的，是我读史的体悟和感受。

历史是一面镜子，每个人在浩瀚的历史面前都是微不足道的。人们喜欢看历史，因为从历史中可以读到兴亡盛衰，可以读到世道人心，可以看到有无限可能性的自己。

历史并不是冷冰冰的数据，并不是死记硬背，并不是尘封在图书馆或象牙塔的学问。它应该是面向大众的，应该书写让每个国民都津津乐道的故事，展现我们骄傲的先祖们的拼搏和奋斗。

笔者并不是专业的写作者，在日常工作之余，抽出大量业余时间写作，错谬之处在所难免，希望各位亲爱的读者雅正。

在本书出版之际，我真挚希望各位亲爱的读者在读过本书之后，能与我交流，并就书中错误批评指正，这对我而言也是一个学习和进步的机会。